明治国家論

近代日本政治体制の原構造

大藪龍介
Ouyabu Ryusuke

社会評論社

明治国家論――近代日本政治体制の原構造＊目次

まえがき

明治維新は近・現代日本の歴史的起点であり、明治国家は近・現代日本国家の原構造をかたちづくった。明治時代の日本は、「西力東漸」の近代世界史の波動に対応し、「万国対峙」や「富国強兵」「殖産興業」などを国是として、国家の主導で近代化革命に取り組み、新しい国づくりに邁進した。そして、アジアの諸国に先駆けて立憲政国家を建設するとともに産業革命を遂行、日清戦争と日露戦争に勝利し、対外的独立を達成して、わずか半世紀の間に、欧米列強の圧迫にさらされた極東の小国から駆けあがって先進列強の驥尾に付すにいたった。

前著『明治維新の新考察』に続けて、波瀾に富んだ近・現代日本の歴史にあって生成と躍進の時代を統括した明治国家の全体像を光と影ともども描出し、その歴史的な位置と存在性格を明らかにするのが、本書の課題である。

まず第Ⅰ篇で、明治国家の建設にあたって基準として参照されたイギリス、フランス、ドイツの初期ブルジョア国家を分析し考察して、議論の基礎になる近代初期の国家についての認識を確かなものにする。近代日本との比較対象とされる近代ヨーロッパが理念的に美化されてきたことへの批判と反省がなされてから、すでに久しい。だが、明治維新・明治国家の考察に近代ヨーロッパ史の実証的な研究成果が取り入れられ生かされているとは、いまなお言えない。

イギリス名誉革命体制、フランス第一帝政および復古王政、ドイツ帝国ビスマルク時代のそれぞれの国家について、歴史的な経過を追い構造上の特質を訊ねて実像の掌握に努める。そして、①公的イデオロギーにおける主権の所在、②国家元首と政府首長の関係、③国家権力機構の編成における中枢機関、④統治を担う主勢力という四つの論点を設定して、相互比較する。

そうした比較政治史的研究により、イギリスの名誉革命体制を議会主義的君主政、フランスの第一帝政をボナパルティズムと規定する。そのボナパルティズムについては、これまで罷り通ってきたエンゲルス以来の通説を批判して退け、ボナパルティズムの原型である第一帝政の実体に即して、「カリスマ的指導者による、軍事的、官僚的国民国家を構築し、資本主義社会の発展を上から推進する、国民投票的支持に立脚した独裁的統治」と再定義する。フランス復古王政については、これを君主主義的立憲政と規定する。また、ドイツのビスマルク帝国について、ボナパルティズム国家とする通説的見解を吟味し、ボナパルティズムしての諸特徴を備えているとは捉え難いことを明らかにする。そのうえで、実体を表す新たな概念の開発を試み、「立憲政府政」と規定する。

第Ⅱ篇においては、明治国家に関する先行理論を検証する。かつて圧倒的に支配的であった講座派(系)の天皇制絶対主義論について、一九七〇年代における最後的な展開形態を取り上げ、その根本的な諸過誤を批判する。研究史を振り返ると、講座派の天皇制絶対主義論は、およそ一九三〇〜七〇年代、日本のマルクス主義的左翼がスターリン主義に囚われていた時代の所産物として捉え返すことができる。少数異論として存在したボナパルティズム説についても取り上げ、その不適切さを明らかにする。

本論である第Ⅲ篇で、明治国家についての分析的考察をおこない、その歴史的、構造的に独自な特質の解明をおこなう。

最初の章では、三つの方法的視座を設定する。一つは、後進国として、国際的環境の圧力のもとで、一方で国内外の諸力を、他方では歴史の諸段階を、独特に合成する複合的発展の視座である。これにより、戦後歴史学を支配した一国主義的資本主義論、単系的・単型的発展史観を克服し、各国の近代化は特有の道を通って多系的・多型的に展開するという観点をとり、欧米モデルの移入とわが国の伝統の継承をいかに有機的に統一するかのディレンマにつらぬかれながら築かれていく日本的近代の個性的特質に迫ろうとする。

また一つは、西欧的な自由主義の原則が歪められ矮小化されて国家主義が支配的となった近代日本の歴史的現実に客観的に起因するとともに、天皇制絶対主義対自由民権のブルジョア民主主義革命運動という講座派マルクス主義の問題構制が定説化され普及してきたことで、近代初期国家の把握に不可欠の鍵概念である（政治的）自由主義が、これまでの研究では見失われてきた。そこで、自由主義を然るべく復位させて、自由主義（化）と民主主義（化）の区別・関連を明確にする。

更に一つ、多様な見地から「明治憲法体制」の語が汎用されているように、明治憲法を切り口にした明治国家へのアプローチが広くおこなわれている。だが、憲法中心的アプローチでは、憲法規範（建前）に引き付けられてしまって、それとは多かれ少なかれ乖離して展開する実際政治（実態）を把握するうえでの限界と欠陥を免れない。これを克服して明治国家の全体像を掌握するべく、政治（体制）と国家（体制）と憲法（体制）をそれぞれに固有に存立しながら連接し交叉するものとして位置づける。そして、それらの重層的に連関した総体を、広角的で多角的なアプローチを採り、結節環である国家（体制）を中軸にして分析する。

続く三つの章において、明治国家が近代初期段階の立憲国家、国民国家、君主制国家としての性格をどのように備えているか、その内的構造と位相を考察して、日本型の初期ブルジョア国家の固有性の解明に努める。

「立憲国家の建設」、「国民国家の造型」、「天皇制国家の相貌」の各章の論旨については本文での記述にゆだねるが、とりわけ枢要な論題である帝国憲法（明治憲法）、明治天皇制、国民国家に関して、本書で強調せんとする論点の幾つかを示しておきたい。

一八八九（明治22）年に制定・公布された帝国憲法は、最大の特徴として、天皇に圧倒的に強大な権力を集中し、憲法の条規によりこれを行使することを定めた。これは、君主が絶大な権力を掌握するがその権力の行使にあたっては憲法に従うという、フランス復古王政憲章、それを継受したプロイセン憲法やドイツ帝国憲法の系流に連なって、君主主義的立憲主義を基本的性格とするものであった。

帝国憲法で主権は天皇にあるとされており、これを根拠として天皇制を絶対主義とする有力な主張が存在してきた。しかしながら、フランス復古王政において君主主権が甦えらせられたのであったが、その主権概念は、ブルジョア革命を経過した近代国家の生成発展の時代にあって、絶対君主制の時代の絶対性や不分割性の属性を失い、権力分立した国家機構にあって最高の地位を表すものへと、近代的に転回し変容していた。天皇主権もまた、立憲主義および国家権力の分立と連結していて、近代的意味合いを担っていた。

対照的に、内閣について機関自体としての規定はなく政府についても僅かに言及しているにすぎないのも、帝国憲法の重要な特徴であった。

帝国憲法制定過程から捉え返すと、一八八五（明治18）年の内閣制の創設とともに、宮中（天皇・皇室）と府中（政府）が分離されて、内閣＝政府が国家権力機構の中枢にあって統治を主導するとともに、天皇は統治の現場から離れるという、天皇と内閣＝政府の関係が再確定されていた。そうした既定事実を踏まえつつ憲法制定を推し進めた藩閥政治家・官僚は、憲法上至高の天皇に絶大な権力を集中しておいて、実際政治の上では内閣＝政府が天皇の名において実権を揮う国家体制の恒常化を目論んだのであった。

帝国憲法における天皇の超越的な地位と強大な大権の顕示と反面での内閣＝政府の瑣末な扱いに、憲法のイデオロギー的性格の一半を看取するとともに、「君主主義」の憲法を定めて、「議会主義」を封殺し、内閣＝政府の主導をつらぬく国家体制の構築を見透かすことができる。

天皇制に関しては、維新革命のなかで、大久保利通は天皇のありかたについて、「国内同心合体一天ノ主」となるべしと提言し（「大坂遷都の建白書」）、伊藤博文は帝国憲法草案審議の場で、日本では仏教も神道も欧米でキリスト教が果たしているような人心を帰向させる力がない、「我が国に在て機軸とすべきは独り皇室あるのみ」と明言した（『枢密院会議議事録』）。民間では福沢諭吉が、天皇・皇室を現実政治の局外において「民心収攬」の中心に据えることを唱えた（『帝室論』）。

新国家の旗印として擁立された天皇に何よりも求められたのは、新たな国づくりに不可欠の国民的統合のシンボルたることであった。そのために、維新政府は、全国各地への度々の天皇巡幸、帝国憲法の発布式など、数々の荘厳な公式儀礼を挙行したり、紀元節や天長節などを国民挙げて参加すべき祝祭日に定めて国家祭祀として実施したり、また神道の布教を推進したり、民衆の信仰を集めていた伊勢神宮を天皇家の祖神を祀る神社とするとともに歴代の天皇を祭神とする神社を創建したり、様々な方途で「万世一系」の歴史的伝統を誇る神聖な天皇のイメージを国民へ浸透させ、超越的な存在としての天皇への崇敬心を涵養することを図った。

帝国憲法制定・帝国議会開設を前にしての国家権力の拡充再編のなかで、天皇制も制度として強化拡大されて定着し、明治国家の発展、興隆につれて、天皇への国民の讃仰も徐々に広がった。

宗教面では、帝国憲法で信教の自由が認められる一方、公認宗教制が採られ、国家祭祀としての神道を回路として天皇尊崇が促された。日本の特殊性として、欧米でのキリスト教のような人々の内面の求心力となる宗教が不在であったから、宗教の一種の代用品として天皇崇拝が受け入れられた。社会面でも、学校に下付された教育勅語、「御真影」を介して、天皇崇敬が浸透させられていった。政治面では、日清戦争をつうじて天皇の権威は飛躍的に高まった。特に、連戦連勝の帝国陸海軍を率いる大元帥というイメージが新たに作られ、戦勝の熱狂のなかで国民のなかに根を張った。

このようにして、天皇と国民はかつてなく強く結びつき、天皇は崇敬の対象として仰ぎ見られるようになり、不動のナショナル・シンボルとして定着するにいたったのだった。

他面、天皇親政の名分や帝国憲法における天皇の絶大な地位と権力の宣明にもかかわらず、天皇の実際政治への関与は極めて限定的であった。官吏任免、軍の統帥などいずれの大権に関しても、天皇は、元老会議、内閣＝政府、参謀本部とは別の、独自な政治的意思決定をせず、輔弼と協賛、上奏などにしたがって「親裁」し、調停や調整、裁定で実際政治に関与するにとどまった。天皇の関与は、元老を頂点とした藩閥政治家・官僚主導の統治を保全する体のものであった。

近代イギリス、フランス、ドイツの国家の最初の君主と比較すると、国家の元首であるのみならず内閣の長として行政・軍事を統率した国王ウィリアム三世、国家元首と政府首長を一身に体現しカリスマ的権力を揮った皇帝ナポレオン一世に、明治天皇が担った権力的地位と役割はとても及ばなかった。随一の政治的実力者として統治した宰相ビスマルクとのコンビで憲法上最高権力を有する国家元首として君臨した皇帝ヴィルヘルム一世に、明治天皇は似通っていた。だが、老皇帝ヴィルヘルム一世よりは実際政治に容喙した。

続いて国民国家に関して、「五個条の誓文」において民衆をも包含する国民的一体性をもつ新国家の創設の方向が打ちだされ、明治初年における「四民平等」政策の実施、私的所有権の法認、義務教育制や徴兵制の発足などにより、国家の構成員として権利・義務を担う国民の創出も始まった。しかし、新政反対一揆が示すように、民衆は上からの国民化に抵抗した。

他方では、襲来した欧米列強の強圧によって開国し不平等条約締結を余儀なくされた後進国日本は、治外法権を認め関税自主権を失っており、国家としての独立性を欠いていた。

明治国家が名実ともに国民国家として確立するには、産業革命の経済的躍進と日清戦争の勝利の大変動を経た明治後半期を俟たなければならなかった。

一八八七（明治20）年前後からの産業革命の開始、進展によって、工業が興隆し、交通・通信・流通手段が発展して、全国を一体の圏とする国民経済が一段と発達し高度化した。また、一八九四〜九五（明治27〜28）年の日清戦争における挙国一致の戦争遂行によって、国民の政治的結束・一体化はかつてなく強まった。民衆も日清戦争の遂行を担い戦勝を支えて、上から進められてきた国民形成へ下から呼応した。ほぼ時期を同じくして、法律、道徳、言語などでも、国民的な共通性が造出された。それに、幕末からのナショナリズムの律動の第三波として、日清戦争から日露戦争にかけ、民衆をも巻き込んだ天皇尊崇・好戦的愛国のナショナリズムが高揚した。

かような対内的な国民の統一、大衆の国民化の達成に加えて、日清戦争の前夜にイギリスとの間で条約改正交渉が成り、治外法権の撤廃、関税自主権の一部回復を実現したのを突破口にして、永年の宿願であった対外的な国家的独立も成就した。

こうして、「大日本帝国」の国名にふさわしい、日本中心のナショナリズムを土台とし天皇をシンボルとする、政府主導主義につらぬかれた、国民と臣民の二重構造を内包した国民国家が構築された。

終りの章では、明治国家は君主主義的立憲政か、それとも立憲君主政かについて比較政治史的に検討し、フランス復古王政よりもビスマルク帝国との共通性が多いことに基づいて、立憲政府政と規定する。そのうえで、立憲政府政としての明治国家の個性的特徴をビスマルク帝国と対比して明らかにする。

前著『明治維新の新考察』では、「政府が国家権力を手段として推進する保守的革命」と「上からのブルジョア革命」を規定し、その一つとして明治維新について論じた。明治国家を日本型初期ブルジョア国家としての立憲政府政とする論に立って、前著の所論を顧みると、上からのブルジョア革命→立憲政府政という一体的な連動性において、明治維新・明治国家を把握する事ができる。そこに、二一世紀の現在まで近・現代日本の伝統的な体質として受け継がれてきた、強固な国家主導・政府優越の原型が見出される。

本書は、多くの先学の研究の成果を学んで成っている。各章で個々に参照して注記した著論、また章末に掲示した参考文献をはじめとして、本書の執筆にあたって検討した先行研究を供していただいた数多の方々に感謝する。

本書の執筆の直接の動機は、日本のマルクス主義を代表し、社会思想・社会科学に巨大な影響を与えていた講座派や労農派の明治維新・明治国家論を超克する新たなる考察の提示にある。今日ではマルクス主義はすっかり地に墜ちているが、左翼陣営がこぞって礼讃していたソ連「社会主義」の虚妄性を看破し、「正統」マルクス主義を告発したニュー・レフトの第一年代として、私自身は思想形成した。そして、理論研究の道に転じてからは、国家論や革命論、社会主義論の再考、新編成を追求し、近年はマルクス主義理論のパラダイム転換を標榜してきた。前著とともに本著は、いわばニュー・マルクス主義の立場からする明治維新・明治国家についての、あまりにも遅れてやってきた研究である。

幾つかの新しい問題定義はおこなえたかと思うが、専門外の研究テーマに、近代日本史の専門的な学会、研究会、研究者との交流なしに、相変わらず独立独歩で取り組んだので、気付かないままに犯している過誤が多いことを懼れる。特に専門的研究者の方たちからの忌憚ない批判をいただければ幸いである。

最後になったが、今回も、本書の元になった論文のほとんどを掲載していただいた『季報唯物論研究』の田畑稔さんなど関係者の方々、出版を快く引き受けていただいた社会評論社松田健二さんに、心から御礼を申し上げる。

大藪龍介

二〇一〇年五月八日

第Ⅰ篇　初期ブルジョア国家の諸形態

第1章　イギリス名誉革命体制＝議会主義的君主政

イギリスでは、一六八八～八九年の名誉革命によりブルジョア革命が完成し名誉革命体制が成立した。この名誉革命体制を、イギリスの初期ブルジョア国家として取り上げて考察する。

一六八九年の「権利章典」（正式には「臣民の権利および自由を宣言し、王位継承を定める法律」）は、議会の承認なしには、国王の法律停止や法律執行停止の権限、また国王による金銭の徴収、ならびに平時における常備軍の徴集・維持などは、いずれも違法であると確認するとともに、議員の選挙の自由、議会における言論の自由などを保障した。あわせて、王位継承の順序を定め、カトリック教徒を王位から排除した。なお、同年、「権利章典」に先立った「軍罰法」は、軍法制定権限を国王に認めるとともに常備軍の規模を定めたが、常備軍を維持するにはこの法律を毎年再制定しなければならなかったので、平時においてだけでなく戦時においても、常備軍は議会の統制の下におかれた。

続いて、一七〇一年の「王位継承法」は、「権利章典」の規定を以後の情況の変化に対処して補完し、カトリック教徒の国王がもたらす災厄を忌避するべく、王位がプロテスタントの系統によって継承されるように更に限定した。加えて、同法は、国王は議会の両院の進言なしに裁判官を罷免しえないし、その俸給を定額としなければならないとする、裁判官の身分保証の条項を付随的に含んでおり、これにより司法権力の独立の基礎が築かれた。

これらにより、一六六〇年の王政復古以降の国王と議会との闘争は結末を告げることとなり、議会が、制定法に則って立法、財政、行政、軍事、司法などにわたり国王権力を制限し統制する、立憲王政の原則が確定され、名誉革命体制段階だけでなく現代にいたるまでのイギリスの国家体制の制度的枠組が築かれた。

以降、一世紀以上にわたって続く名誉革命体制の政治史を特徴づけたのは、商業革命、産業革命、農業革命による飛躍的成長を含んだ同時代の経済史と対比すると、寡頭政の持続のなかでの安定、停滞、漸進であった。その政治史のうえで、名誉革命体制を三つの時代に概括的に区分することができる。第一期は、名誉革命直後の時代、第二期は、ウォルポールの長期安定政権（一七二一～四二年）とその前後の時代、第三期は、ジョージ三世の即位（一七六〇年）以降の時代である。

名誉革命体制は、議会の最優越という国家権力機構の編制において一貫したが、そのなかでの議会、政府、国王、内閣、それに政治的党派のそれぞれの相互的な諸関係は変動した。そこで、右の三つの時代をつうじての政治体制の漸次的な発展的変化を、政府の変転に焦点をあてて、第一期を国王政府の時代、第二期を政党内閣の形成の時代、第三期を国王政府の復活から政党内閣の確立への推転の時代として、それぞれに特徴づけて捉えることにする。

(1) 名誉革命直後の国王政府の時代

議会の提出した「権利宣言」を認めてウィリアム三世とメアリが王位についたことが示すように、名誉革命により国王に対する議会の優越、立憲王制が確立したが、しかし、国王は従前どおり、政府の執行権力を担当し、官職保有者の任免、議会の招集・停止・解散、戦争と和平、貴族の創設、恩赦などの広大な権限を保有して行使した。ウィリアム三世は自ら、政府あるいは後述の内閣評議会を主宰して、行政を統率し、軍事ではアイルランドの再征服や九年戦争で遠征して指揮にあたった。

のみならず、後世において考える以上に依然として国王権力が極めて大きかった証例として、国王は法律の制定にあたっての同意権限をも有しており、法律は国王の同意なしには制定できなかった。実際に、ウィリアム三世は、一六九三年に議会の存続を三年間と定めた三年議会法案、一六九四年には官職保有者または年金受給者は議員となることはできないという官職法案など、数度にわたって同意を与えず、そのために法律の成立が妨げられた。国王が同意を与えなかった最後の事例は、一七〇七年のアン女王によるスコットランド民兵法案に対するそれであった。(注1)以後は、法律の成立には形式的に国王の署名を必要とするものの、実質的には議会の立法権力の行使に国王は介入しえなくなった。

また、ウィリアム三世は、国王の貴族爵位授与権限を行使することにより、新貴族を創設して貴族院の勢力関係を変え、貴族院が与党的になるようにした。アンの治世にも、新貴族爵位を授与して貴族院を政府支持に変える操作がおこなわれた。

J・ロック『統治二論』（一六九〇年）は、立法権力を「最高権力」、執行権力と連合権力を「補助的従属的権力」として位置づけつつ、執行権力を掌握して官吏を従わせるとともに、立法にも与り「彼の同意なしにはどんな法も作られず」という人物、つまり国王を「まさしく最高」と呼んでいる。(注2)更には、国王が有する立法府を召集・解散する権力や公共の福祉のために裁量によって行使する大権について述べている。『統治二論』はまさしく、名誉革命体制を理論的に弁証するものであったし、名誉革命直後の国家体制はそれに見事に符号していた。ついでに付記すると、マルクスはウィリアム三世について「ブルジョア

的英雄」と述べている。（注３）

ウィリアム三世は国家の元首にして政府の首長でもあったのだった。

軍事権力に注目すると、常備軍についても民兵についても、統帥権は依然として国王大権に属していた。ただ、常備軍は、海軍と陸軍では扱いのうえで一定の違いがあったものの、上述のように、議会制定法に拘束され軍法や軍事予算が議会の承認をうけなければならず、国務大臣の掣肘の下におかれた。民兵については、各州の統監、統監代理の管轄下にあり、統監が州軍を束ねた。これらのことから、軍隊の指揮および人事に関する国王の統帥権も、他の国王大権事項と同じように、立憲的に制約されていたと見ることができる。

財政に関しては、一六九八年の王室費法以降、王室財政と国家財政が漸次的に分離され、議会が一定額の収入を国王に保障し支出についても承認を与えるという王室費の方式がゆっくりとつくりだされてゆくこととなる。

政府は国王によって統率され執行権力の行使にあたったが、ウィリアム三世の治世には、五〇人程の多人数からなっていた枢密院——古来の国王の補佐機関——の内部に、第一大蔵卿あるいは財務府長官、国務大臣、大法官、枢密院議長、国璽尚書、海軍司令長官など、高位官職者若干名で構成される内閣評議会 Cabinet Council ——名誉革命以前にすでに慣行として形をなしていた——が、政府の中心として、不正規であったが徐々に定着していった。内閣評議会では、国王は閣議の最終決定権を持ち、大臣は国王に対して助言をなしうるにすぎなかった。続くアンの治世には、重要施政の内閣評議会への委任が増え、内閣評議会の指導的役割を果たす第一大蔵卿に首席大臣 prime minister の言葉が用いられるようになり、国王から内閣評議会、特に首席大臣へ事実上の権力の移動が進んでゆくこととなった。

政府ないし内閣評議会は、政治的党派との関係では、ウィリアム三世がフランスとの戦争の続行に反対するトーリ派を退けてホイッグ派のみをもって組織したのを発端として、政策の遂行を容易にするために、議会の多数を占める一つの党派をもって構成することが次第に慣例となっていった。しかし、アンの治世にいたっても、両党派による混成が見られた。党派間の相違はなお曖昧なところがあり、政治的党派としての結合は緩かった。

ピューリタン革命時の国王派と議会派にそれぞれの起源を有するトーリ派とホイッグ派の両党派は、前者が王権を擁護し、国教会制を堅持するのに対し、後者は議会を重視し、宗教的寛容を進めるという、主要な相違があった。だが、両派ともに、富裕な貴族出身の有力政治家のもとで親族関係や友人関係などにより結びついた院内議員グループから成っている、いわば派閥の連合体であり、朋党 faction であって、明確な綱領・政策、院外組織を備えた政党 political party の前段階にあった。

トーリ派とホイッグ派は、名誉革命の正当性、国王権力の役割、宗教的寛容の許容範囲、対外政策と戦費、選挙区における権力配分などをめぐって対立抗争し、ほぼ交互に庶民院で多数派を占め、また内閣会議の主力を担った。

名誉革命は、国家権力の機構的中枢としての議会の地位を確定したが、議会の構成、議員定数、選挙資格・議員資格、選挙区割などについては、何の変更も加えなかった。

貴族院は、国王によって任ぜられる聖俗の貴族によって構成され、聖界貴族が国教会の大主教二名、主教二四名で一定していたのに対して、世俗貴族は国王の都合により創設され、一六八九年には一一五名、一七一四年には一七九名であった。世俗貴族はすべて大土地所有者であった。

選挙制を基盤とする庶民院については、州選挙区と都市――州のなかにあって州と同格の地位を与えられた人口五万以上の市――選挙区とに分かれ、州の議席数は一二二にすぎなかったのに対し、都市の議席数は四三六にのぼっていた。

選挙資格も議員資格も土地所有者に限定されていて、政治的な自由・権利を有し実際に国政に参加できたのは土地財産を所有する者だけであった。代表制の基礎は（土地）私有財産制にほかならなかった。

選挙資格は、州選挙区では、一四三〇年の法律で定められたままで年収四〇シリング以上の自由土地保有者に認められ、有権者数は多くの所で数千人であった。都市選挙区では、自由民を有権者とする所、納税者のみを有権者とする所、自治団体が団体として選挙権を有する所など様々であり、有権者数は五〇〇人未満が大半であった。そして、一七世紀初め頃、イングランドとウェールズで有権者数は二〇万ないし二五万人と推定され、これは総人口の四・七％、男子の一五％程度であったとされる（注４）。被選挙資格についても、もとのままであったが、一七一一年の「議員資格法」で、土地財産所有者的性格が強化され、州選出議員は年価値六〇〇ポンド以上、都市選出議員は三〇〇ポンド以上の土地所有者に限定された。

議員総数は五一三名――一七〇七年のスコットランドとの合併により五五八名に増えた――で、議員の大半はジェントリー層が占め、他は陸海軍軍人や公務員、法律家、商工業者などであった。

議事は非公開であった。それに、選挙区割も極めて不合理であったし、選挙腐敗が蔓延していたが、これについては後述する。

名誉革命後の国家体制は「議会主権」と称されたりするが、その議会は、選出から運営に及ぶまで徹頭徹尾（土地）財産所有者的性格につらぬかれた「特権団体（注５）」であり、有産者階級の意味でのブルジョア階級の独占物であって、民衆が入り込む余地はなかった。

国民の権利・自由について見ると、一六七九年の人身保護法は、犯罪の容疑で身柄を拘禁する場合、理由を示さずに拘禁することを禁止し、裁判所が監視にあたることを定めて、人身の自由を保障した。だが、総じて権利・自由は、狭い範囲内に制限されていて、依然として特権としての性格を有していた。選挙権・被選挙権は、前述のように限定されており、国民の圧倒的多数はこれと無縁であった。

次に信教の自由について、一六八九年の「寛容法」は、プロテスタントの非国教徒にもこれを認めたが、カトリック教徒や非キリスト教徒については除外した。また、プロテスタントの非国教徒についても、議員になる資格は認めたが、議員以外の公職に就くことは引き続き許さなかった。非国教徒の公職からの排除を定めた、一六七三年の「審査法」が存続していたのである。当時にあっては国民の圧倒的多数は国教徒であり、非国教徒は人口の三~五％であったものの、名誉革命体制は、未だ政治と宗教の一体化傾向を残して非国教徒への抑圧を存続させており、国教会優位の体制であった。この後も、非国教徒に対する制度的差別は極めて緩慢にしか廃止にむかわなかった。カトリック教徒解放がおこなわれて、カトリック教徒も議会選挙で投票し、いずれの議院でも議席を占め、公職を保有しうるようになるのは、一八二九年である。

他に、出版の自由に関して、出版の検閲を定めた一六六三年の出版許可法が、一六九五年以降再制定されず事実上廃止されて、出版の検閲制はなくなったが、言論の弾圧は絶えなかった。

それでも、数百種におよぶ新聞が発行されたピューリタン革命期に続いて、新聞の発行が激増した。ロンドンで一七〇二年に最初の日刊紙が出現したし、地方新聞も登場し様々の都市で約四〇紙が刊行されていた。ジャーナリズムが盛んになり、新聞が世論の動向に大きな影響を与えるようになった。

視圏を転じると、国内では自由を唱えながら、イギリスは世界で最も貪欲に奴隷貿易に携わっていた。一八世紀をとおして毎年数万人ものアフリカの成人男女、子供を、奴隷として売買して、海運力を支え、植民地に欠かせない労働力を供給していた。一七八〇年代に奴隷制廃止運動が高まるが、イギリス経済の発展に重要な貢献をした奴隷貿易が禁止されるのは一八〇七年、奴隷制が廃止されるのは一八三三年である。

地方においては、土地貴族が各州の統監の地位について、その地方の民兵組織を司り、治安判事を監督した。副統監がそれを補佐した。古来の州知事も存続していたが、その地位は名誉職的になっていた。地方統治を中心になって担ったのは治安判事であった。治安判事は統監の推薦に基づき国王（実際には大法官）が選任した。治安判事職は、州内にかなりの土地財産所有権（一七三二年からは年一〇〇ポンド）を有することが資格要件であり、ジェントリーによってほぼ独占された。治安判事は、無給で、統治の実務に携わり、日常的に広大な範囲に及ぶ行政と司法の権力を行使した。そして、貧民監督官や道路管理官――これらの職も無給――を、地方行政の最小単位である教区の住民のなかから任命して、地区内のもめごとの解決にあたらせた。治安判事はまた、強壮な男子で無職、生計の手段を持たない貧困者を強制徴募して軍隊へ送った。

地方では、名望家の地主層が治安判事として大きな権力と自由裁量をゆだねられ、中央政府の介入をうけないで政治的権力を揮ったのだった。

経済的には、マニュファクチュア段階にある工業、商業の繁栄、農業における大土地所有の発展などを特徴とする資本主義経済の成長途上にあった。その過程での経済政策として、対フランス戦争の莫大な戦費の調達のため、一六九三年に国債制度が採用され、国債の引き受けを主目的にして、翌年に中央銀行としてのイングランド銀行が設立された。一六九六年には金融危機に対処して貨幣大改鋳がおこなわれた。こうして、国債、金融、貨幣などの制度が整備されて、資本の原始的蓄積が推進されていった。

(2) 政党内閣の形成の時代

一七一四年に「王位継承法」にしたがって、ハノーヴァ家ジョージ一世が王位につき、新王朝が開かれた。この機に、名誉革命により王位を追われたジェイムズ二世とその直系の復位を企てるジャコバイトが、スコットランドで反乱をおこした。スコットランドはイングランドと複雑な関係にあり、反乱はイングランドに対するスコットランドの闘争と絡みあったが、フランスに後押しされカトリック教護持の立場をとるジャコバイトの反乱は失敗に終らざるをえなかった。

一七一五年の総選挙でホイッグ派が圧勝し、以後四〇年近いホイッグ派支配が続く。翌年には議員の任期を七年とする七年議会法が制定され、ホイッグ派の政権安定に利することになった。

その頃、トーリ派の有力政治家によって設立され運営され、多額の国債を引き受けていた南海会社の株価が高騰し、一七二〇年に熱狂的な投機をひきおこした末、暴落して金融市場が大混乱に陥り、政界、経済界を震撼させる南海泡沫事件が突発した。資本主義経済がたくましい成長過程にあることを物語る出来事であったが、この大事件の収拾にあたり、ホイッグ派内の権力闘争を制して政権を掌握したのが、R・ウォルポールであった。

ドイツで生い育った国王ジョージ一世、続くジョージ二世は、内閣評議会に出席せず、国王の閣議不出席は慣例となった。アン女王以来の、国王は国政の責任を負わず、代わって大臣と内閣評議会が責任を負うという傾向が促進され、国王は閣僚中の指導的人物に内閣評議会の主宰をまかせ、官職保有者任免権や議会解散権なども次第にゆだねていった。国王と政府ないし内閣評議会との分離が徐々に進行したのである。

そうしたなかで、ウォルポールは、一七二一年に第一大蔵卿兼財務府長官に就任し、庶民院の多数党であるホイッグ派を統御し、ホイッグ派の閣僚を率いて、一七四二年までおよそ二〇年間の長きにわたり国政の舵を取った。国家元首と政府首長が分化し分離するにいたったのである。

この時期は、対外関係でルイ一四世死後のフランスとの休戦状態にあり、一八世紀では例外的な平和の一時期であった。ウォルポールは平和外交に努めて、「ウォルポールの平和」をもたらした。その平和政策の下で商工業、海外貿易が目覚しく発達した。

経済史的には、「殖民制度、国債制度、近代的租税制度および保護制度として体系的に総括される」(注6)資本の原始的蓄積の最も盛んな時勢にあった。製造業も着実に発展をとげていた。資本主義経済の旺盛な発達にともなって、土地と貨幣が富の源泉となり、地主出身者が商業や金融業にたずさわって資本家化するとともに資本家が土地を購入して地主化し、土地利害集団と貨幣利害集団の相互浸透も進んだ。

ウォルポール政権は、内政では、土地所有者には地租軽減政策、商工業者には保護関税政策や利子率の引き下げなどをおこなって、支配諸階層の利益を保護するとともに諸階層間のバランスをとる穏健な施策を進めた。平和の持続によって軍事費支出が減少し、政府財政も好転した。地方の統治は、治安判事——多くはトーリ系——にゆだねた。これらによって、土地所有者と商工業資本家の双方の階級の支持を得たのだった。他方、トーリ派に対してはジャコバイトと結び付けて攻撃して、同派を完全に抑えこんだ。

ウォルポールがなかでも敏腕を揮ったのは、選挙対策、議会対策であった。買収・饗応や官職・年金の供与による腐敗政治は当時の常習であったとはいえ、一七二二年の選挙で、ウォルポールは政府の機密費を選挙資金として流用して未曾有の大掛かりな買収・饗応をおこない、各地の有力者に対し便宜や地位を提供するなどの腐敗工作に力を注ぎ、ホイッグ派はトーリ派に大差で圧勝した。また、国王の信任をえて、当選した議員へ収入のある閑職や年金を提供したり、国王の爵位授与権限を利用しウォルポール派を貴族院へ送り込んだりして、自派勢力を増強した。パトロネジによるウォルポール派の勢力拡大は、教会、大学にも及んだ。世論対策に関しては、政府系新聞に援助を与え、反政府系新聞には買収または弾圧で対処した。

議会における安定多数の確保のための臆面のない腐敗は広がり、それまでにない腐敗政治が出現した。続く選挙で、ウォルポール政権は益々絶対的な安定多数を確保した。ホイッグ派とトーリ派の党派的抗争は、ホイッグ派内部の権力抗争へと移った。

議会の議員についても、前代のホイッグ派とトーリ派の党派的グループに代わって、別のグループの動向が顕著になっていった。前の時代にも後の時代にも通有の存在であったが、常に与党側に位置して官職・利権・地位の保持を図って動く議員たち――「宮廷派」――、他方では、特定の有力政治家と結びつかず官職の獲得の望みを持たずに、与党系と野党系の違いはあっても政府を支持したり批判したり自由に行動する独立的な、地方ジェントルマンの議員たち――「地方派」――の比重が大きくなったのである。

ここで、後回しにしてきた選挙区割や選挙の実態について触れる。

議席はそもそも、人口に比例して割り当てられたものではなく、州あるいは都市という地域団体を代表するものであった。そして、昔からの選挙区割がそのまま続いていたので、かつては繁栄し人口も多かった都市が衰微し人口が激減したにもかかわらず依然として議席を与えられている一方で、人口が増加している新興の都市が一つも議席を与えられていないという不合理は、年とともに著しくなっていた。それに、選挙に際しては、財産家である候補者による買収、饗応が罷り通り――それゆえ、選挙費用は巨額を要した

——、有権者の間にも買収、饗応に応じることを権利とする風潮が広く存在しており、選挙腐敗が慣習として定着していた。

こうしたことから、有権者が非常に少なくて、特定の貴族・富豪が議員選出を思いどおりに支配することができ、往々にして彼らの私有財産視されて、「腐敗選挙区」「ポケット選挙区」「指名選挙区」「閉鎖選挙区」などと呼ばれる選挙区が、多数存在した。

いま一つ知っておかねばならないのは、数多くの無競争選挙区の存在である。無競争選挙区は、一八世紀が進むにつれて、党派的対立の争点の衰滅や選挙費用の著しい増大により増加する傾向にあった。全国で三〇〇あまりの選挙区のなかで、一七二二年の総選挙では一五六の選挙区で競争があったが、一七四一年以降は一〇〇未満の状態が続き、一七六一年総選挙では競争選挙区は最も少なくなり五三にすぎなかった。(注7)

さて、一七三〇年代末になると、対スペイン・フランス強硬策の世論が高まり、それに押されてウォルポールはスペインとの戦争に踏み切り、そのうえ翌年からはオーストリア継承戦争が始まって、フランスとの覇権争いが再開した。一七四一年の選挙では、政府は僅差で多数をえたものの、反政府派ホイッグが躍進した。これを機に反政府運動が強まり、政治的安定は終焉した。翌年、庶民院での採決において敗れるや、ウォルポールは自ら辞職し、長期政権についに終止符をうった。議会の信任を確保し得なくなったために政権の座から退いたことは、議会政治における政権交替の新たなルールをつくる先例となった。

ウォルポールは事実上最初の首相であったといわれる。その長期安定政権のもとで、議会で多数を占める政治的党派が政権を担当し、首席大臣の統率下に少数の有力大臣が真の内閣 inner cabinet を形成して、内閣は連帯して議会に対し責任を負う、議会の支持が得られなくなれば政権交代するといった新しい統治様式がかたちづくられた。そうして、それらが原則となっていった。

この時代に、前代の国王政府に代わって議院内閣＝政党内閣が政府の中心となり、国王は「君臨すれども統治せず」の状態が生まれたのである。

その後には反ウォルポール派のホイッグ派政権が成立し、なお二〇年間ホイッグ派によって政権は引き継がれた。対外関係ではヨーロッパ大陸と世界各地の植民地における覇権をめぐってフランスとの抗争が続き、一七四五年にはジャコバイトの反乱も再燃した。一六四八年にオーストリア継承戦争は終わっていたが、イギリスとフランスの覇権争いに決着をもたらすことはなかった。一七五六年からは、宿敵フランスとの七年戦争が始まった。その間、有力政治家達が政権抗争に明け暮れたが、内政にはさしたる変化は生じなかった。

民衆運動について触れると、前節で扱った時代と同じように、ピューリタン革命時の高揚を忘れ去ったかのように、民衆運動は全般的に沈滞した。資本主義経済の急速な成長のなかで、農民運動は農民層の急速な分解の進行にともない影をひそめ、他方で職人や労働者の運動は生成過程にあった。

資本の原始的蓄積の負担を強いられた民衆の不満は、局地的な食糧暴動として波状的に繰り返し表明された。政治的な暴動は稀であったし、その政治的暴動は、支配階級のイデオロギー的、政治的な影響下にあった。民衆は独立の政治勢力として登場しえなかった。経済的にも政治的にも根本的反対階級が不在であって、被支配階級の闘争によって支配体制が脅かされる危険性が無いために、土地所有者を中心したブルジョア階級の寡頭支配は容易におこなわれたのである。

（3）国王政府の復活から政党内閣の確立への推転の時代

一七六〇年のジョージ三世登位とともに、政党内閣から国王政府への逆行が生じることになった。新国王は、ウィリアム三世のような国政に対する指導権を取り戻すことを企図して、国王の大臣任免権を復活させ、「王の友」と呼ばれる御用党を組織化した。選挙では宮廷費を使った買収によって多くの「王の友」が議員に選出された。議会の側も、そうした国王の親政に支持を与えた。国王は、閣議に出席することはなかったが腹心を通じて自らの意向で内閣を動かし、「宮廷派」を操った。横行する政界および官界の腐敗は、この時期に頂点に達した。

ジョージ三世は、政権からホイッグ派を追い払い寵臣を後釜に据えた。長期にわたったホイッグ派の優越は消滅した。

時あたかも、イギリスは七年戦争で海戦、植民地戦に勝利し、フランスとの覇権争いに決着をつけた。一八世紀のヨーロッパの国際関係は、英仏第二次百年戦争と呼ばれる断続的な六つの戦争に示されるイギリスとフランスの対抗を基軸としたが、七年戦争は、そのなかでイギリスが最大の成功を収めた戦争であった。その勝利により、イギリスは北アメリカ、インドではフランスの植民地をも奪い取るなど、ヨーロッパにおける大国としての地位を手に入れるとともに、（第一）帝国を形成した。

同じ時期、J・ウィルクスが国王の演説を攻撃して逮捕され庶民院を除名された。だが、ロンドンとそれに隣接するミドルセックス州の人々の圧倒的支持によって議員として再選され、除名と再選が繰り返された。そのなかで、彼は国王政治に抵抗する自由の象徴となり、後にはロンドン市長にも選出された。このウィルクス事件は、一一年間に及んだが、その進行につれてジョージ三世の宮廷政治への不満の爆発にとどまらず著しく不合理な選挙制の改革へと運動は広がり、程なく興起する議会改革運動の先鞭をつけることになった。

一七七〇年からトーリ派で国王の側近F・ノースの内閣、「御用党内閣」となり、この時期にジョージ三世の親政は最もよく実現された。

しかし、北アメリカ植民地では、七年戦争での膨大な戦費で財政危機に陥った本国政府による強圧的な課税強化、「代表なき課税」に対する抵抗闘争が激しくなり、一七七五年に一三植民地の本国からの独立戦争にいたった。アメリカ植民地との戦争は劣勢となり、イギリスは一八八三年には一三植民地の独立を承認せざるをえなかった。この問題での国王とその大臣達の施策は国民の不興を買った。帝国の核の一つを失ったイギリスは、帝国の再編へ向かうが、こうしたアメリカにおける破局を機にジョージ三世の王権回復の試みは破綻を来たすことになった。

その間、一七八〇年頃から議会の内外で改革を求める運動が活発になった。議会外では、ヨークシャーをはじめとした諸地域で、選挙区制の変更、議員の任期短縮など、公平・平等な代表を要求する急進的な運動が繰り広げられた。それと並んで、腐敗選挙区の若干の廃止と州代表議員の増加を求める穏健な運動も展開された。

議会内では、一七八〇年に国王の影響力の増大を抑止しようとする決議案が成立した。翌々年にノース内閣と交代したホイッグ派内閣は、国王の権力行使の縮減と政治的党派の役割の強化に努めた。また、E・バークの財政改革法案が成立して、国王の議員操縦の手段ともなってきた官職、年金が大幅に廃止、削減された。国王政治に対抗する議会政治、政党政治が復活してきたのである。

一七八三年にホイッグ派とトーリ派の連立に基づき庶民院で絶対多数を占めるノース＝フォックス内閣

が提出したインド法案は、インドを統治するための委員会を設置するが、その委員会は議会の監督下におくとするものであった。そのために国王の憤りを買い、庶民院を通過した法案は、貴族院において国王の干渉により否決された。庶民院はこれに抗議する決議をおこない、それに対し、ジョージ三世はノース＝フォックス連立内閣を更迭して、弱冠二四歳のトーリ派Ｗ・ピット（小ピット）を首相に登用した。

ピットは、翌年、好機をとらえて議会を解散した。議会の多数党に対抗して直接国民に信を求めて総選挙に訴えた、初めての例であった。そして、ピットは予想をしのぐ大勝を収めた。大反対派に苦しめられていたピット内閣は、国民に審判を仰いで多数の国民の信任を獲得したということで強固な存立基盤を備えることになった。貴族院についても、ピットは国王とともに多数の新貴族を創設して支持者を増大させた。

ピット内閣は、緊急の課題として、長期の戦争で危機的状態にある国家財政の立て直しに取り組んだ。また、パトロネジが横行し能率の悪い官僚制の改革を進め、独立戦争で落ち込んだ貿易の回復に努めた。一七八五年には穏和な議会改革を提案した。

ピットは国王に抜擢されて政権の座に登ったとはいえ、国王の親政とアメリカ政策に反対してきていたし、ピット内閣による行財政改革政策の推進は国王の政治的支配力の低下を確実に助長した。

そうしたなかで、一七八八年にジョージ三世は長患いの最初の発作を起こし、翌年には日々の政務から身を退いた。ジョージ三世の頑強な努力にもかかわらず、国王親政は一時期に終わり、ウォルポール時代に成長した議院＝政党内閣制を覆すことはできなかったのであった。

以後、ジョージ三世は、病が小康をえたときに国政にある程度の影響力を及ぼすにとどまった。それとともに、フランス革命戦争・ナポレオン戦争の緊迫した対外関係のなかで催される愛国的な祭典の中心的存在として国王は賛美されるようになった。全国に普及するにいたっている新聞による報道も加わって、ジョージ三世の人気は復興し、儀式的な威厳と家庭的な親しみのあるそれへと国王像は変わってゆくことになった。(注8)

かつて王権を重視していたトーリ派も、議会政治に重きをおく立場に立ち名誉革命体制を擁護する新たな党派に変わっていた。他方のホイッグ派にも新たな動向として、穏健な議会改革を求める路線が生まれた。そして、ホイッグ派は議会改革とフランス革命をめぐって自由主義的グループと保守的グループに分裂し、その保守派が一七九四年にトーリ派に合流して、トーリ派が圧倒的に優勢な時代を迎えることになった。

ところで、ピットの時代は、イギリス産業革命とフランス革命との「二重革命」によって、一九世紀初葉にかけ近代世界の歴史が大きく転換していく時代の前半部にあたっていた。

一七六〇年代から、綿織物業を主導部門にして、ミュール紡績機、力織機、蒸気機関などの機械の発明、工場制の普及によって生産が飛躍的に発達し、マニュファクチュアから機械制大工業への転換が始まっていた。新農法の採用、土地の囲い込み、大地主・借地農・農業労働者の三分割制による農業の資本主義化、農業革命も、すでに先立って始まり並行していた。道路建設、運河網の整備など、交通手段も急激に発達した。

資本主義経済の飛躍的発達とともに社会の階級構造も決定的に変化しつつあった。産業資本家階級が成長し、賃労働者階級が成立過程にあった。伝統的な民衆は工場労働者に変身しつつあった。他方で、地主階級は依然として経済的にも政治的にも支配的地位を保っていた。資本家、労働者、地主の三大階級によって基本的に構成される資本主義社会が出現する途上にあった。

また、マンチェスター、リヴァプール、バーミンガムなどで工業都市が新たに誕生して、人口の地域的変動が急激に進んでいた。

こうした経済的、社会的激変をもたらす産業革命は、政治体制に関してもその大変革を促さずにはおかない。名誉革命体制の民主化による政治史の新段階への移行が不可避的な歴史的課題として浮上するが、本格的な議会改革の時代が到来するのは数十年の時期を経てからであった。

さしあたっては、産業革命の進行は、現行の選挙制の不合理を更に甚だしくさせその欠陥を一段と露呈させ、議会改革運動を加速させることになった。象徴的に、最も悪名高い事例としてほとんど住民のいなくなっているオールド・セアラムから二人の議員が選ばれ続けている一方、新興工業都市として人口が急速に増加して六万人を超えるマンチェスターは一人も議員を出していなかったのだった。

ほぼ時を同じくしてフランス革命が勃発し、イギリスにも政治的、思想的に深刻な影響を与えた。バーク『フランス革命に関する省察』（一七九〇年）とT・ペイン『人間の権利』（一七九一〜二年）とが、フランス革命に対応する保守主義と急進主義との両極的な態度を代表的に表明した。議会改革運動は活発になり、成年男子普通選挙、一年制議会を掲げた、労働者、職人の「ロンドン通信協会」など多くの急進主義的な政治団体が結成され、各地での集会や全国集会が開かれ、議会への請願がおこなわれた。他方、選挙区割の匡正、戸主納税選挙資格などを求める、ウイッグ派貴族を中核とした「国民の友協会」などは穏健な改革を目指した。

だが、フランス革命が高揚し急進化して国王処刑、共和制、ジャコバン独裁の局面を迎え、イギリスが革命干渉戦争に加わり対フランス戦争が本格化すると、急進主義運動は厳しい弾圧にさらされた。ピット内閣は、人身保護令の停止、結社禁止法などの弾圧政策によって議会改革運動を抑えこんだ。しかもフランス革命戦争の後にはナポレオン戦争が引き続くことになり、その外圧に妨げられて、議会改革は三〇年間にわたって先延ばしされていった。

戦争の長期化につれて、国家財政は危機的になり、国民生活も圧迫されたが、ピット内閣は、一八〇一年までと、一八〇四年～一八〇六年の、通算二〇年の長期に及ぶ安定政権として続き、ウォルポール時代のウイッグ支配に匹敵する強固なトーリ支配の時代を築いた。

政治的党派は異なるが、ウォルポール政権もピット政権も、土地所有者階級により政治権力の独占された寡頭支配体制を担って、前者はフランスの絶対王政に支援されたジャコバイトに対抗して、後者は国内の急進主義運動とフランスのジャコバン主義およびナポレオン帝政に対抗して、名誉革命体制を擁護するとともに、国王政治から内閣政治、政党政治への内部的発展を推し進めた。

こうして、ジョージ三世の国王政府の一時的復活という揺れもどしが介在した後、ピット政権の下で、ウォルポール政権を通じ生成した国王の無答責、議会の多数党による内閣の形成、首相の内閣統率、閣僚の議会に対する連帯責任などを原則とする、議院内閣制、政党内閣制が定型として確立するにいたったのである。

名誉革命体制の統治機構のイギリス的特質を別の面で示すものとして、軍制と警察制について補記する。

国王大権の首席大臣＝首相、国務大臣への委任が大権の各事項に及んできたなかで、国王の統帥権も名目化していた。文官の陸軍大臣が陸軍省を司っていたが、フランス革命への干渉戦争のなかで、より効果的な戦争の遂行のために、陸軍大臣と並んで一七九三年に純軍事的な職務の軍最高司令官が創設され、翌年には国防・植民地省が新設された。これら軍関係諸機関の諸権限ははっきりと定まらず、陸軍大臣と最高司令官の二元的な統制の下に軍はおかれることとなった。

軍事予算の審議権限を議会が確保するとともに、軍隊の指揮と人事に関する権限をも議会に責任を負う陸軍大臣が掌握して最高司令官も統御し、統帥を含め、軍に対する明確な議会の統制が確立するのは、一八七〇年の軍制改革においてである。

なお、イギリスは島国であり、多くの国と国境を接しているヨーロッパ大陸諸国とは違って、陸軍の規模は極めて小さかったが、強力な海軍を誇った。ヨーロッパ大陸を制圧したナポレオンのフランス帝国の強大な軍事力にも対抗し、一八〇五年一〇月のトラファルガルの海戦でフランス・スペインの連合艦隊を破ってイギリス本土侵攻を撃退して以降、制海権を確保し世界の海を支配した。

警察の誕生について記すと、名誉革命後も、中世来の自警的な治安組織が存続していて、先述の治安判事が司法と警察の権力をもあわせもって治安の責任を担い、教区あるいは村落共同体の能力ある住人が治安官の職務を果たした。治安官は任期一年で無給であった。繰り返し起きた民衆の暴動の鎮圧には軍隊が出動した。

産業革命にともなう工業化と都市化が進んで犯罪が増加し治安が悪化した一八世紀末になって、大都市での警邏隊創設が現実の課題となり、ロンドンで一七九二年に有給の治安部隊が、一八〇〇年にテームズ水上警察が設立された。全国に漸次的に新しい警察が生みだされたのは、一八二九年の首都警察隊の創設をはじめとして、一九世紀前半においてであった。

一八世紀のイギリスは総じて「地主支配体制 squirearchy」として特徴づけられる。政治体制も、地主の寡頭支配であった。国家体制については、「議会寡頭制[注9]」、「議会主義的君主制[注10]」、「地主寡頭立憲制[注11]」、「地主王政[注12]」、「議会王政[注13]」、「原蓄国家[注14]」などと、総括的に規定されてきた。いずれの規定もそれぞれに、その国家体制の最も基本的な特徴に着目して表現したものである。

名誉革命体制の国家体制は、同じイギリスの一九世紀後葉の議会制民主主義との対比では「議会寡頭政」あるいは「寡頭議会政」と規定するのが適切であろう。だが、フランス、ドイツの初期ブルジョア国家との対質を狙いとしている本稿では、立憲君主政として概括できる各国の初期ブルジョア国家の諸形態のなかにあって、議会が最高権力機関としての地位を占め議会を中心にした体制であることを際立った特徴とすることからして、これを議会主義的君主政と規定する。

注

（1）F・W・メイトランド（小山貞夫訳）『イングランド憲法史』創文社、一九八一年、五六一頁。
（2）（鵜飼信成訳）『市民政府論』岩波文庫、一九六八年、一五三頁。
（3）『資本論』、『マルクス＝エンゲルス全集　第23巻』大月書店、一九七八年、九四六頁。
（4）浜林正夫『イギリス名誉革命史　下巻』未來社、一九八三年、二八八頁。
（5）F・エンゲルス「イギリスの状態　イギリスの国家構造」、『マルクス＝エンゲルス全集　第1巻』、六三五頁。
（6）K・マルクス『資本論』、九八〇頁。
（7）青木康「ハノーヴァ朝の安定」、今井宏編『世界歴史大系　イギリス史　2』山川出版社、一九九〇年、三一九頁。
（8）L・コリー（川北稔監訳）『イギリス国民の誕生』名古屋大学出版会、二〇〇〇年、「第五章　国王陛下」。
（9）M・デュヴェルジェ（宮島喬訳）『ヤヌス』木鐸社、一九八三年、三五頁。深瀬忠一「議会制民主主義の展開」、『岩波講座現代法　3』岩波書店、一九六五年、四〇頁。中村英勝『イギリス議会政治史論集』東京書籍、一九七六年、二四頁。

(10) G・イェリネク(芦部信喜他訳)『一般国家学』学陽書房、一九七四年、五六一頁。
(11) 糸曾義夫「イギリス革命」、大野真弓編『イギリス史(新版)』山川出版社、一九六五年、一八六頁。
(12) 飯沼二郎『地主王政の構造』未来社、一九六四年、iii頁他。
(13) 松浦高嶺「十八世紀のイギリス」、『岩波講座世界歴史　17』岩波書店、一九七〇年、二四九頁。
(14) 浜林正夫前掲書、二六七頁。

主要参考文献

飯沼二郎『地主王政の構造』。

今井宏編『世界歴史大系　イギリス史　2』。

G・M・トレヴェリアン(大野真弓監訳)『イギリス史　2』みすず書房、一九七五年。

中村英勝『イギリス議会政治の発達』至文堂、一九六一年。

松園伸『イギリス議会政治の形成』早稲田大学出版部、一九九四年。

F・W・メイトランド(小山貞夫訳)『イングランド憲法史』。

第2章　フランス第一帝政＝ボナパルティズム

(1) ブリュメールのクーデタから統領政へ

フランス革命の最終局面、テルミドール派を中心にした総裁政府は、革命の達成を踏まえて、革命を落着させ新しい共和国をつくることを目指した。だが、アンシャン・レジームへの復帰を企てる王党派と民衆運動に支えられて山岳派独裁時代の再来を求めるジャコバン派とに挟撃され、不安定であり左右への揺れ動きを繰り返した。一七九七年三月の選挙で王党派が躍進して議会の多数派となり、反革命的施策を進めたのに対して、軍の力に頼ってクーデタで王党派議員を放逐し、一七九八年四月の選挙ではジャコバン派が進出すると、やはりクーデタでジャコバン派議員を追放した。総裁政府は、軍に依存して左右両勢力を弾圧しなければ権力を維持しえなかった。しかも、一七九八年一二月にイギリス主導で結成された第二次対仏同盟の総攻撃をうけて、フランスは対外戦争において苦境に陥った。

かかる情勢は、軍の勢力増大をもたらしたし、軍の力にバックアップされた強力政治の出現を促した。当時すでに、軍を率いる将官のなかにあってナポレオン・ボナパルトが、一七九六〜九七年に遠征したイタリアで連戦連勝の戦果を挙げ、革命の理想のために戦う民衆の軍隊のリーダーとして、国民的英雄の座に登っていた。

総裁政府と議会の抗争、政府内の分裂という政治的危機、それに経済的危機、財政的危機、更に軍事的危機という内外の難局に対処し、アンシャン・レジーム復帰の現実的脅威に対して共和政の保持と革命の成果の相続を図りつつ革命を終結させせんとして、テルミドール派とナポレオンは提携して、一七九九年一一月、ブリュメールのクーデタを断行した。テルミドールのクーデタを機に上からの性格を強めてきたフランスのブルジョア革命は、ここに上からの革命として終結した。

イタリア遠征での軍事的な勝利と栄光によって軍の支持、国民の歓迎をうけるとともに、ブリュメールのクーデタで主役を演じたナポレオンが、新たな統領政府の第一統領に就き、翌月新憲法（共和暦八年の憲法）が制定され、新体制が発足した。

新憲法の特徴は、第一に、国家の頂点に立つ三人の統領のなかの第一統領（任期一〇年）に強大な権力を集中していた。第一統領だけが法律発議権と法律の適用に際しての裁量権をもち、宣戦講和権、陸海軍統帥権、中央・地方の高級行政官・武官、裁判官の任免権をも有した。他の二人の統領は、合議権だけをもつにすぎなかった。

第二に、立法権力は、政府および護民院（定員一〇〇名）と立法院（三〇〇名）の両院からなる議会によって担われた。「法律案は政府によって発議され、護民院に通達され、立法院によって可決された後でなければ、新法律として公布されない」（第25条）。法律案は、第一統領を補佐する参事院（三〇名から五〇名のメンバーを第一統領が任命）が準備し起草して、政府が提案する。それを護民院で審議し、立法院で採決する。法律案について、護民院は審議するだけで採決できず、立法院は採決するだけで審議できなかった。また、両院は法律の発議権も修正権ももたなかった。立法においても、第一統領の主導権が確保されており、議会の権限はまったく弱小であった。成立した法律について護民院あるいは政府から違憲の訴えがあったとき、後述の元老院がそれを裁定する権限をもった。

第三に、フランス革命期に制定された一七九一年の憲法、一七九二年二月のいわゆるジロンド憲法、同年六月のいわゆる山岳派憲法のそれぞれが人権宣言を掲げていたのとは異なって、新憲法には人権宣言がなかった。その反面、一七九三年六月の山岳派憲法が謳った普通選挙制と人民投票制を復活させ、新憲法は二一歳以上の男子普通選挙権を導入した。普通選挙権は、後述の国民投票で行使された。議会選挙での選挙権は、被選出資格のある名士リスト（候補者名簿）の作成に行使されたにすぎなかった。郡、県、全国という三段階を経て作成された全国の被選出資格者の名士のリストのなかから、元老院が護民院と立法院の議員を指名するのである。したがって、この場合、多段階の間接選挙であり、普通選挙権といっても、有権者は議員の選出にごくわずかに関与するだけであった。

新憲法は、一〇年前に『第三身分とはなにか』によってフランス革命の火をつけ、今度はブリュメールにナポレオン担ぎだしの張本人となったE・J・シェイエスの「権力は上から、信任は下から」の構想にそって、国民主権を形式化しつつ政府による上からの権力的支配をつらぬこうとしたものであった。だが、シェイエスの目論見をこえて、政府、そのなかでも第一統領に極めて強大な権力を集中しており、議会が政府、第一統領を牽制しコントロールするシステムを欠いていた。

憲法においては、第一統領と元老院の間での権力の分割、均衡が図られていた。元老院は、ブリュメール派の牙城であり、互選された終身制の議員（定員八〇名）によって構成され、上記の名士リストのなかから三人の統領と両院議員とを指名し、統領と議会の決定を違憲として破棄しうる権限を有しており、第一統領をも抑制しうる権力機関であった。

しかし、ナポレオンが天才的な軍事的才能と政治的手腕を発揮して国内外での成功を続け、それにともなう国民的人気を高めるたびに、それに見合って憲法の改正も重ねられ、元老院に対してもナポレオンの優位が強まり確立していくのは、この後に見るとおりである。

翌年二月、国民主権の観念を継いで、憲法は国民投票にかけられ、発表では賛成三〇一万、反対一五〇〇で承認された（棄権率は半数に近いと推定される）。直接に国民の圧倒的信任に基づいていることが、新国家体制の正統性を根拠づけることになった。

統領政府は、まずは国内秩序の確立を任務にして新政策を次々に推進した。急務となっていた財政の立て直しとして、税の賦課・徴収の中央集権化や強制公債の廃止などをおこない、総裁政府時の破綻状態から脱した。金融的支柱として、中央銀行たるフランス銀行を創設した。また、新貨幣を鋳造して、通貨を安定させた。地方行政では、全国を県、郡、市町村（コミューン）に分けたうえで、県知事制を設け、第一統領が県知事を任命し、県・郡・市町村議会の議員は、選挙制を改めて名士リストに基づき中央政府が任命するようにした。そうして、県知事を主柱とする中央集権的な官僚的行政機構を構築した。司法の再編、警察の改編もおこなった。

警察は、パリの七三の政治新聞のうち六〇紙を発行停止とし、フランス全土で新しい新聞の発刊を禁止して、言論・出版活動を厳しく取り締まった。また、反フランス軍の攻勢に呼応してヴァンデ地方で再発していた王党派と農民の反乱に対し、王党派を武力制圧する一方、農民を懐柔して、これを平定した。

続いて統領政府は、新政権の基盤確立を狙って新たな戦争に乗り出した。一八〇〇年五月、ナポレオンは再びイタリアに遠征し、ナポレオン軍はイタリア支配をめぐるオーストリア軍との戦いに勝利してイタリアを再征服した。

また、フランス革命の勃発以来対立してきたカトリック教会と和解し、一八〇一年七月に政教協約（コンコルダ）を締結した。政府はカトリック教をフランス人大多数の宗教として承認してカトリック教会を再び支配的地位に上せ、それとひきかえに教皇はフランス共和国を承認する。第一統領は司教を指名し、司教は第一統領に忠誠を誓う。司教は政府の同意を得て司祭を任命する。これら聖職者は、政府から俸給を支給される。かかる教会政策により教会を政府の支配下におき、王党派と教会を分断して、カトリック教徒を新政府にひきつけていった。民衆の心を安定させるのにカトリックの思想と習慣が大きな力をもつことを、ナポレオンは摑んでいた。

更に一八〇二年三月には、宿敵イギリスとアミアンで講和条約を結び、一七九二年に対外戦争が始まって以来久しく待ち望まれていた平和を実現して、国民に大いに歓迎された。

矢継早の諸政策で国内秩序の安定、経済の再興を実現するとともに、イタリア再征服、宗教協約、アミアン和約でフランスの栄光をもたらしたことにより、新政府は強化され、ナポレオンの威信は圧倒的になった。

黒人奴隷制の再導入にも触れておきたい。フランス革命勃発の前年、フランス領植民地には総計約七〇万人の黒人奴隷がいた。革命の最高揚期にあった一七九四年二月、国民公会は人権宣言の原理にしたがって奴隷制廃止を決議した。しかし、革命が後退し終結に向かう時期になると、奴隷制擁護の巻き返し攻勢が強まった。統領政に入ると、ナポレオンは黒人奴隷制廃止には手を打たず、アメリカなどでの植民地を建て直すべく、一八〇二年五月の法令によって奴隷制を維持し黒人奴隷貿易を再開して奴隷制の復活に道を開いた。(注1) 奴隷制が再び廃止されるには、一八四八年二月革命を俟たねばならない。

一八〇二年八月、ナポレオンを終身統領にすることについての国民投票がおこなわれた。賛成は三五七万に達し、反対はわずか八〇〇〇を数えるにすぎなかった。

国民投票の結果に基づき、元老院によって憲法が改正され（共和暦一〇年の憲法）、ナポレオン第一統領の終身制が定められ、後継者および二人の統領の指名権、議会に諮ることなしの条約締結権も与えられた。また、元老院令により護民院の議員数は半減され、元老院に護民院と立法院の解散権が、政府に立法院召集権が付与された。ここに一段と、第一統領の権力は強大化し、対照的に議会の権限は弱小化した。

加えて、前述の被選挙資格者名士リストに代えて、地方選挙人総会が上位六〇〇人の高額納税者のなかから市町村議会議員を選び、やはり上位六〇〇人の高額納税者から選ばれた郡・県の選挙人会が提示した候補者のなかから元老院が郡議会・県議会・国会の議員、それに元老院の補充メンバーを選ぶことになった。土地税が群を抜いて高額だったから、この選挙制は土地所有者階級に有利にはたらき、それぞれの段階の議会はますます、大土地所有者であるブルジョアや旧貴族、それに弁護士などの自由業者によって占められ、名望家的性格を強めた。

元老院は、権限を拡大し、従来同様互選でメンバーを選んだが、元老院議員の三分の一に第一統領が豪壮な邸宅と高収入を終身にわたって与える元老院議員所領制の創設とともに、第一統領に操作されるようになった。

一八〇三年五月にイギリスとの戦争が再開し、「アミアンの平和」は一年で終わった。

一八〇四年三月に、二二八一条からなる「フランス人の民法典」（一八〇七年九月に「ナポレオン法典」と改められる）が制定された。この法典は、革命の事業の継続として、個人の自由、諸特権の廃止、権利の平等、所有権の絶対性、契約の履行義務、遺産の均分相続、国家の非宗教性など、一七八九年の人権宣言の原則を確認し、フランスにおけるブルジョア的社会秩序の進展を法律として制度的に固めた。一面では、夫への妻の従属、父親への子供の従属という守旧的な家族制の規定も含んでいた。

同じ時期、王党派は、イギリス政府の支援を得て、ブルボン王家の王族との結託を強め、ナポレオン暗殺を企んだ。ナポレオンは直ちに王党派や王族の関係者を捕らえ処刑した。この暗殺陰謀事件をきっかけとして、革命の受益者である新興のブルジョア階級や土地を所有する農民階級にとり、ナポレオンは革命の成果を無に帰さんとする王党派と外国軍に対する革命の利益の擁護者あることが、あらためて鮮明になった。

ナポレオンは大革命継承の国民的シンボルでもあった。ブルボン王朝復活の危険に対し、ナポレオン体制の安定的持続、ナポレオンが暗殺されても変わりようのない体制が求められた。

(2) 帝政

一八〇四年三月に元老院はナポレオンに世襲制を与えることを決議し、五月には憲法を改正して皇帝ナポレオンの誕生を宣言した。革命の嵐とその収束とで変転する時代にあって、ナポレオンは革命の申し子として、一将軍から第一統領へ、そして更に皇帝へと権力の階段を駆け上がったのである。

皇帝世襲制の可否を問う国民投票がおこなわれ、賛成は三五七万を超え、反対は二六〇〇に満たなかった。ナポレオン帝政は国民の熱狂的支持に包まれて発足した。一二月に皇帝即位の戴冠式が豪華絢爛に挙行され、ナポレオンも自由の尊重、権利の平等、革命期に教会や亡命貴族から没収された国有財産の取得者の所有権の保証などを宣言して、革命の受益者をはじめとする国民の期待に応えた。

翌年五月にイギリスがロシアとオーストリアを糾合して第三次対仏同盟を結んだのに対して、イギリス本土上陸の作戦は、フランス・スペイン連合艦隊がトラファルガル海戦で敗れて失敗したものの、オーストリアに侵攻したナポレオン軍はアウステルリッツ会戦でオーストリア・ロシア連合軍に大勝し、オーストリアに大打撃を与えた。アウステルリッツの勝利によって、ナポレオンは国内において絶大な権威を確立し独裁的な権力を固めるにいたった。

ナポレオンは一八〇〇年二月にブルボン王朝のテュイルリ宮殿に移り住んで以来、華美な宮廷を再興し旧制度の宮廷儀式を復活させていた。皇帝戴冠式もフランス歴代の国王の即位にならった聖別式としておこなわれ、皇帝権力は神授されたものとされた。玉座は、国民投票での信任に基づき国民に由来するのに加えて、神に由来すると唱えられるようになった。

すでに一八〇二年五月に国家に貢献した軍人などへのレジオン・ドヌール勲章が設けられて政権を支える新しいエリート層がつくられていたが、一八〇六年三月になると貴族に大公の称号が与えられた。それを手始めに、一八〇八年三月にやはり皇帝令により新たな貴族制が創設された。授爵された者は帝政末までに約三六〇〇人にのぼり、その過半は軍功を立てた軍人であった。こうした帝政貴族制により、将校、高級官僚、旧貴族の新旧エリートの融合が図られ、皇帝を最高位とする位階秩序が築かれた。新貴族は、民衆の息子が元帥や大臣となった例が象徴するように、革命前の生まれによる貴族と違って能力と国家への貢献によるとされ、身分的特権をともなうものではなかったとはいえ、人権宣言に謳われた平等の原理を否定するものであった。

共和政から帝政へ、自由、平等の提唱から自由の制限、平等の放逐へ、カトリック教会に対する攻撃から和解へ、そして新貴族制へ、等々、革命の原則からの離反が顕著になった。ナポレオンは国内では「革命の子」であることをやめた。

他方、対外的には、以降も、皇帝ナポレオンは、ヨーロッパ大陸諸国を次々に征服して軍事的、経済的に従属させ、大帝国を形成していった。フランス帝国は、第四次対仏同盟下、一八〇七年六月のロシア軍に対する大勝利、一〇月のプロイセン軍撃破とベルリン占領、それに続く「イギリス封鎖に関する法令」での、「大陸体制」の実現によって、最盛期を迎えた。「大陸体制」は、ヨーロッパ大陸の軍事的制圧に立ち、先進資本主義国イギリスの経済的圧迫に対抗して、イギリスの商品を大陸市場から閉めだし、フランスの、ある程度はまた大陸諸国の産業を保護しつつ、大陸市場支配を確保せんとするもので、資本の原始的蓄積過程における重商主義のフランス型体制であった。

ナポレオンは、革命によって国民国家として新生したフランスの強大な軍事力を発揚し強烈なナショナリズムの潮流に乗って、全ヨーロッパの支配者としてその権勢の頂点に立つにいたった。

ナポレオンの大陸諸国攻略は、未だ封建的絶対主義体制の国々に対してはブルジョア革命の輸出の意味をもち、領土や多額の償金を奪い取る一方で、封建的諸関係の廃棄や「ナポレオン法典」の施行を余儀なくさせるという、侵略と解放の両面性を有した。そして、ナポレオンのフランスは、ナショナリズムのエネルギーを激発させてヨーロッパ大陸を支配したが、支配下においた諸国を国民意識に目覚めさせ、反転してフランス帝国を覆す諸国民解放戦争をやがて招来することになる。

帝政の最盛期において、皇帝ナポレオンの権威は絶大であり権力は独裁的であった。王党派もジャコバン派も影響力を失い、皇帝に公然と敵対する勢力は存在しなかった。ただ、絶対君主政とは違って、皇帝権力は、憲法、元老院令により制約されていたし、神の聖別が加わったとはいえ、国民投票での信任に立脚し、国民に与えている利益、幸福、栄光によって正当性を確保していた。

立法は、皇帝令と元老院令によっておこなわれることがますます多くなった。他の権力機関のうち、参事院はより従順な枢密院に取って代えられ、護民院は一八〇七年八月に廃止された。立法院は無力化しもはや飾りでしかなかった。元老院は貴族的性格を一層強めた。立法院と元老院の存在がかろうじて権力の分立を示していたが、その権力分立は、最高機関に他の諸機関が従位する縦型のそれであり、そのなかでも最も極端な部類であった。

帝政国家は、絶対王政の中央集権的権力機構を国民国家として改編し拡充して築かれた。その主柱は軍隊であり、また官僚組織であった。

軍によるクーデタで上からの権力奪取によって成立し、対外戦争の勝利の連続によって帝国へと発展したように、巨大な軍事力をもつ国民軍は、ナポレオンの独裁を支えるなによりの主柱であった。ブルボン絶対王政最盛期のルイ一四世は、一六八〇年代に約一〇万人の軍隊を擁し、それは一七一〇年に二五万人に増大した。フランス革命期には、革命を圧殺せんとする諸外国の干渉によって祖国が危機に瀕した時期、共和国軍は六〇万人を超すにいたり、総裁政府のもとでも三〇万人を超えていた。帝政はそれらを継いで、五〇万人の大兵力を擁した。(注2)

行政では、統領政の発足とともに、中央で内務省、警察省、司法省、外務省、大蔵省、戦争省、海軍植民地省などが設置され、その後更に国税省、戦争行政省、宗教省、工業商工業省などが増設された。各省は部局、課に分かれ、職階制が設けられ、命令と服従の体系が編成された。官吏は、およそ二万五千人を数え、公務員としての職責と義務を課せられ、高額の俸給を支給された。(注3)集権的官僚制にあって主力となったのは、初発から行財政の中央集権化を推し進めてきた任命制の県知事であった。知事は、その地方の代弁者ではなく中央政府の代理人であり、その権限は、郡長・市長の指導、徴税、徴兵、河川や道路の管理など広範にわたった。

それとあわせて、パリでは警視総監が、各県では知事が警察権を掌握して、密偵網を張り巡らして国民を監視した。スパイ活動や密告も奨励された。

王党派や急進派の左右の反対勢力は押さえ込まれていた。政治的自由は形骸化し、普通選挙権が行使される地方選挙人集会が召集されない県がでてきたし、郡・県の選挙人会の形成にあたって選挙よりも行政官庁による任命が優勢になった。

言論・出版活動の検閲は続き、皇帝や国家を批判する言論・出版は封じられた。新聞は、パリで一八〇四年に一三紙あったが一八一〇年に四紙となり、各県では一紙ずつしか存続を許されなかった。反面、御用新聞が育成された。結社・団結の禁止は、革命期のル・シャプリエ法がすでに一八〇三年に引き継がれて確認されていた。一八一〇年の刑法は野蛮な刑を、刑事訴訟法は陪審制を廃止して秘密審理を、それぞれに復活させた。このように、フランス革命の原理であった自由は、所有権など経済的自由を除けば、大幅に規制され、平等も棄損された。

他方で、数多くの会戦の勝利は新聞や官報によって全国津々浦々に通報された。戦勝記念日が定められ、祝典が催され、勝利を謳う凱旋門や記念柱が建てられ、盛大なパレードがしばしばおこなわれた。ナポレオンと皇族にちなんだ祝日、祝祭が設けられた。それらを通じて、国民のなかにナポレオン崇拝が植えつけられた。

ナポレオンの独裁的な権力は、なによりもヨーロッパ制圧と不可分の関係にあった。ナポレオン帝政は、アミアンの講和の僅かな時期を除いて戦争に明け暮れ、数多の戦勝がもたらす栄光、誇りに拠って立っていた。ナポレオンのもとにあって、フランスは大帝国となり一〇年にわたってヨーロッパを支配したのである。相次ぐ戦勝と領土の併呑に、国民は歓喜し、ナショナリズムを高揚させ、ナポレオンを熱狂的に支持した。

こうして、体制に対する内部からの大衆的な反抗は起きなかった。

農業は農地の拡大や農業技術の改善により緩やかな成長を遂げた。大土地所有者が栄えたのは言うまでもないが、封建的諸負担から解放され小土地所有者となった農民の生活も向上し、農民大衆は重なる徴兵に応じて兵士として軍隊を担い、ナポレオン体制の最も熱心な支持層となった。

統領政府以降、綿紡績を中心に工業も急速に発展をとげた。ナポレオン政権は、イギリスに対するフランスの経済的立ち遅れを解消するための経済的振興を課題とした。帝政は、先述した対外的な保護貿易、ヨーロッパ大陸市場の拡大と合わせて、国内ではマニュファクチュアを保護して商工業を育成し、首都パリの改造、道路、港湾、運河、橋梁の建設など、大規模な公共事業を推進した。軍需産業も発達した。これらにより、革命期にも生じた食糧危機に見舞われることはなかったし、労働者の賃金も上昇局面にあった。

帝政のもとで経済も、確かな発展を遂げ繁栄した。が、一八一〇年代になると経済的、社会的な陰りが見えだした。

一八一二年のロシアへの遠征の失敗を一大転回点として、様々な矛盾を内包していたフランス帝国は破綻に向かった。ロシア遠征の敗北を機に、プロイセン、スペインなど、フランス帝国の支配下の諸国もこぞって反旗を翻した。イギリス、オーストリアなども加わって、第六次対仏同盟が形成された。数次の戦いを経て決戦となった、一八一三年一〇月のライプツィヒの会戦、「諸国民戦争」でフランス軍は敗退し、連合軍の進撃により一八一四年三月にはパリが陥落した。四月にナポレオンは退位して、帝国は崩れさった。

(3) ボナパルティズムの再定義のために

第一帝政は、フランスにおけるブルジョア革命後の最初の国家形態である。この第一帝政の国家体制について、しばしばおこなわれているように、ボナパルティズムと規定するのが適切であろう。

そのボナパルティズムとは何かをめぐって、近年、従来最も有力であったマルクス主義的説論の批判的再検討が進められ、新たな理論的研究が開かれつつある。そこで、これまでの主な代表的論議を取り上げて評註し、ボナパルティズムについての再規定にアプローチする。

フランスの第二帝政に関して、実地に歴史的過程を追跡し、その国家体制をボナパルティズムと規定する源となる著論を遺したのはマルクスであった。但し、マルクスの所論は変転しており、一番よく知られている『ルイ・ボナパルトのブリュメール一八日』(一八五二年)の説論は、その第二版での一連の論点の削除が示唆するように、一八六〇年代から基本線の訂正と転換に向かい、『フランスにおける内乱』(一八七一年)にいたって新たな地点を示した。しかし、その到達も、なお制限されていた。それに加えてマルクスは、ボナパルティズムの原型にあたる第一帝政について独自に分析することが、ついに無かった。彼の一応の達成を踏まえつつも、それらの限界を突破してボナパルティズム論を発展させることが、後世の研究の課題とされるべきであった。

ところが、エンゲルスは、マルクスの分析を一面的に概括してボナパルティズムについて定義した。度々述べてきたように、「階級均衡」や「例外国家」の論点を軸にして、マルクス主義の定説とされてきたボナパルティズム論は、後期エンゲルスに特有なものであり、歴史的な事実と方法的な論理に照らして根本的な謬点を含んでいた。「階級均衡」論は、一八四八年二月革命の時期にブルジョア支配は頂点に達したとか、プロレタリア革命が迫っているとかいう歴史的段階ないし状況の誤認と一体であって、ブルジョア階級の発展力を過小評価しプロレタリ階級の力量を誇大評価して成っていた。「例外国家」論は、経済と国家、経済的支配（階級）と政治的支配（階級）が分離する近代においては、国家が「ある程度の自主性を得る」のは「例外」ではなく「通例」であるという歴史的な特質を見失っていたし、近代の諸国家のなかでのボナパルティズム国家の「自主性」の特殊具体性をかえって捉えきれなかった。(注4)

二〇世紀になると、総じて後期エンゲルスによるマルクス理論についての概説が、特にソヴェト・マルクス主義を通じて、定説として普及したように、ボナパルティズムに関しても、後期エンゲルスの「階級均衡」論や「例外国家」論がすっかり通説として定着し罷り通った。レーニンは、一九〇五年革命後のストルイピン時代と一九一七年革命時のケレンスキー政府を対象に、ロシアにおけるボナパルティズムについて論じたが、それは、①、階級均衡の上に立つ、②、革命情勢下での反動的、反革命的な性格、③、超階級的政策や超党派的装いなど、通説に則っていた。(注5)

そうした通俗論に立脚していることでは、コミンテルン内外の反対派も同様であった。一九二〇年代にファシズムが荒れ狂い始めたなかで、ドイツ共産党反対派のA・タールハイマーは、ボナパルティズムとの共通性に着目してファシズム研究へボナパルティズム論を導入し、斬新なファシズム論を提出した。彼はファシズムとボナパルティズムの共通点と相違点を種々明らかにしたが、ボナパルティズム論のファシズム分析への適用あたって第一の論点としたのは、プロレタリア革命の局面・状況での「階級均衡」であった。(注6)ファシズムの成立の歴史的な段階、あるいは局面・状況を「階級均衡」として分析するのは当を得ているとしても、同じような「階級均衡」をボナパルティズムも共有していたとするのは、通説的誤解に拠るところが大きかった。

A・グラムシも、ボナパルティズムについてカエサル主義の別用語で論じた。古代ローマのカエサルとボナパルトとの類比は、すでにフランスでの統領政の発足後に現れていた。そして、ナポレオン一世やナポレオン三世の統治は、しばしばカエサル主義と呼ばれてきた。グラムシの主な論点を検討しよう。

第一点として、「カエサル主義は、闘争する諸勢力が破局的なしかたで均衡する、つまり闘争をつづけても共倒れになるより解決のしようがないかたちで均衡している、そのような情勢を表現している」(注7)。彼もまた「階級均衡」論を踏襲していた。

しかし、第二点として、彼は、カエサル主義の歴史的意義について、ファシズムと共通する反動的形態としてボナパルティズムを位置づける論調が支配するなかにあって、「進歩的カエサル主義と反動的カエサル主義とがありうる」(注8)と説く。「カエサルとナポレオン一世は進歩的カエサル主義の例である。ナポレオン三世とビスマルクは、反動的カエサル主義の例である」(注9)。「進歩的カエサル主義」の存在を認めるのは、史実に基づけば当然であり、通俗論からの一つの大きな前進点であった。それでも、通俗論と同じように、ナポレオン三世とビスマルクのボナパルティズムについて「反動的」と規定している点では、それらもまた歴史的な革新的性格を有したことを捉え損なっていた。

第三点として、「カエサル主義的解決は、カエサルなしでも、つまり偉大な『英雄的』代表人物なしでも、おこりうる」(注10)という論点に止目すべきである。これは、一八四八年以後、政治や国家も大きな変化を遂げてきたなかでの、現代におけるカエサル主義の存在形態の変化に関する言述であるが、カエサルなしのカエサル主義は果たして存在しうるのか、という疑問を喚起する。この問題への解答は、カエサル主義(ボナパルティズム)とは何か、その核心の理解にかかわる。後述のようにボナパルティズムの核心を「偉大な『英雄的』代表人物」による独裁的支配として把握すると、ボナパルトなしのボナパルティズムは自己矛盾であり実在しえないことになろう。そうした見地からすると、グラムシはボナパルティズム論を過度に拡散させていることになる。

続いて近年の優れた業績としてドイツの社会史派を代表するＨ－Ｕ・ヴェーラーと日本の西川長夫のボナパルティズム論を取り上げるが、その前にこれまでのすべてのボナパルティズム研究に通有の大きな方法的欠陥を指摘しておく。

マルクス以来のボナパルティズム論はフランス第二帝政を素材にして組み立てられている。しかしながら、第二帝政は第二次ボナパルティズムであり、ボナパルティズムの原型はフランス第一帝政である。第一帝政こそ、単に歴史的に最初というだけでなく、他の政治・国家体制に対するボナパルティズムとしての特質を最もよく充実して体現していた。ボナパルティズムとは何かは、第一帝政を対象にしてこそ解明されるべきではないのか。そして、その歴史的段階的転化形態として第二帝政・ボナパルティズムは位置づけられよう。

要するに、従来のボナパルティズムの理論的定義は、発祥の地フランスにおける対象的素材の面からしても、第一帝政の然るべき扱いを組み入れていないという狭隘性を免れていない。この制約はマルクスなどの革命運動の実践的立場からすればやむをえないものであったとしても、後の時代の理論的研究者はそれを克服したボナパルティズムの把握を期さなければならない。

実際、第一帝政と第二帝政とのボナパルティズムとしての相違点についてはこれから折に触れて言及するが、どちらを対象的素材とするかによって、ボナパルティズムの理論的定義自体に多少なりと違いがでてくるのである。

さて、ヴェーラー「ボナパルティズムとビスマルク・レジーム」（一九七七年）は、ビスマルク帝国をボナパルティズムとして捉えるが、この論文で、ヴェーラーは以下のような六点の特徴を挙げてボナパルティズムの性格づけをおこなっている。①、市民革命を経過した初期工業社会の支配体制。②、大きな社会諸階級間の均衡。③、カリスマ的指導者による政治的独裁、なかんずく軍隊と農民とによる支え。④、危機に瀕した支配階級から伝統的政治権力の大部分を奪い去るが、その代わりに彼らの経済的地位を保証。⑤、労働者層に対する社会政策的譲歩。⑥、進歩的、近代的諸要因と保守的、抑圧的諸要因の際立った結合、その他の特徴的な支配技術(注11)。

①、②、⑤から明らかなように、全体として、フランスの第二帝政に即しつつボナパルティズムの特徴づけを下している。だが、例えば①は、第一帝政を対象にするならば、上からの革命としてブルジョア革命が終結した初期資本主義社会の支配体制となるだろう。また広く第一帝政と第二帝政の双方を対象にするのであれば、上からの変革を介して興隆する資本主義社会の政治的支配体制となるだろう。

①はまた、上からの革命・改革とのボナパルティズムの連動性という不可欠の要点の位置づけが弱いことを示している。しかし、それでも、コミンテルン内外および講座派系マルクス主義のボナパルティズムとファシズムを親縁関係におく説論とははっきり異なっている。

②も、第二帝政におけるブルジョアジーとプロレタリアートの階級均衡という通俗的な謬説の取り入れとして、ヴェーラーの把握の否定的な面を表わしている。

更に考えると、第一帝政と第二帝政とでは、国家体制としては同じボナパルティズムであっても、その社会階級的基礎関係は著しく異なっている。それに加えて、他方では、第一帝政と復古王政が示すように、基本的に同じ経済的社会階級関係であっても、その上に、異なった国家体制が存立しうる。そうだとすると、ボナパルティズムに必然的な特定の階級関係を一般的に設定すること自体を控えるべきだろう。そして、③の後半部にあるように、第一帝政、それに第二帝政で、軍隊と農民とが特別の支柱となり、社会的支持基盤となったことを規定するにとどめるべきであろう。

③の前半部のカリスマ的指導者の規定は、Ｍ・ウエーバーの支配の社会学の摂取を介してのヴェーラーの積極的な寄与として評価される。『ブリュメール一八日』のマルクスは、ナポレオン三世を卑小な人物として戯画化したが、すでにグラムシは「カエサル」について「偉大な『英雄的』代表人物」と表現していた。

④について、後期エンゲルスを原典とする通俗論の影響をとどめながらも、核心的な事態に一歩切り込んでいる。だが、なお明確ではない。近代における経済的支配（階級）と政治的支配（階級）の分化という歴史的に独自な特質を押さえたうえで分析するならば、ボナパルティズム国家の出現は、支配階級全体の入れ替わりではなく、政治的支配階級の入れ替わりである。政治的支配階級の変換は、イギリスの議会主義的君主政や議会制民主主義の国家にあっては政権を担当する政治的党派の交替として進行する。ところが、フランスの第一帝政、第二帝政の成立では、既存の政治的党派の放逐とナポレオン一世、三世とその郎党の登場という劇的な姿をとって特異な形で政権交替が起き、それが国家体制の転換の起動力となったのである。第二帝政をとると明瞭だが、経済的に支配するブルジョア階級については、その内部で金融資本家、商業資本家、産業資本家や大土地所有者などの諸集団の相互関係に一定の変化が生じるとしても、旧新の入れ替わりがあるわけではない。資本主義経済は、順調な発達の過程にあるのである。

右の問題について説明を重ねると、政治的危機が深刻化し破局を迎えて、経済的に支配するブルジョア階級とその議会的代表であった政治的党派との関係も行き詰まって崩壊し、政治的支配のトップの座は新規の人物（集団）、ナポレオン（郎党）によって担われることになる。とともに、経済的に支配する階級と政治的支配諸集団との関係も再編成される。経済的に支配するブルジョア階級の側からすると、従前の議会的代表部隊を見捨てて、新たな代表部隊としてのナポレオンとその郎党に政治的危局からの脱出と政治的に安定した支配を託するのである。

⑥については、後続章「ビスマルク帝国＝立憲政府政」の第三節で検討に付すので、ここでは省略する。

その他に、国民大衆の直接的支持に基盤をおくことも特徴的性格の一つとした方が良いだろうが、挙げられていない。階級均衡や歴史的反動性を説く通俗的なボナパルティズム論に引きずられていることと相関するだろう。

以上、主な点について論評した。ヴェーラーは、依然として、後期エンゲルスを源泉としたボナパルティズム論を有力な拠り所として議論を組み立てている。

ボナパルティズム概念のドイツ帝国への転用はマルクス、エンゲルス以来の伝統であるが、しかし、そもそもその是非について再吟味を要する。ドイツ帝国の国家体制は、第四章において明らかにするように、ボナパルティズムに類似するが、それとはまた別のものとして捉えるのがより適切とも考えられるからである。

西川長夫は、近代フランス史の実証的研究に基づいて、ボナパルティズムの通説をのりこえた研究を開拓している。「ボナパルティズムの原理と形態」（一九七七年）では、第二帝政についての表題に関する歴史的な研究、考察をおこない、そのまとめとして、第二帝政・ボナパルティズムを次の四点から特徴づけている。

①、「デモクラシー」として、「単に専制的な独裁体制ではなく、人民主権の発現形態である人民投票と普通選挙によって裏付けられた『民主的・人民的』独裁体制」、②、「官僚制度」として、「独裁は、第一

帝政以来の発達した官僚制度に依拠」「なかでも知事と警察」、③、「産業主義」として、「国家権力の指導と介入による産業と経済のめざましい発展」、④、「ナショナリズム」として、「熱烈なナショナリズム」、その三つの側面をなす「経済的なナショナリズム」「独立的ナショナリズム」「膨張的ナショナリズム」(注12)。

①について、これまでほぼ定説として繰り返されてきた反動的体制という性格づけを斥けて、「『民主的・人民的』」性格を前面に出し、従前の把握との際立った相違を打ち出している。確かに、第二帝政は、最先進的で議会制民主主義の母国となるイギリスにも先んじて、普通選挙制を確立した最初の体制であった。と同時に、そこでの普通選挙や民主主義は、制度的な操作によって、農民や労働者などの人民大衆を取り込んで国家的に統合するブルジョア的統治の一システムであることを露わにしたのであった。西川の規定は、権威と自由、強権支配と民主主義の両面の制度的合成を指摘しつつ自由、民主主義のみせかけ性を力説してきた説論とは反対に、第二帝政の人民的基盤を強調しすぎているとも言えるが、ボナパルティズムの歴史的性格の見直しを更に一段と進める意義をもとう。

しかし、「独裁（的個人統治）」について、言及はあるが、「デモクラシー」や「官僚制度」ほどには重要視されず、独立の項目として扱われていない。これは、ボナパルティズムの特徴づけとしては欠点であろう。但し、ナポレオン三世の第二帝政ではなくナポレオン一世の第一帝政についてであれば、「独裁（的個人統治）」がもっと強く前面に出されるのかもしれない。

関連して言及すると、第一帝政と第二帝政とでは、独裁者のカリスマ性、自由主義と民主主義が占める比重、諸階級、諸党派の政治的成熟や国家権力機構の拡充の度合い、のそれぞれの位差からして、「独裁」としても一定の相違がある。前者を独裁とすれば後者は準独裁と言うことができるだろう。

②では、これまで広く認められてきた特徴である官僚制的統治を確認し、更に立ち入って知事と警察が

重要な役割を果たしたことを明らかにしている。加えて、軍隊の役割の重要性の相対的低下という第一帝政と比べての変化を指摘している。これを摂取すれば、ボナパルティズムにおける軍事的、官僚的支配の主力に関して、第一帝政は軍隊と知事、第二帝政は知事と警察というふうになろう。

③について、第二帝政時代における産業資本主義の飛躍的発展は顕著な歴史的事実であって、今では公知の事柄である。マルクスが『ブリュメール一八日』でのボナパルティズム分析の基本線を『フランスにおける内乱』において変更するにいたった最も大きな理由も、第二帝政の産業帝国としての躍進の歴史的現実を眼前にしたからであった。ただ、エンゲルス以来行き渡ってきた通俗論からすると看過ないし軽視されてきた事柄である。

④も、ややもとすると重視することを欠いてきた事柄の位置づけの提示であり、積極的な意義をもつ。しかも、ナショナリズムについての諸側面の解析は、開拓的な貢献であろう。

西川は本論文での立論をボナパルティズムの定義への道程での仮説と断っている。上の特徴づけもそのようなものとして受けとめられなければならない。それとともに、歴史研究をなおざりにして理論的な構築や規定に走ってはならないと戒めている。この戒めは大変に重い。筆者（大藪）にとっては特にそうである。

それでも、上述来の歴史的概観と先行理論の検討に基づいて、あえて、ボナパルティズムの諸特徴を列記して、その全体的な輪郭を示す形で、さしあたっての再定義を試みよう。その際、既述のように、ボナパルティズムの原型と見做す第一帝政を直接の対象とする。第二帝政・ボナパルティズムについては、この特徴づけに一定の変更を加えなければならない。

①、上からの革命としてブルジョア革命が終結したのを承けて、自由主義的な革命の原理と成果の継承

と定着を図った初期資本主義社会の政治的支配体制。

②、カリスマ的統治者の独裁。ナポレオン体制あるいはナポレオン帝国と呼称されるように、革命の嵐のなかから皇帝へとのしあがったナポレオンが、カリスマ的指導者として、権威、権力を集中して独裁的に統治した。

③、国民投票による直接の支持に正当性の基礎をおく。なによりも国民投票――四度実施――として、加えて地方選挙人総会での投票として、国民の政治参加を保障していた。独裁的統治は、国民投票で圧倒的に支持され、国民大衆の信任に立脚していた。②の超（ウルトラ）君主主義と③の国民大衆の支持とは、体制の背反的両面性をかたちづくった。

④、主柱としての中央集権的な軍事機構と官僚制的行政機構。軍隊と知事を主力として、中央集権的で強大な軍事的、行政的機構を備える国民国家を構築した。

⑤、政府権力の議会権力に対する絶対的な優越という国家権力の機構的編制。皇帝および元老院の政府に対して、議会は、国民代表権力としては第二次的であり、立法権力としては添え物的であり、まったく微力であった。

⑥、社会的基盤としての軍隊、農民の熱狂的支持。

⑦、上からの資本主義化の推進。

⑧、対外戦争の勝利による栄光。国民の圧倒的多数は、戦勝、征服に歓喜し、軍事的ナショナリズムが高揚した。ナポレオンの統治は、なによりも対外戦争の勝利、フランス帝国の形成によって興起し、戦争の敗北、帝国の崩壊によって終焉した。

こうして、ボナパルィズムについて、カリスマ的指導者による、軍事的、官僚的国民国家を構築し、資本主義社会の発展を上から推進する、国民投票的支持に立脚した独裁的統治、と定義する。

注

（1）浜忠雄「サン＝ドマング（ハイチ）とナポレオン」、専修大学人文科学研究所編『フランス革命とナポレオン』未來社、一九九八年。
（2）本池立「ナポレオン帝国」、柴田三千雄他編『世界歴史大系フランス史　2』山川出版社、一九九六年。
（3）本池立「ナポレオンとフランス革命」、専修大学人文科学研究所編『フランス革命とナポレオン』一四一頁。
（4）以上のマルクス、エンゲルスのボナパルティズム論については、拙著『マルクス、エンゲルスの国家論』現代思潮社、一九七八年、「第五章　マルクスのフランス第二帝制・ボナパルティズム論」「第七章　後期エンゲルスの国家論」。
（5）拙稿「補説　レーニンのボナパルティズム論」、『富山大学教養部紀要』第二三巻二号、一九九〇年二月。
（6）「ファシズムについて」、山口定『現代ファシズム論の諸潮流』有斐閣、一九七六年、一二二〜三頁の紹介による。
（7）『新君主論』、山崎功監修『グラムシ選集　1』合同出版、一九六一年、一六五頁。
（8）同。
（9）同、一六六頁。
（10）同。
（11）（大野英二他訳）「ボナパルティズムとビスマルク・レジーム」、『思想』岩波書店、一九七八年二月号。
（12）河野健二編『フランス・ブルジョア社会の成立』岩波書店、一九七七年、所収。後に西川長夫『フランスの近代とボナパルティズム』岩波書店、一九八四年、に収録。

主要参考文献

岡本明『ナポレオン体制への道』ミネルヴァ書房、一九九二年。

本池立『ナポレオン』世界書院、一九九二年。

本池立「ナポレオン帝国」、柴田三千雄他編『世界歴史大系　フランス史　2』山川出版社、一九九六年。

R・デュフレス（安達正勝訳）『ナポレオンの生涯』白水社、一九八七年。

第3章　フランス復古王政＝君主主義的立憲政

(1) 復古王政の史的過程

一八一四年五月の王政復古（第一次）は、ナポレオンの「百日天下」を招いていったん途絶えた。だが、ワーテルローの戦いでナポレオン体制が最終的に崩壊したのにともない、一八一五年六月に王政復古（第二次）が確定した。

ブルボン王朝の復辟は、ナポレオンのフランスに戦勝した諸外国、すなわち第六次対仏同盟諸国の手により、ヨーロッパをフランス革命以前の旧制度に復帰させせんとする正統主義を基本方針とするイギリス、オーストリア、ロシア、プロイセンとフランスの君主主義連合としてのウイーン体制の枠組みのなかで、国際的な反動の一環としておこなわれた。

王政復古は、しかし、フランス革命とナポレオン帝政の達成であるブルジョア的社会諸関係を除去することはできなかった。すでに封建的特権身分の社会的基礎は消滅し、新興のブルジョア階級が成長し、土地革命によって土地を入手した農民も広範に定着していた。ナポレオン帝政の独裁的統治や軍政機構は倒壊したが、その中央集権的行政機構や「民法典」は存続していた。

一八一四年六月、帰還した国王ルイ一八世の欽定として公布された憲章も、王政復古とフランス革命との妥協の試みであり、革命前のブルボン王朝体制へ復帰しようとする面と、革命以後の諸成果を既成事実として受け入れるという面との矛盾的複合という性格を有し、次のような新しい諸特徴をもっていた。

国王の地位について、ルイ一八世が王位に復したのは「神の摂理」によるもので、国王は「最高の国家元首」（第14条）とされており、王権神授説が甦らせられるとともに、君主主権説が復活させられて国王はあらゆる権力の源とされる。

そして国王は、軍の統帥権、宣戦・講和権、条約締結権、官吏任免権、法律執行権、緊急命令権などを専有する。立法に関しても、法律の提案権、裁可・公布権を掌握する。また、議会の召集権、代議院の解散権を有する。国王はまた、神聖不可侵である。

議会は、国王任命の貴族（世襲）によって構成される貴族院と、財産資格に基づく制限選挙によって公選される議員から構成される代議院とから成る。「立法権力は国王、貴族院および代議院により共同で行使される」（第15条）。だが、法律提案権などは国王に専属していて、両院はただ上訴権を有するにとどまり、立法においても国王が優越する地位にある。両院は、法律案および予算の審議権、課税協賛権、それに国王への法律案提案の請願権をもつ。これらの権限により、議会は国政に影響を及ぼすことができる。双方の院の権限は、税法について代議院が先議する以外、対等である。

大臣は、国王が選任する。大臣は、国王に対して責任を負い議会に責任を負わない。代議院は大臣の刑事責任を追及しうる。

司法は、国王の名において裁判官によっておこなわれる。裁判官は国王によって任命される。

このように、権力の源である国王の下で、最小限度の権力分立が存在し、立法・執行・司法の権力を議会・内閣・裁判所が分有する。それでも一七九九年の憲法および一八〇四年の改正憲法と比較すると、権力集中性は弱かった。

代議院の選挙資格は、三〇歳以上で国税三〇〇フラン以上の直接税納入者、被選挙資格は、四〇歳以上で一〇〇〇フラン以上の直接税納入者に、それぞれに厳しく限定している。

他方、「フランス人の人権」として、法の前の平等、所有権の不可侵、人身の自由、言論・出版の自由などを定めている。信仰の自由も認めるものの、カトリック教を国家の宗教とする。(注1)

こうした憲章の性格は、国家権力の統一を君主に求め、君主の意思を国家権力発動の根源とし、君主をもって国権の総攬にあたらしめる君主主義を原理とする、君主主義憲法として規定できる。この憲章は、後の時代のプロイセン一八五〇年憲法、日本の帝国憲法に対して、君主主義憲法の祖型としての歴史的地位を占めた。

さて、復帰した旧貴族、特に極端王党派（ユルトラ）は、革命前の体制に復そうとして激しい反動攻勢を展開した。一八一四年一二月に革命期に教会や亡命貴族から没収された国有財産の未売却地を元所有者に無償で返還する法律を成立させたが、それはナポレオンの「百日天下」を招来する要因にもなったのだった。宗教対立の厳しい南部地方では、ボナパルト派の軍人や共和派市民に対する白色テロルが吹き荒れた。また、革命のなかで断頭台に送られたルイ一六世の命日を国民の服喪の日とすることを法律で定めた。

白色テロルのさなか、一八一五年八月、初の代議院選挙がおこなわれ、極端王党派が四〇二議席中三五〇を占めて大勝し、ルイ一八世が名づけた「またと見いだしがたい議会」が成立した。

議会は、死刑や王室に対する不敬罪を追加した言論出版法を制定した。また、各県に臨時即決裁判所を設置してボナパルト派、共和派の追及をおこなった。逮捕された者七万、政治犯として処罰された者九〇〇〇という概数が記録されている。

議会の行き過ぎを抑えようとして、穏和派のリシュリュー内閣、国王は極端王党派と対立した。貴族はルイ一八世の帰還を待ち望んできたが、ルイ一八世の種々の態度は、過激派を失望させるものであった。安定した体制を望む国王は、一八一六年九月に代議院を解散させた。

一九一七年一〇月の選挙では、革命をもはや否定し得ない現実として受けとめ立憲王政の維持を図る立憲王党派あるいは穏和王党派（モデレ）が二三八議席中一五〇を獲得し、国王よりも王党派的な極端王党派は少数派に転落した。以降一八二〇年まで、立憲王党派のリシュリュー内閣、ドカーズ内閣の統治が続いた。その間に、一八一年二月の選挙法で定められた議員の五分の一の毎年改選の規定に従った選挙で、共和派、ボナパルト派、オルレアン派などが毎年の改選ごとに議席を増大させ、独立派ないし自由派となり、野党を形成した。

一九一八年三月に士官の採用・昇任を規則化し国王の恣意を制限する軍制改革がおこなわれた。一九一九年五月に新聞法が成立し出版の検閲と事前許可制を廃止した。日刊新聞に対して一万フランの保証金を要求するものであったが、各政治グループの発行する新聞は、言論活動に重要な役割を果たした。宗教政策では、王政復古以来のカトリック反動の攻勢は、ナポレオンの政教協約の枠組みの維持に帰着した。

対外関係では、一九一八年一〇月、連合国に対する賠償金を調達して外国占領軍の撤退を実現させるとともに四国（イギリス・ロシア・プロイセン・オーストリア）同盟に加入し、国際社会に復帰した。

このように、立憲王党派の内閣のもとで、極端王党派と対抗しつつ、中道的な、比較的自由主義的な政治が進められた。立憲王党派左派は、独立派と提携して自由派をかたちづくった。

しかしながら、一八二〇年二月に起きた王位継承者ベリー公暗殺を契機に、政治反動の時期へと再転した。出版検閲制が復活し、高額納税者に二度（郡と県）投票権を与える二重投票法が導入された。

一九二〇年九月選挙では、極端王党派が勝利し、翌年一二月には極端王党派のみで構成されたヴィレール内閣が成立した。極端王党派は教会聖職者との連携を一層強めて、カトリックによる教育統制を行い、攻勢は大学にも及んで純理派のF・ギゾーなどのソルボンヌでの講義廃止、自由主義的な教授の罷免や辞職が相次いだ。対外的にも、一八二三年にフランスはスペインの革命に介入し、フランス軍はスペインに侵入して革命をおしつぶした。

一八二四年二月の選挙では極端王党派が圧勝し、反対派は四三〇議席のうちわずか一九を得たにすぎなかった。ここに、「再び見いだされた議会」が出現した。同年六月に代議院議員五分の一の毎年改選の規定は廃止され、議員任期は七年とされた。

一八二四年九月、ルイ一八世は没し、シャルル一〇世が即位した。極端王党派のリーダーであったシャルル一〇世は、ルイ一八世と違って、極端王党派の輿望を担っていた。

反動政治が加速し、翌年四月に教会の聖なる器の窃盗に対して極刑を課して取り締まる涜聖禁止令が制定され、革命期に没収され売却された亡命貴族の財産について損害賠償する「亡命貴族の一〇億フラン法」（賠償額はおよそ一〇億フラン）が成立した。五月にシャルル一〇世は古式を踏襲した戴冠式を挙行した。教権主義のカトリック反動の状況が再び生み出された。

だが、一八二六年から二七年にかけて、貴族層の弱小化に歯止めをかけるため貴族財産の細分化を防ごうとした「長子相続法」と、出版の自由を規制する法律は、いずれも貴族院で否決され廃案となった。政府反対派の新聞が言論を主導しはじめ、ギゾーらを中心とする自由派の運動が復興し、反政府的態度が広がった。

一八一七年から一〇年間経済的繁栄が続いてきたが、一八二六年からは経済的不況に見舞われて、労働者の賃金の大幅低落、失業の増大、穀物価格の高騰などが進行し、各地で騒擾が起きるようになった。特に二八年から二九年にかけて食料騒擾が多発した。

一八二七年一一月の選挙で自由派が勝利を収め、翌年一月に六年続いた極端王党派ヴィレール内閣は崩壊した。穏健派のマルティニャック内閣が登場し、新出版法を成立させ事前検閲を廃止するなど、議会多数派に配慮した政策をとった。

しかし、一八二九年八月にシャルル一〇世は極端王党派のなかでも強硬派のポリニャックを首相に任命して、自由派との対決の様相を強めた。自由派の側は、一六八八年のイギリス名誉革命に倣って王家の本家の代わりに分家を立て、立憲王政を正常な軌道にのせることを追求するにいたった。

一九三〇年になると、大銀行家で筋金入りの自由主義者であるJ・ラフィットが出資した『ナシオナル』紙が創刊され、イギリスの名誉革命を称え、議会中心の「(君主は) 君臨すれども統治せず」という原則を唱えて、反ブルボン派としてフランス革命に同情的であったオルレアン王朝のルイ・フィリップ公の擁立を打ちだした。多くの反政府派的新聞の政府攻撃が始まった。そして、代議院は、内閣不信任案を可決した。

シャルル一〇世は五月に議会の解散を断行した。しかし、六～七月の議会選挙では、反政府派が過半数を占めて圧勝した。反政府派二七四議席に対し、過激王党派中心の与党は一四三議席であった。

ここにいたって、シャルル一〇世は、憲章で規定されている国王の緊急命令権を発動して、議会解散、出版の自由の停止、選挙法改悪、九月初旬に選挙実施などの事項からなる七月勅令を発布した。クーデタに等しい試みであった。これを導火線として、直ちに公然たる反抗が湧き起こった。新聞編集者たちは共同抗議に立ち上がり、共和派の将軍ラ・ファイエットが中心になって国民衛兵を再組織した。パリの民衆は、フランス革命の終息期以来三五年ぶりに蜂起した。ブルジョア階級と民衆の同盟が再現して、「栄光の三日間」のバリケード市街戦が繰り広げられた。七月革命が起きたのである。

八月にシャルル一〇世は退位して、議会は憲章を修正し、ルイ・フィリップが「フランス人の王」として即位して、七月王政が始まった。

(2) 復古王政の構造

復古王政は、およそ以上のような経過を辿ったが、これをイギリス名誉革命体制、フランス第一帝政と対質すると、歴史的に先行したそれら二つとは異なる政治・国家体制であることは明らかである。

王政復古は、経済社会構造の復古をともなわなかったばかりか、政治・国家体制についてもその頂上部を占める君主制、貴族制を主軸とした復古であった。そして、復古王政は結局、全面的な反動攻勢にもかかわらずブルジョア的な社会的発展方向を逆転させることはできなかった。反対に、着実に力を増強して次第に歴史の規定的要因となりつつある資本主義経済社会的諸関係に対して政治も適応していかざるをえないことを示した。時代遅れの政治的、宗教的価値を称える復古王政が一五年にわたって存続できたのは、ウイーン体制下で同盟諸国に援護されたところが大であった。

復古王政の全期間を通じて、政治的党派としては王党派が、社会階級としては土地貴族が、独占的に権力の座を保持して支配した。王党派は極端派と穏和派とに分かれて対抗したが、双方ともに土地貴族の政党であった。貴族は、両院議員の構成において四〇パーセントを割ったことがなく、司教として任命された九〇人のうち七〇人を占めていた。旧貴族と帝政ならびに復古王政の新貴族のあいだでは、旧貴族が優勢であり、任命された県知事のうち七〇％、将校のうち六〇％を占めた。(注２)

資本家階級は、産業と金融において益々富裕になり経済的支配力を強めたが、政治、軍事、宗教における最も重要な地位から排除された。イギリスでは土地貴族が資本主義の経済発展に加わり、政治的にも資本家階級と手を結んだのだが、フランスの土地貴族はそれとは対照的に異なっていた。イギリスの「開かれた貴族制」に対して〝閉ざされた貴族制〟であった。そうした事情から、七月革命において、自由主義的な資本家階級は民衆と提携して立ち上がり、自らの政治的支配体制として七月王政を築くことになった。

カトリック教会は、復古王政の大きな支柱であった。宗教的信仰がなお広範にいきわたって人々をとらえていたなかで、国王と王党派はカトリック教を国教として統治した。

前述した制限選挙制は極めて厳しいものであり、復古王政の間、およそ三〇〇〇万人の国民のなかで、有権者は約九万人（一〇〇人の成人に対して一人の有権者）、被選挙権者は約一万六〇〇〇人（人口比で〇・〇五％。被選挙権者が一人しかいない選挙区もなかには生じた）であった。(注３)選挙は、談合や取引によって、また行政当局が関与しておこなわれるのが慣習であった。

地方行政機構としての県、郡、コミューン（市町村）に対応する、それぞれの地方議会が存在したが、議員はすべて任命制であった。県会議員、郡会議員に関しては、県選挙人会、郡選挙人会が候補者を選出し、郡長の意見を参考にしつつ知事が候補者を選出して内務大臣に提案し、内務大臣が任命するという方式であった。(注４)

復古王政の国家体制に関して、その独自性をかたちづくる重要な諸特質を列挙しよう。

第一に、君主主義と立憲主義との複合である。ルイ一八世は憲章を欽定した。国民によってではなく君主によって憲法が制定されるのは、歴史的にまったく新規の出来事であった。国王による憲章の欽定自体、革命前の絶対王政への回帰を志向するものの、革命後の立憲制を既成事実として受け入れざるをえないという矛盾的両面性を示したものであった。そこに、君主主義と立憲主義との複合を構造的枠組みとする国家体制が生まれた。

君主主義の拠り所として君主主権や王権神授の旧い思想が甦らせられた。しかしながら、君主主義は、国家権力分立の制度的枠組みにあって、君主と議会との対抗関係において成っていた。君主主権は、すでに国民主権や人民主権が普及してきたなかで、それに対抗しそれを克服せんとする概念として復活させられたのであった。そして、君主の主権的権力の起源として、国民あるいは人民を超越する神が再登場させられたのだった。つまるところ、君主主義、君主主権は、立憲主義や権力分立制を前提にして、イギリス名誉革命体制の議会主義、議会主権ないし国民主権とは対極的な、別異の近代国家の在り様を表していた。

第二に、ルイ一八世とヴィレール首相の対立、シャルル一〇世とマルティニャック首相の衝突として、国王と首相の対抗が顕出したように、「国家の元首」である国王と「政府の首長」である内閣首相との分離、区分が進展した。

第一章で見たように、イギリス名誉革命体制では、ウイリアム三世治下からウォルポール時代、更にピット時代にかけて、当初は「国家の元首」であるとともに「政府の首長」であった国王が名目的な「国家の元首」たる地位にとどまり、「政府の首長」の地位は実際の政治を統率する内閣首相に移る過程がゆっくりと進行した。そうして、国王は「君臨すれども統治せず」の国家体制へ移っていった。フランスでは同様の過程が、第一帝政から七月王政にかけて国家体制の相次ぐ転換とともに進行する。復古王政はその途次に位置した。第一帝政では皇帝ナポレオンが「国家の元首」にしてかつ「政府の首長」であった。復古王政では国王は「最高の国家元首」であるとともに統治にも携わったが、他方で内閣首相も統治を率いた。この点からすると「国家元首」と「政府の首長」の限定的な分離として、双方の分離過程が始まったのだった。その分離は七月王政において国王ルイ・フィリップと内閣首相との関係として明瞭に確定する。

フランス革命後のブルジョア的発展を容認しつつ君主制の維持を図る自由主義者B・コンスタンは、革命前からのモンテスキューなどのイギリス立憲君主政の研究を受け継ぎつつ、執行権力を大臣の担当として、国王の権力は議会・内閣・裁判所の諸機関の分立に必然的にともなう対立、葛藤を調整し活動を協力させせて政治的均衡を維持させることにあるという、君主の調整的・中立的権能論を提唱した。それは、新たな国家体制のあり方を方向づける意味をもっていたのであった。

モンテスキューなど革命前の啓蒙思想家達に続いて再び、コンスタンがそうであるように、名誉革命体制のイギリスを手本と見做し、そこから立憲君主制のイメージを抽出することが強まった。そうしたなかで、国家権力の分立に関しても、イギリス国家の現実から離反していたモンテスキュー『法の精神』（一七四八年）の三権力均衡＝横型の構想は斥けられ、縦型にしてかつ議会と内閣＝政府を結合するイギリス型の権力分立がモデルとして有力となっていた。

第三に、復古王政の実際の政治は、国王が大臣を議会の信任にかかわりなく任免したことが示すように、国王優位での、国王と内閣の共同統治であった。穏和王党派が政権を握った時期は、明らかにそうであった。復古王政では、君主主義を基調にして、国王政治に内閣政治を接合して、寡頭支配政が遂行された。

第四に、ルイ一八世治下、一八二〇年九月選挙での極端王党派の勝利をうけて、穏健なリシュリュー内閣から極端王党派ヴィレール内閣へ交代したこと、次いでシャルル一〇世治下、一八二七年一一月選挙での自由派の勝利を受けて、ヴィレール内閣からマルティニャック内閣への交代がおこなわれたことに留目する。この議会の構成の変動に応じての内閣の交代を、一〇年後に到来する七月王政とのつながりで見るならば、そこに、大権内閣制から議会で多数を占めた政治的党派が内閣を担当する議院内閣制への微かな動きを看取できるだろう。

憲章においては、議会、特に代議院の多数派と大臣の関係は不明確であるが、国王は神聖不可侵で無答責であり、責任は大臣が負うことを明らかにする一方、大臣の議員兼職と両院に出席発言する権利を認め、内閣と議会の交渉、協力を可能にして、内閣と議会を結びつけていた。そこから、実際の政治の展開過程では、結果として、議院内閣制への流れが微弱ながら生じることとなったと言えよう。

第五として、第一帝政＝ボナパルティズムと比較すると、君主（中心）主義では共通するが、第一帝政＝ボナパルティズムは超（ウルトラ）君主（中心）主義であった。従ってまた、国家権力の分立に関しても、第一帝政は徹底して権力集中的であり、権力分立が存しても極端な縦型であった。また、一七九九年の憲法が人権宣言を備えなかったのに対し、一九一四年の憲章は、一七八九年の人権宣言への対抗としてであったにせよ、「フランス人の人権」の宣言を含んでいた。そして、第一帝政でナポレオンの独裁体制の内部に吸引され分散させられていた自由主義は、復古王政では弱体ながら君主主義の対抗翼として自立し徐々に成長した。総じては、特にイデオロギー面での顕著な反動性にもかかわらず、復古王政下の実際の政治は、第一帝政よりは自由主義的であったと言えるだろう。

第一帝政においては、国民主権論を尊重しながらナポレオンの独裁的な統治であった。復古王政では、憲章で国王主権が規定されていたが、実際の政治過程では国王の権力の行使は制限され、その制限は決して小さくなかった。主権の帰属、その憲法的表現と主権の行使、その現実政治的機能とは離間していたのである。イギリス名誉革命体制にあっては、「君臨すれども統治せず」となった時代となっても、国王は憲法の上では依然として強大な国王大権を保持していた。いずれも、憲法（規範）と政治（的実際）、政治的イデオロギーと政治的現実のずれ、乖離という政治的構造に固有な性質を具現するものとして、念頭にいれておく必要がある。

最後に、復古王政の時代は、経済的には依然として農業が主軸であったが、資本主義の成長途上にあって、工業が発展し、綿紡績業、羊毛糸生産ではマニュファクチュアが支配的になり、製糸業を中心とした工業都市も誕生した。こうした経済的構造は、保護関税政策を含めて、ナポレオン時代のそれと基本的に変わりがなかった。

第一帝政と復古王政で、経済的構造は同じであるにもかかわらず、しかし、政治・国家体制は異なっていた。基本的に同じ経済的構造であっても、相異なった政治・国家体制が存立しうる格好の事例として止目に値する。

そのことは、政治・国家の独立性を大変よく示すのであるが、それに与って力があった要因は、国際的環境と歴史的伝統であろう。すなわち、一方ではウイーン体制へと一変した国際的環境の圧力、他方では国内での一昔前のブルボン絶対王政の歴史的伝統の復活、そして両者の相乗作用である。

如上の復古王政について、「立憲君主主義的体制」(注5)という規定が存在する。

本稿では、初期ブルジョア国家の立憲君主政の一つの新しい型として、憲法、広くはイデオロギーが君主主義的であるのみならず、実際政治においても君主が中心にあって権力を揮う国家体制・政治体制であったブルボン復古王政を、君主主義的立憲政と規定しよう。

注

（1）以上の一八一四年憲章については、中村義孝編訳『フランス憲法史集成』法律文化社、二〇〇三年、一二四～一二九頁による。
（2）上垣豊「一九世紀フランスの貴族と近代国家」、史学研究会『史林』第七八巻第四号、一九九五年七月。
（3）中村義孝編訳前掲書、一二四頁。
（4）小田中直樹『フランス近代社会　一八一四～一八五二』木鐸社、一九九五年、五五～五八頁。
（5）田中治男『フランス自由主義の生成と展開』東京大学出版会、一九七〇年、三三頁、四八頁。

主要参考文献

佐藤功『君主制の研究』日本評論新社、一九五七年、「第二章第三節　フランスの君主制」。

中木康夫『フランス政治史』未來社、一九七五年。

服部春彦「フランス復古王政・七月王政」、『岩波講座世界歴史　19』岩波書店、一九七一年。

第4章　ドイツ・ビスマルク帝国＝立憲政府政

(1) ビスマルク帝国の構造

ドイツ帝国の歴史は、一八七一年の創建から一八九〇年まで、前半期にあたるビスマルク時代と、以降一九一八年に崩壊するまで、後半期のヴィルヘルム時代とに、大きく二分される。ここでは、ビスマルク時代のドイツ帝国をビスマルク帝国と呼び、ドイツにおける初期ブルジョア国家として分析する。

プロイセンが一八六六年に対オーストリア戦争に勝利して北部ドイツの諸邦国を束ねて北ドイツ連邦を結成し、更に一八六九年からのフランスとの戦争に勝利を収めて北ドイツ連邦に南部ドイツの諸邦国を引き入れて成ったドイツ帝国は、君主制をとる二二の邦国と三自由市の連邦国家として発足した。

その構造を、まずは、建国直後に制定された帝国憲法から描き出そう。

ドイツの国家的統一の事業がプロイセンの力により「小ドイツ主義」的解決として果たされたという事情からして、帝国憲法の規定する帝国の構造は、プロイセンの優位のもとに各邦国が自立するという、特異な二面性を備えていた。

プロイセン優位主義あるいは覇権主義として、プロイセンの国王はドイツの皇帝を兼ね、プロイセン首相は帝国宰相を兼任した。また、諸邦国政府の代表者によって構成される連邦参議院において、プロイセンはその票決権合計五八票のうち一七票を占めて全体の動向を左右することができた。帝国軍務に関してプロイセンの軍法がそのまま実施され、プロイセンの陸軍省、参謀本部は帝国のそれとして権限を行使したし、帝国政府各省はプロイセンの関係省庁に依存していた。なお、プロイセンは、人口と面積でも帝国の五分の三を占めていた。

他方、邦国分立主義あるいは連邦主義として、連邦参議院の存在もその表明であったが、各邦国はそれぞれ独自の憲法と国王、政府、議会をもち、立法、行政、財政上の自立性を有した。他に、プロイセンに次ぐ有力邦国であるバイエルンなど幾つかの邦国は、郵便・電信の管理運営の独自の裁量権を認められていた。

帝国としての統一性は、帝国の法律は邦国の法律に優先するという原則や、関税、通商、度量衡、貨幣、銀行、鉄道、郵便・通信、陸海軍などの帝国による監督と立法、それにまた前述のプロイセンのヘゲモニーや後述の皇帝、帝国宰相、帝国議会の存在などによって確保され強化された。

帝国憲法の基本的性格は、一八五〇年のプロイセンの欽定憲法と同じように、君主主義であった。皇帝は、帝国を代表するとともに、連邦参議院と帝国議会の召集・開会・停会・閉会、帝国宰相をはじめ官吏の任免、宣戦講和、条約締結、軍の統帥などの広大な権限を掌握した。但し、皇帝の統治行為には、宰相の副署を必要とした。

帝国宰相は、皇帝の任命にかかり、議会の信任から独立した地位にあった。そして、議会に対して政府を代表し、諸邦国との関係では連邦参議院の議長を務めた。各邦国と異なり、帝国には内閣は設けられなかったので、宰相が政府を一手に握り、若干の省に分かれた宰相官房府に国務長官が宰相を補佐する下僚としておかれたにとどまった。

こうして、宰相＝政府は皇帝の大権に基づいており、イギリスで生成したような議会（多数派）と首相＝内閣とが結びつく議院内閣制は否定されていた。憲法第九条の後段での連邦参議院の構成員と帝国議会議員の兼職禁止によっても、政府と議会は切断され、議会人である政党政治家の政府への進出は阻止されていた。それに、帝国の宰相、国務長官はプロイセン邦国の首相、大臣と重複していて、プロイセンは大権内閣制を敷いていたから、この面からしても、議会に対して責任を負う政府は不可能であった。議会主義的な宰相＝政府の出現は、制度的に幾重にも排却されていたのである。

帝国議会は、法律の発案および議決、予算審議、決算承認、条約承認などの権限を有した。加えて、議会の討論は公開され、議員は身分を保障されていた。また、議会は国民から請願を受け、皇帝・連邦参議院に移送する権限を有した。しかし、議会は自ら集会したり解散したりする権限を欠き、立法に関しても法律裁可の権限を連邦参議院に握られていた。つまり、議会主義は封殺され、その要素が点在するにすぎなかった。

連邦参議院は、法律発議権と法律裁可権、皇帝の宣戦・条約締結への同意権、加えて行政権力、司法権力への関与を認められていた。

選挙制としては、帝国議会は全国民の代表者とされており、二五歳以上の男子に選挙権、被選挙権が認められ、議員は普通・平等・直接・秘密の選挙によって選出された。これは、プロイセンの三級選挙制など、各邦国の選挙制がおしなべて制限され不平等であったのに対して、のみならず世界各国の当時の選挙制と比較しても、極めて民主的であり、ドイツ帝国中唯一の民主主義的制度であった。

人権に関する規定はおかれず、その規定は各邦国の憲法に委ねられた。ちなみに、プロイセン憲法においては、「プロイセン人の権利」として一とおりの自由権が規定されていた。

以上の事柄からも判明するように、ドイツ帝国は甚だ複雑な多重構造をなしていた。ところで、帝国憲法を含めて、ドイツ帝国は、一八六六～七一年の「上からの革命」の所産であった。そこで、次に、その「上からの革命」に連動する帝国の構造的な特質を押さえる。

前著『明治維新の新考察』第5章において明らかにしたように、一八六六～七一年の「上からの革命」は、次のような諸特質をもっていた。①、ドイツのブルジョア革命は、「自由と統一」を目標にしてきたが、「上からの革命」は、国民国家的な「統一」を第一義的に目標にして、立憲的な「自由」は目標として第二義化した。②、指導的党派は、「白色革命家」ビスマルクを筆頭に、かつての絶対主義派から転身した保守派であった。③、革命を推進する組織的中枢機関となったのは、直前には自由派が多数を占めていた議会と相対立する内閣＝政府であった。④、革命の手段的方法となったのは、対オーストリア、および対フランスの戦争（の勝利）であった。⑤、革命を主導した思想は、君主主義を主軸にして議会主義を包摂した保守主義思想であった。こうした分析に基づいて、「政府が国家権力を手段として推進する保守的革命」と「上からの革命」を定義した。

「上からの革命」の諸特質は、ドイツ帝国に引き継がれてその国家体制を規定した。なかでも、対オーストリア戦争の勝利後の事後承諾法による憲法紛争の収拾が、決定的なほどの意味をもっていた。

再説すると、一八六二年にプロイセン首相に就任したO・v・ビスマルクは、直ちに鉄血政策を打ち出し、下院の反対を無視して、軍制改革と軍事支出を強行した。自由義的反政府派が多数を占めていた下院は、軍制改革のための予算支出を否決して対抗した。この衝突は、憲法で認められている予算審議権を活用して財政面から軍隊をコントロールせんとする下院と議会のコントロールを排除して軍隊を憲法外的な存在として確定しようとする内閣＝政府との、予算の承認権と軍の統帥権――一八五〇年の憲法は国王の統帥権を規定していた——をめぐる憲法紛争として、泥沼化し四年間にわたって続いた。

だが、オーストリアとの戦争の勝利とともに、状況は劇的に転回した。戦勝と同時的におこなわれた下院選挙で、それまで自由主義的反政府派の主力をなしてきた進歩党が大敗し政府を支える保守派が躍進したのを受けて、ビスマルクは、この間の予算に基づかない軍事支出を議会が事後承諾するかわりに、今後は予算に基づいて政府は財政を運営することを定める事後承諾法案を提出した。これへの賛否をめぐって反政府派の進歩党などは真二つに分裂し、下院はこの法案を圧倒的多数で可決した。これにより、憲法紛争は収拾され、下院の予算審議権が再確認される一方、軍隊への下院のコントロールは否定されて統帥権の独立も確認されることになった。

このように、「上からの革命」の過程でのドイツ統一戦争の勝利や憲法紛争の解決をつうじて、ビスマルク率いる内閣＝政府が議会に対して優越する力関係があらわに示され、政府中心主義が国家体制の基本的骨組みとなった。一八四八年三月革命以来の保守派が一貫してそうであったように、ビスマルクは議会に対して責任を負う内閣や議会主義的な内閣という国家体制のあり方を峻拒した。

ドイツ帝国においては、世上ビスマルク帝国と呼ばれるように、帝国創建の最大の功労者であるビスマルクが宰相として帝国政府を従え、軍部や行政官僚団を統率して、権力政治を推進した。憲法紛争解決の経緯からして、議会の予算審議権とともに軍統帥権の独立も、既成事実であった。議会を無視しては政治をおこなうことができない一方、絶対王政以来の軍部、官僚団が強力な堡塁を築いていた。

特に、ケーニヒグレーツの戦、セダンの戦の勝利の戦火のなかで北ドイツ連邦、ドイツ帝国が創建されたことが象徴するように、「上からの革命」の主力となったプロイセン軍部は強い独立性とともに高い威信を備え、大きな政治的、社会的影響力を有した。軍の中核をなす将校団の社会的地位は高く、将校は国民の憧れの的であった。軍隊が国づくりの中心になり、国家においてのみならず市民社会においても軍事優先主義が浸透し、「社会的ミリタリズム」が根付いていた。

他面では、専門官僚が行政権力の枢要を握った。保守主義政党や自由主義政党の指導者さえ、政府の要職に就くことはなかった。それだけでなく、議会議員の社会階級的構成でも、官吏が最多であった。官吏と議員の兼任が認められなかったイギリスと違って、ドイツでは官吏と議員の兼職が合法化され、官吏が議会へ大量進出した。帝国議会議員の社会的構成では、一八七一年には官職にある者が五〇パーセントに迫り、時とともに比率は低下したが、一七八七年でも四〇パーセントに近かった。(注1)

かかる現実政治の次元から、先に見た帝国憲法をも、「上からの革命」によるドイツ帝国建設の歴史的現実の法的表現として捉え返す必要がある。

帝国憲法は、一八五〇年のプロイセン憲法を原型としていたが、ビスマルクの草案を基にして制定された一八六七年の北ドイツ連邦憲法に必要最小限の修正を施して成ったので、ビスマルク憲法とも呼ばれ、帝国創建の最大の功労者ビスマルクに合わせた憲法としての性格をもっていた。そのため、君主主義的な憲法の条文と実際の政治との間には相当の隔たりがあった。時として言われるように、一国の政治は、憲法の条文によってというよりは、むしろその国の歴史や現実の社会的、政治的諸権力関係によって規定されるのである。

帝国憲法の規定では皇帝が宰相の任命権者であった。だが、実際にはビスマルクがプロイセン国王ヴィルヘルム一世を帝国皇帝の玉座に登らせたのであった。爾後もビスマルクは、高齢で国家の象徴的存在にとどまった皇帝ヴィルヘルム一世を自らが牽引する政治的方向で動かしたし、ヴィルヘルム一世のビスマルクへの信任は厚かった。憲法上は皇帝が最高権力者であったが、実際政治では宰相ビスマルクが皇帝をしのぐ権力者にほかならなかった。

ビスマルクの政治の指針は党派的な教理ではなく国家の現実の利益であり、イデオロギーにとらわれない現実政治に彼の政治運営の新しさがあった。

ビスマルクは、国民自由党や自由保守党を与党として引き連れ、強大な権勢を誇ったが、ビスマルク与党は、ビスマルク帝国の最後の一時期を除いて、帝国議会の過半数を制することはなかった。議会は政府を制度として掣肘することはできなかったが、政府が提出した法案が成立するには議会の承認が不可欠であったから、政府は議会の多数の支持を得るために多大の努力を傾けなければならなかった。ビスマルクは、現実の政治の安定的運営のために、議会内の与党多数派の形成に腐心した。

成年男子の普通選挙制の採用にあたっては、ビスマルクは国民大衆を自らの側に惹きつけその支持を確保し、体制の安定に資することを目論んでいた。この大衆迎合＝操作政策は、北ドイツ連邦において成功を収めた前例をすでに有していた。しかし、普通選挙制の実施は、ビスマルクの思惑を越えて、広範な社会各層の政治化、様々な政党の発達による流動状況を生み出し、政治的反対勢力の進出の格好の足場に転化した。

反議会主義的な政府制と（成年男子）普通選挙制との組み合わせは、産業資本主義の全面的発達、ならびに名望家政治から大衆政治への構造的転換の時代状況での政治のダイナミズムのなかで、労働者階級の政治的独立化や社会民主主義政党の抬頭を加速し、ビスマルクの主観的意向とは逆の方向への客観的作用をもたらすこととなった。ビスマルクは自らその制度化に手を貸した普通選挙権によって解き放たれた政治的状況を制御できなかった。

ビスマルク帝国の政治＝国家体制は、一方で名望家政治、国権自由主義的寡頭政治の軍部・官僚によって固められた政府と、他方で大衆政治、大衆民主主義政治に応じた議会の対立を内包していた。そして、憲法上の皇帝の強大な権限がビスマルクの統治に対する議会（反対派）の介入を防護したが、議会は憲法上の権限は乏しかったものの実際政治においては権力的比重を高め、議会主義への傾向が次第に強まる方向にあった。次のヴィルヘルム時代ともなれば、議会の力は更に強まり、宰相責任制＝議院内閣制への実質的な近づきを示すにいたるのである。

続いて、政党に目を転じる。

帝国には、保守主義、自由主義、社会民主主義、政治的カトリシズムの政治潮流が存在し、それらの政治潮流を体現して分極化した諸政党が存立した。

大土地所有者、ユンカー、それに農民を基盤とする保守主義陣営では、ビスマルクの統一事業に反感を抱き王権と伝統的秩序の保持を重んじるプロイセン保守派は、プロイセン下院で圧倒的優位を保ち続けたが、帝国議会では少数派の域にとどまり、一八七六年に全ドイツの保守勢力の結集を図ってドイツ保守党として新発足した。他方、ビスマルク支持に転じた少数派は自由保守党（一八七六年からは帝国党）を形成していた。

自由主義政党としては、資本家階級を代表し、ビスマルクの国家統一事業を支持して進歩党から分裂して発足した国民自由党が存在し、一八七〇年代を通じて議会第一党の地位を占めた。また、中小資本家や中級官僚、自由職業者などの階層を主たる基盤とする自由主義左派あるいは民主主義的自由主義派として、憲法紛争の収拾とともに勢力を失ったものの、ビスマルク批判派としての立場を堅持し、後年の左翼自由派諸政党の主流に位置する進歩党が存在した。その他に、ドイツ人民党があった。

社会民主主義政党として、工業の飛躍的発展とともに勢力を強める労働運動を基盤にして、一八六九年に社会民主労働党が結成され（一八七五年から社会主義労働者党、一八九〇年に社会民主党）、徐々に伸張した。

それに、カトリック政党として、一八七〇年に誕生した中央党は、「小ドイツ主義」的統一、プロテスタント国プロイセン優位の帝国に不満を持つ「大ドイツ主義」的なカトリックの利害を代表した。中央党は、帝国の住民の三分の一強のカトリック教徒を基盤にして、党名が示すように保守主義派と自由主義派との間に立つ位置をとり、帝国議会の議席数で上位を占め、議会のキャスティング・ボートを握って国政の成り行きに重要な影響を与えた。

その他にも、帝国内における少数民族を代表する政党として、ポーランド党やデンマーク党があった。これらの分極的多党制の諸政治潮流、諸政党は、大土地所有者・ユンカー、商工業資本家、小ブルジョア、労働者という社会階級・階層的分裂、加えてプロテスタント、カトリックの宗教的対立、更に民族の相違に対応していた。

一八五〇〜六〇年代のドイツでは、石炭＝鉄鋼業、鉄道建設を基軸にして産業革命が進展し、帝国創建の時代は資本主義経済の躍進の只中にあった。そして、一八七〇年代以降においても、経済の発展が続いた。最先進国イギリスへの追い上げは急であり、「世界の工場」「植民地帝国」として「パクス・ブリタニカ」の世界を支配するイギリスに対する新興の挑戦者として、ドイツ帝国は帝国主義時代を迎える世界史上に姿を現し、列強の一つへと急上昇していった。

資本主義世界システムは、すでに産業資本主義と自由民主主義の段階に達し、更に高度の次の段階へ向かわんとしていた。そのなかにあって、ドイツでは、産業革命、産業資本主義の確立を果たすとともに、異例にも、この段階にいたってようやくブルジョア革命を達成し、絶対主義国家のブルジョア国家への転成を成しとげた。それと同時に、ドイツは、資本主義世界システムの半周辺部から中心部へと躍入した。

そのため、ビスマルク帝国の政治・国家体制は、国際関係でも国内関係でも不均衡で分裂的な矛盾を抱え込んでいた。世界経済史との関連では、産業資本主義が更に次の段階への移行の兆候を呈しつつある時代における初期ブルジョア国家、世界政治史との関連では、自由民主主義の時代における国権的自由主義国家、という重層的な跛行性を有した。

国内関係では、プロイセンで領主の行政権や警察権の幾つかが一八四八～七一年の革命による変革を生き延びて存続したように、封建的残滓をとどめる一方、成年男子普通選挙制、社会保障政策に見られるように、自由民主主義的な要素を取り入れていて、初期ブルジョア国家でありながら絶対主義国家と盛期ブルジョア国家の要素を組みこんでいた。それは、歴史の複合的発展の典型的な一事例であった。

(2) ビスマルク帝国の暦史

(i) 一八七一～七七年、自由主義勢力との協調の時期

一八七一年三月におこなわれた第一回帝国議会選挙では、各政党は別表のような議席を獲得した。自由主義的なブルジョア階級の政党、国民自由党が断然の第一党であった。しかし、自由保守党と合わせても、議席総数の半分に達しなかった。

工業化のめざましい発展が続くなかで、フランスからの賠償金の流入も加わって、一八七一～七三年には投資熱、会社設立ブームが到来し、数多くの株式会社が新設された。

表１　1871 〜 90 年の帝国議会における主要政党の議席数

	1871	1874	1877	1878	1881	1884	1887	1990
保守党	57	22	40	59	50	78	80	73
自由保守党	37	33	38	57	28	28	41	20
国民自由党	125	155	128	99	47	51	99	42
進歩党	46	49	35	26	60			
自由主義連合					46			
中央党	63	91	93	94	100	99	98	106
社会主義者労働党	2	9	12	9	12	24	11	35

（議席総数は 1871 年の 382 以外、すべて 397）

一八七三年に経済恐慌に襲われたが、程なく生産の低落は回復し、好況・不況の景気変動をともないつつ、工業生産は着実に上向きに発達した。一般に「大不況」と呼ばれている低成長の時期に、資本主義経済は入っていった。

一八七〇年代には、自由主義的ブルジョア階級を代表する国民自由党に推進されて、自由主義的な経済立法が相次いだ。一八七一年の金本位制採用、一八七三年の度量衡や貨幣の統一、鉄道制度の統一、一八七五年の帝国銀行の創設、郵便制度の統一などによって、他にも一八七一年の刑法典、一八七七年の刑事訴訟法、民事訴訟法などの統一法典の制定などによって、ドイツの経済的統合が促進され、資本主義経済の全面的展開の基礎的条件が整備された。

一八七四年一月帝国議会選挙では、国民自由党が伸張し保守党が後退したが、注目されるのは、次に述べる文化闘争のなかで政府の集中砲火を浴びている中央党が得票率、議席を著しく増大させたことであった。

一八七〇年代の政治の最大の焦点となったのは、中央党を先頭としたカトリック勢力と帝国政府、プロイセン政府の間で闘われた文化闘争であった。すでに一八六〇年代からバイエルンやバーデンなどで、政教分離政策をめぐりカトリック教会と国家との紛争が多発していた。

一八七〇年に、近代化と自由主義などへの敵対的な姿勢を強めていたローマ教皇庁は、宗教会議を開いて教皇不可謬の教理を宣言し、教会と国家の分離についても非難した。こうしたカトリック教会の反近代主義は、自由主義者の反発を招いた。折りしも創建されたドイツ帝国では、全ドイツのカトリック教徒は中央党に結集した。他方、ドイツ帝国政府は、近代国家の原則の一つとして、宗教の政治への影響の排除という課題に当面した。

一八七一年七月のプロイセン文部省内のカトリック局廃止を発端として、翌七二年一月にプロイセン文相に任命された国民自由党系のF・ファルクは、公教育での政教分離政策を進め、七三年五月には「五月諸法」を制定して、カトリックに対する規制を強化した。ビスマルクも、カトリック聖職者を「帝国の敵」と呼んで、七二年七月にイエズス会取締法を発し、七五年にかけて、反抗する聖職者達の弾圧、信徒集会の禁止、出版物の押収、修道院の解散など、次々とカトリック禁圧策を打ちだした。

しかし、カトリック教徒の結束はかえって強固になり、中央党は躍進した。カトリックが人口の圧倒的割合を占めているバイエルンなどでの反プロイセン的な邦国分立主義が、カトリックの闘いを支えたし、政府が採用した民事婚の強制による結婚の非宗教化は、行き過ぎた国家統制であり、カトリックのみならずプロテスタントの抵抗をも惹き起こしたのであった。

文化闘争は、カトリックに対する弾圧であるとともに近代化を推進する自由主義的改革の一環であるという両義性を有していた。政教分離の域を超えたところまで問題は広がり、紛争は深刻化して、事態打開の展望は開けなかった。ビスマルクは七〇年代の半ばころから文化闘争の収拾に乗りだしていった。

文化闘争も示すように、ビスマルクは自由主義者と提携して国政をおこなった。帝国政府や邦国政府のなかに自由主義的国民運動の担い手たちが数多く加わっていた。その傑出した例は、R・デルブリュックであった。プロイセンの商業大臣として関税同盟政策のために尽力し、ついで北ドイツ連邦官房府長官として統一国家形成に携わったデルブリュックは、ドイツ帝国の官房府長官に起用されて帝国の内政を担い、前述の自由主義的経済政策を推進した。

他方では、絶対主義時代以来の古い国家体制の担い手であった国王、貴族、行政官僚層、軍事将校団が、その独自の地位を保っていた。軍事と外交の両面では貴族が引き続き指導的な位置を占めていた。軍隊の中核である将校団は、貴族、ユンカー出身者が大半であった。但し、その比率は漸次低減していった。(注2)

この時期、帝国行政機構の形成が進んだ。帝国創建の当初は、帝国官房府（七九年以後帝国内務省）、外務省、海軍行政庁（八九年に海軍省に格上げ）が存在したにすぎなかった。その後一八七三年に鉄道省、一八七七年に法務省、一八七八〜七九年に大蔵省、商務省、一八八〇年に郵政省、などの設置にいたり、帝国政府の行政機構が整った。

その結果、宰相はもはや一人で職責を担えなくなり、七八年の帝国宰相代理法により国務諸長官に職務範囲について責任をも負わせることになった。しかしそれでも、諸長官は宰相に従属し、責任大臣としての独立した地位は与えられなかった。

なお、帝国政府とプロイセン政府との間には、密接な結びつきが存在した。帝国宰相ビスマルクはプロイセンの首相に加えてその外相・商工相をも兼任していたし、帝国政府国務長官はプロイセン内閣閣僚を兼ねていた。とりもなおさず、プロイセン政府の帝国政府に対する影響は強大であった。

軍事機構に関して、帝国憲法では将校人事権は皇帝に属し軍隊は皇帝の命令に従うとされたが、帝国には陸軍省、軍事内局、参謀本部は設置されず、プロイセンのそれが帝国においても権限を行使した。また、ドイツ陸軍一八軍団のうち、一三軍団がプロイセン軍によって占められていた。すなわち、プロイセンの軍事的制覇による帝国の創建という経緯からして、プロイセン優位主義は軍事問題で最も顕著であった。

そのプロイセンでは、すでに一八五九年に将校の人事権は、軍事問題に関する国王の側近機関である軍事内局に帰属し、陸相の手から離れていた。また、一八六六年のオーストリアとの戦争の直前に、参謀総長は陸相を介さず直接に軍事的指揮命令をすることを認められていた。前述した憲法紛争の収拾にともなう軍統帥権の独立の再確認とは、軍人事について軍事内局、軍事的指揮について参謀本部が、内閣の一員であり下院の影響を受ける陸相から、ひいては下院から独立することを、その核心としていたのだった。ドイツ帝国では、こうした統帥権の独立体制が確保され更に強まる方位にあった。

軍事予算について、軍部は、軍統帥権の独立体制を拡大し議会の予算審議権を制約せんとして、陸軍の兵員数を定めてそれを変更するまで軍事予算は自動的に承認されるという永久予算制を主張した。議会の自由主義諸派はこれに強く反対した。議会が軍事予算を毎年議定すべきかどうかが争われたが、結局、双方の妥協として、一八七四年に、七年間にわたり政府の軍事予算を許容する七年制予算を議会は承認した。これにより、議会の軍部に対する統制の唯一の手段である予算審議権は大幅に後退して、軍部は議会のコントロールを益々受けないことになった。

文化闘争の膠着と時を同じくして、社会主義と労働運動が、ビスマルクと政府にとって一層重大な「帝国の敵」として立ち現れてきた。社会民主労働党の議席の増大に見られるように、社会民主主義勢力は着実に発展した。一八七五年にはラサール派とアイゼナハ派がゴータで開かれた大会で合同して社会主義労働者党を結成し、七七年帝国議会選挙で一二議席を獲得した。ビスマルクは、社会民主主義勢力に攻撃の矛先を向けて、七四年に新聞法、七五年に刑法改正案を帝国議会に上程したが、自由主義諸派の反対にあって否決された。

経済問題としては貿易政策に関して、一八七三年からの「大不況」のなかで、鉱山業、製鉄業を先頭にして、工業界が製品保護関税を要求し、農業界の一部も穀物関税導入を唱えて、自由貿易から保護関税への政策転換を求める動きが強まった。一八七六年六月に、自由主義的経済政策を推進してきた自由貿易論者の帝国官房府長官デルブリュックが退陣した。

その他に、帝国財政改革が課題となっていた。帝国憲法では、帝国歳入の財源を関税、消費税、郵便や電信の収入などに限定し、不足分は各邦国が人口に応じて負担する「分担金」によって補充することを規定していた。七〇年代を通じて「分担金」は帝国歳入のほぼ三分の一という多額にのぼった。ビスマルクは、このような邦国依存の財政構造を改革して帝国財政を自立的に確立しようと図っていた。しかし、七三年の鉄道国有化も、七五年の取引所税の新設、醸造税の増徴も、帝国議会の反対にあってことごとく失敗した。議会は、そのつど議会の議決を必要とする「分担金」制度を存続させて、帝国の財源に関する権限を保持しようとしたのだった。

ところで、帝国に批判的なカトリック勢力や社会民主主義勢力に対しては、これを「帝国の敵」として容赦なく弾圧する強権的な内政を進めたビスマルクは、外交政策では、ドイツ国民国家の創建によって中部ヨーロッパの政治的勢力関係が変化したなか、列強間のバランス・オブ・パワーの維持に努めた。

ビスマルクの外交上の目標は、プロイセンとの戦争で敗れ、エルザス＝ロートリンゲンを奪われたフランスの復讐、領土奪回を断念させるべく、フランスを孤立させること、二大強国イギリスとロシア、なかでもロシアとの友好関係を維持して、自国の安全保障を確保することであった。そのために、ロシア、オーストリアとの友好関係の構築として、一九七三年一〇月にドイツ、ロシア、オーストリアの三国皇帝間の協約（三帝協約）を締結した。

(ii) 一八七八～九〇年、保守主義化の時期

一八七八・七九年は、社会主義者鎮圧法の制定、文化闘争の終了、保護関税への移行、国民自由党との決裂などの政策転換により、ビスマルク帝国がそれまでの自由主義勢力との協調から保守主義へと移行し、支配体制再編成へ向かう年となった。

一八七八年五月、皇帝狙撃事件が突発し、これを好機として、ビスマルクは社会主義者の活動を禁止する法律を帝国議会に提出した。しかし、国民自由党を含む自由主義諸派と中央党の反対によって圧倒的多数で否決された。

ところがその直後、またも皇帝が狙撃されて重傷を負わされる事件が起きると、ビスマルクは今度は帝国議会を解散し、総選挙に訴えた。選挙では、保守党と帝国党が躍進し、国民自由党は大幅に議席を減らした。一〇月の帝国議会で、中央党、進歩党、社会主義労働者党などは反対したが、保守主義両政党に加えて国民自由党が賛成に回ることによって、社会主義者鎮圧法（「社会民主主義の公安を害する活動に対する法律」）が成立した。但し、国民自由党左派の活動によって、政府が無期限としていた法律の有効期限は二年半に限られた。

ここで、世論に訴えて議会を解散し、議会の多数派を形成して政策の実現を図るという国政の進め方がとられていることにも留意したい。

社会主義者鎮圧法により、社会主義、共産主義の団体、集会・印刷物・行進などの活動は一切禁止され、警察は違反者を追放したり、事の次第によっては邦国は一年以内の戒厳令をしいたりできるようになった。しかし、社会主義者鎮圧法は、社会民主主義の思想・運動を圧殺することはできなかった。非合法化さ

れた社会主義労働者党は、地下活動を展開し、ドイツ内外の支持者の協力を得て、かえって強化され、後に見るような発展を遂げていった。

社会主義労働者党への弾圧を強めていく一方で、政府は文化闘争を断念した。カトリック勢力との闘争よりも社会主義勢力との対決が重大となったのだった。教皇庁とビスマルクとの双方が歩み寄って和解を策し、七九年七月、文化闘争を中心的に担ったファルクの罷免、八〇年からは「五月諸法」の順次廃止などがおこなわれた。文化闘争は、勝者なき紛争として終結した。

一八七八年二月、懸案の財政改革について、ビスマルクはタバコ税の引き上げと「分担金」の廃止を目指した法案を帝国議会に提出したが、それの承認と引き換えに予算審議権をプロイセン下院にも与えることを要求した国民自由党と対立し、法案は成立しなかった。

他面、貿易政策については、工業界に続いて農業界も保護関税を要求して、工業資本家とユンカーの「農工同盟」が築かれ、七八年一〇月には保護関税を支持する帝国議会議員の連合組織が、総議員数の過半数の参加を得て設立された。こうして、自由貿易の時代に終わりを告げて保護関税を導入する機運が熟した。

一八七九年二月、ビスマルクは保護関税と増税とを帝国議会に上程した。ここで、中央党が重要な役割を果たした。中央党の指導者の一人G・A・v・フランケンシュタインは、関税とタバコ税による収入のうち一億三〇〇〇万マルクをこえる分を各邦国に人口に応じて分配するという条件付きで法案に同意するとの提案をおこなった。この「フランケンシュタイン条項」は邦国分立主義的意味あいを有したが、これをビスマルクが呑んで、保護関税とタバコ税引き上げが議会を通過した。保守主義両政党、中央党、それに一部の国民自由党議員が賛成し、大部分の国民自由党議員、進歩党、社会主義労働者党などが反対した。

これ以降、ビスマルクは、国民自由党との提携関係を解消して中央党に接近し、保守党、帝国党と中央党に議会基盤の重心を移した。議会の権限の拡大を求める自由主義勢力は、ビスマルクにとって疎ましいものとなったのである。

社会主義者鎮圧法で揺れ動いたのに続いて関税保護政策で内部分裂した国民自由党は、まもなく保護貿易に賛成する右派議員が党を離れ、更に八〇年八月に左派議員が離党して自由主義連合を形成した。ここに、国民自由党は三分解した。

一八八一年の帝国議会選挙では、分裂後の国民自由党は議席数を七〇年代の半分以下に激減させたが、進歩党は躍進した。少数派だがビスマルク政権に対する徹底的に批判的な勢力であり続ける進歩党は、八二年、財政改革の一環としてのタバコ専売法案を帝国議会で否決する先鋒となるなどして活躍した。進歩党と自由主義連合は、一八八四年に合同して自由思想家党を結成した。

一八八〇年には、期限切れになった七年制軍事予算が延長（第二次七年制予算）されるとともに、社会主義者鎮圧法も延長された。

ビスマルクは、社会主義者鎮圧法によって社会民主主義勢力を徹底的に弾圧する一方で、社会政策の面で、世界で最も先進的な社会保障を整えて労働者を懐柔し、社会、国家を安定させ強固にしようと図った。いわゆる飴と鞭の政策をとって、社会主義運動や労働運動を切り崩そうとしたのである。

一八八三年六月、疾病保険法がほとんど抵抗なしに成立した。翌年七月に、より大きな争点となり八一年以来三度にわたって議会に上程されていた災害保険法が議会を通過した。反対したのは、自由思想家党と社会主義労働者党だけだった。更に、八九年六月に、廃疾・養老保険法が成立した。

ビスマルクの社会政策は、しかし、融和的な作用を及ぼすことができず、労働者大衆の帝国政府への支持を確保するのには成功しなかった。

帝国の保守主義化は官僚、軍事機構においても進行した。デルブリュックの退陣、ファルクの罷免に象徴されるように、自由主義的官僚は姿を消し、保守主義化した帝国政府に従順な官僚が取って代わった。

また、一八八三年、プロイセン陸軍省人事課が廃止されて将校人事権は完全に軍事内局に帰し、参謀総長には陸相の同席なしに国王に直接上奏できる地位が確立された。重要な軍事問題が、議会から切断されて、皇帝、軍事内局長、参謀総長の手中に握られる軍統帥権の独立体制は一層強固になった。

但し、かような統帥権の独立をもってこれを絶対主義的と規定することはできない。ヴィルヘルム一世の信任厚いビスマルクの帝国随一の権力からして、宰相の軍部に対する優位、政治による軍事の制御が保たれていたのだった。ビスマルクと高名な参謀総長モルトケとの対立が生じたとき、とどのつまりモルトケはビスマルクに従った。議会の軍部に対する統制は及ばなくなっていたが、宰相・政府の統制外に軍部があったのではない。

一八八四年帝国議会選挙では、国民自由党は前回選挙に続いて振るわず、保守党の議席増、それに社会主義者鎮圧法の下におかれている社会主義労働者党の躍進が目立った。

しかし、政治体制の安定化を図って、ビスマルクは、保守党、帝国党、国民自由党に政府支持の政党連合（カルテル）の形成を働きかけ、一八八七年帝国議会選挙では、カルテル諸党は大幅に議席を増やした。とりわけカルテルに加わり与党路線に復帰した国民自由党は議席をほぼ倍増して議会第一党に返り咲いた。ここに与党が初めて議席の過半数を制し、帝国政府は安定的な議会基盤を獲得した。他方、自由思想家党、社会主義労働者党は議席を半数以下に激減させた。

与党の勝利により、第三次七年制軍事予算は、平時兵力役四万一〇〇〇の増強とあわせて、政府の提案どおりに議会を通過した。

自由主義が衰退し保守主義化が進行するこの時期、伝統的な土地貴族と新興の大資本家との階級的な同盟の構築、支配階級の旧新部分の新たな共生関係を示す社会事象として、「新封建化」と呼び表わされている動向が顕著となった。

当時も、将校のなかでは中世騎士道以来の「決闘による名誉」の慣習が守られていた。決闘はまた、プロイセンでは将校だけではなく貴族、更に学生、医師などの専門職の間にも残っていた。一八七七・七八年に予備役将校制が創設されて、従来は貴族によって固められてきた将校団のなかでブルジョア階級出身者が増大していった。それにつれて、封建的な風習がブルジョア階級のなかにも広がり、軍事的な位階制と社会的階層秩序が重なり合うような形となった。

また、貴族への昇格、種々の勲章や「枢密顧問官」・「政府参事官」などの称号の授与が、ブルジョア的なエリートに向けて盛んにおこなわれた。なかには反発して拒否したり抵抗したりした例もあったが、貴族主義がブルジョア階級にも浸透してブルジョア・エリート主義と融合していった。

「新封建化」は、土地貴族の価値意識と生活様式へのブルジョア階級の順応を意味し、擬似封建的な軍事化や貴族化であった。このうち、貴族化は、資本主義とブルジョア国家の時代の初期的段階にあっては、イギリス、フランスにも共通する動向であったから、ドイツにおける新しいもの、特殊なものは軍事化にあった。ちなみに、イギリスにおいて軍隊は、ドイツ、とりわけプロイセンの軍隊がもっていた社会的影響力をまったくもたなかった。

外交関係について見ると、七〇年代後半に、東方問題をめぐるロシアとオーストリア＝ハンガリーとの対立により三帝協約は、事実上壊れてしまっていた。一八七九年一〇月、ビスマルクはドイツとオーストリア＝ハンガリー間の二国同盟を成立させ、続いて八一年六月には、ロシアとオーストリア＝ハンガリーとの間の三帝条約を成立させて、三帝協約を事実上復活させた。更に、北アフリカの都市チュニスをめぐってフランスとイタリアとが対立すると、八二年五月にドイツ、イタリア、オーストリア＝ハンガリーの三国同盟を結んだ。このようにして、ビスマルク外交は、フランスを孤立させ、ヨーロッパの主要国と同盟ないし友好関係を築くことに成功した。

その後、八〇年代後半に、ロシアとオーストリア＝ハンガリーとの関係の悪化、ドイツとフランスの関係の緊張などの外交上の危機が生じたが、それを乗り切り、ビスマルクはヨーロッパの国際関係の安定と現状維持という所期の目標を果たした。

植民地獲得については、ドイツは東アフリカや太平洋に植民地を獲得したが、ビスマルクは国家的事業として推進することはせず、民間の植民事業を支援するにとどまった。

さて、一八八八年三月にヴィルヘルム一世は世を去り、自由主義者として知られていたフリードリヒ三世が跡を継いだが、在位僅かで他界し、同年六月には新皇帝ヴィルヘルム二世が即位した。若き新皇帝は、親政を貫こうとしてことごとにビスマルクと対立した。

折から期限が満期となる社会主義者取締法について、ビスマルクは八九年九月に新しい法案を帝国議会に上程した。新法案には社会主義労働者党員をその居住地域から追放する権限を警察に与えるという条項が加えられており、この追放条項に与党連合に加わっている国民自由党は反対した。九〇年一月、新法案は否決された。

九〇年二月にヴィルヘルム二世は、ビスマルクとの最大の対立点であった労働者保護政策をめぐって、労働者を手厚く保護する勅令を発した。異例にも、この勅令には宰相ビスマルクの副署がなかった。同月には、帝国議会の任期満了にともなう総選挙がおこなわれた。この選挙で、カルテル三党、特に国民自由党と帝国党は大敗を喫し、社会民主党が大量進出した。

三月にヴィルヘルム二世は社会主義者鎮圧法案の議会上程の断念をビスマルクに通告し、ビスマルクは辞職した。ここに、一八六二年にプロイセン首相就任以来三〇年近くにわたったビスマルクの統治は終わりを告げた。

（3）ボナパルティズムか君主主義的立憲政か、それらとも別の体制か

概観してきたドイツ帝国の国家体制を、どのように規定すべきだろうか。

これまで一番多く見受けられ、有力であるのは、マルクス、エンゲルスからヴェーラーまでの「ボナパルティズム」説であった。

しかしながら、マルクス、エンゲルスの「ドイツ帝国＝ボナパルティズム」説には、大きな難点がある。マルクスは、フランス第二帝政のボナパルティズムを移植した「模造品」としてドイツ帝国に言及し、それを受けてエンゲルスは、絶対君主政から転移した「ボナパルティズム君主政」の諸特質について考察した。その詳細は、拙著『マルクス、エンゲルスの国家論』「第6章　マルクス、エンゲルスのドイツ国家論」の「2　ドイツ・ボナパルティズム論の展開」「3　上からの革命の概念的把握」で明らかにしているので、ここではいま少し巨視的に捉えよう。

第一に、再三論じてきたように、マルクス、エンゲルスの国家論研究は、全体として決定的な理論的限

界をもっていた。彼らが生きた時代の近代ブルジョア国家の諸形態に関しても、それなりにまとまった分析をおこないえたのはフランスの第二共和政と第二帝政、それにドイツ帝国にとどまり、フランスの第一帝政、復古王政、七月王政、第三共和政、イギリスの名誉革命体制と後続の議会制民主主義体制、などについては独立の対象として取り上げて研究することはなかった。従って、近代国家体制に関して「立憲君主政」「民主共和政」「ボナパルティズム」程度の僅かな概念しか持ち合わせておらず、その狭い論圏で、ドイツ帝国を「ボナパルティズム」概念を転用して把握したのだった。

しかも第二に、その「ボナパルティズム」概念も、当時広く用いられていたカエサル主義の語に対する独自性の表明であったが、これまで明らかにしてきたように、特にエンゲルスにおいて理論的欠陥を免れていなかった。

これらからして、マルクス、エンゲルスの「ドイツ帝国＝ボナパルティズム」説には与しがたい。特にわが国では、多くの論者によって、マルクス、エンゲルスのそれを基本的に継承したうえで、幾らかの手直しを加えつつ、「ドイツ帝国＝ボナパルティズム」説が復唱されてきた（山田勝次郎『日本資本主義分析』、平野義太郎『日本資本主義社会の機構』、松田智雄『近代の史的構造』、大野英二「ドイツ資本主義の歴史的段階、ビスマルク・レジームの性格規定」、上山安敏『憲法社会史』、木谷勤『ドイツ第二帝制史研究』、等々）。だが、それらは、それぞれの特徴を備えているものの、通俗的マルクス主義に付き従う権威主義的発想に囚われ、程度の差はあるものの、既成のボナパルティズム観念に安住していることでは共通していたのである。

他方、ヴェーラーは、一八九〇年までの帝国について、「カリスマ的、人民投票的、および伝統主義的諸要因を独自の形で混合するボナパルティズム」、「人民投票的に強化されたボナパルティズム的独裁統治」と規定している。(注3)マルクス、エンゲルスの所論の影響を蒙りながら、彼独自の論点を加えた、「ビスマルク帝国＝ボナパルティズム」説の提示である。

そのカリスマ的指導者による政治的独裁という核心的な論点は、しかしながら、エンゲルスの「ボナパルティズム的半独裁」や他の論者の「宰相独裁」の言説の援用によって補強されているのだが、ビスマルク帝国の史実に合致していない。

ビスマルクは、ドイツ帝国随一の政治的巨人に相違なかったとはいえ、ナポレオン一世のようなカリスマ的独裁権力を揮いえなかった。

まず、ビスマルクは、老皇帝ヴィルヘルム一世との間に築いた特定の関係――皇帝が君臨し宰相が統治する――にあって最強権力者たりえていた。そのことは、ヴィルヘルム一世の死去と新皇帝ヴィルヘルム二世との確執にともなうビスマルクの失脚によってあらわとなった。老皇帝の死去とともにビスマルク帝国も崩壊したのである。対照的に、ナポレオン一世は、皇帝として君臨かつ統治し、言うなればヴィルヘルム一世とビスマルク、それにモルトケをも、一身に体現していたのであった。宰相ビスマルクの権力はナポレオンのごとく全権的では決してなかった。

加えて、宰相ビルマルクの統治は強権的であったが、独裁ないし準独裁ではなかった。憲法紛争期におけるような議会の多数派を無視した専断専行の強行突破はドイツ帝国では鳴りを潜めた。端的な証例として、一つには、前述しているように、幾つもの重要法案が議会によって否決され重要政策が骨抜きにされた。法案・政策を実現するには議会多数派の形成に多大の努力を傾けなければならなかった。また一つには、「帝国の敵」とされたカトリック教徒、社会主義者、少数民族がそれぞれに、厳しい弾圧にさらされながらも、政治的反対勢力として公然と、根強く対抗していた。

憲法調査のためにドイツ滞在中の伊藤博文がその一機会に遭遇して書き送っているのだが、ビスマルクは、施策がうまく運ばないと、一八七五年六月～一一月、一八七七年三月～七八年二月、など、度々保養地に引きこもっている。このことも、カリスマ的指導者の独裁説に反証する補助的材料となるだろう。また、戦勝によるナショナリズムの高揚、成年男子普通選挙制の導入や帝国創建による絶大な名声にもかかわらず、その後は時がたつにつれ、ビスマルクとその政権の牽引力は弱まってゆき、その国民大衆的支持基盤はさほど強大ではなかった。ビスマルク帝国末の一時期を除いて、ビスマルク与党は帝国議会の過半数に満たなかった。普通選挙制は、彼の企図とは逆に、むしろ政権に対する大衆の反抗をもたらしたのであった。国民投票的な大衆の支持という点からしても、ボナパルティズムの特徴を備えているとは見做しがたい。

ヴェーラーは、ボナパルティズムの支配技術としての側面――第二章（３）節でのボナパルティズム論の検討に際して後回しにした論点――を重視する。そして、ビスマルクの支配技術はナポレオン三世の体制を特徴づけるものと類似していたとして、「進歩的－近代的諸要因と保守的－抑圧的諸要因との際立った結合」や、「国内の緊張を対外政策へ誘導すること」「一定の軍事的衝突ないし海外膨張により威信を獲得しようとする試み」、などを挙げている。

支配技術の特徴として「進歩的諸要因」と「保守的諸要因」の同時的併存を挙げるのは、当を得ている。「進歩的諸要因」の確認、しかもそれが「革命的とも言えるような性質を帯び得る」ことの承認は、通俗論とは異なる点を示すものであり、ボナパルティズムとファシズムの明別にもつながっている。

ところが、他方で、ビスマルクの支配技術はナポレオン三世のそれとは相異していたところがあった。フランスの第二帝政・ボナパルティズムでは、すべての階級に対して巧みに立ち回ってそれぞれを惹きつけて操作し動員する、また対外的な攻略、帝国建設により国民的な栄光を高める、といった特徴的な支配技術がとられた。だが、そうした支配技術は、ビスマルク帝国では、「帝国の敵」の設定などで「負の統合」と呼ばれるように、また対外政策の目標をヨーロッパの現状維持においていて、産業界では植民地獲得要求が強まったけれども政府は海外植民地獲得には積極的ではなかったように、いずれもむしろ欠けていた。これらをヴェーラーは看過している。

支配技術の面からすると、ビスマルク帝国をボナパルティズムとして特定する論拠は、ないわけではないが、むしろ乏しいと云わなければならない。

前章において、今日的な研究の到達を踏まえ、ボナパルティズムについて、「カリスマ的指導者による、軍事的、官僚的国民国家を構築し、資本主義社会の発展を上から推進する、国民投票的支持に立脚した独裁的統治」と再定義した。この定義に照らすと、ドイツ帝国の国家体制は、「軍事的、官僚的国民国家」と「資本主義社会の発展を上から推進する」ということでは、ボナパルティズムと言えるけれども、「カリスマ的指導者による」「国民投票的支持に立脚した」「独裁的統治」ということでは、ボナパルティズムとは異なる。

そこで、その理論的限界が明らかな既成概念を襲用するよりも、ビスマルク帝国について、史実の解明に基づいた国家論的開拓として新たな概念規定に挑戦すべきだろう。ヴェーラーも、従前の立憲君主制や「宰相独裁」の規定に比べるとボナパルティズム概念が優越するとしつつ、「ボナパルティズム概念の利点を凌駕する選択肢」を求めることを閉ざしていないのである。(注7)

そうした見地からすると、望田幸男の「君主主義的立憲制」説は、その堅実で精確な近代ドイツ史研究に立脚していて、高く評価されて然るべきである。望田はすでに早くから、「ドイツ帝国＝君主主義的立憲制」説を提唱している。「君主主義的立憲体制とは、あくまで立憲体制であるという点において、絶対主義体制とは区別され」「また、君主主義的（君主大権の存在）という点で、議会主義的立憲体制（議会主権の確立）とも区別されるカテゴリーである[注8]」。あるいは、「制度的には、帝国の政治的重心は皇帝ならびに諸邦国君主の影響下にある連邦参議院にあり、帝国の統治体制は君主主義的立憲制に立脚していたといえよう[注9]」。

「君主主義的立憲制」概念は、ドイツ国法学から承継[注10]され、憲法典における君主主義と議会主義との対抗を視軸にし、憲法体制の論理として示されている。憲法が君主主義を基本にして議会主義を副次的に組み込んだ二元的構造をなしており、その二つの原理をめぐっての解釈、運用の対立抗争が、憲法紛争として展開され、ドイツ帝国においても政治、国家の重要な動因の一つとなったのは、望田が説くとおりである。

それでも、「君主主義的立憲制」概念は、ドイツ帝国の政治・国家体制の実像をいま一つ的確に表わしえていない。

三月革命以来の伝統的な君主制原理と台頭する西欧的議会制原理との対立、衝突は、憲法紛争において頂点に達し、「上からの革命」によるその現実的な解決形態として立憲的な政府中心（主義）の政治・国家の創出にいたった。そして、ドイツ帝国では、君主主義の憲法の下で、議会の多数派の取り込みに努めながら、ビスマルクが統率する政府中心（主義）の統治が持続した。基本的な政治的対抗関係は、君主と議会とのあいだにはなかった。政府と野党や「帝国の敵」とのあいだにあった。それは、先に望田書から引用した文中の「君主主義的立憲体制」でも「議会主義的立憲体制」でもなく、君主主義を押し立てる一方、対抗する議会主義の潮流を包括した、政府主義的立憲体制とでも言うべき政治・国家体制であった。

歴史的に遡ると、ナポレオンの支配から解放されて一八一五年に発足したドイツ連邦にあって、一八一八年から二〇年にかけ、バイエルンなど西南ドイツ四邦国において立憲制が採用された。バイエルン憲法第二章第一条に「国王は国家の元首であり、国家権力のすべてを一身に統合するものであって、国王自身が与え、この憲法において確定された諸規定の下に、これらの権利を行使する」とあるように[注11]、その国家体制は、フランス復古王政に後続して、君主主義的立憲主義に立っていた。そうした君主主義的立憲主義が、一八四八年三月革命によりプロイセンにも導入されて憲法紛争期までの国家体制を規定したと言える。しかし、憲法紛争の解決とともにドイツ帝国の創設にかけて、憲法体制として君主主義的立憲制をとどめつつも、国家体制としてはこれを大幅に改編して新たに造出する過程が進捗したのだった。

「君主主義的立憲制」の規定の難点は、①、歴史的に、憲法紛争における君主主義と議会主義の基本的対抗をもってドイツ帝国におけるそれともしていること、②、論理的に、憲法体制と政治・国家体制の区別と連関の考察を欠いていて、憲法（体制）に偏位していることにある。創建された帝国の政治・国家体制にあっては、君主主義は、憲法紛争期から変化して、とみにイデオロギー的性格を濃化するにいたり、ビスマルクの権力政治の後ろ盾としての位置を占めたのであった。

すでに第三章で、フランス復古王政において、君主主義憲法を掲げ、国王が首相・内閣とともに統治した、つまり国王が名実ともに国家の第一人者であったことをもって、これを君主主義的立憲政と規定した。望田の提起をも参考しつつ、「君主主義的立憲制」を、憲法が君主主義的であるだけではなく、国家においても君主が中枢部を担う体制として再構成したのであった。

その君主主義的立憲政とも区別して、それでは、ビスマルク帝国をどう概念的に表現するか。

これまでにおこなってきたイギリス名誉革命体制、フランス第一帝政、フランス復古王政、ドイツ帝国それぞれの分析に基づき、それらの初期ブルジョア国家としての異同を、四つの視座から明らかにしよう。

表２　初期ブルジョア国家の諸形態の異同

イギリス名誉革命体制	国民主権	国家元首と 政府首長の分離	議会中心	政党政治
フランス第一帝政	国民主権	国家元首＝政府の首長	君主中心	君主政治
フランス復古王政	君主主権	国家元首と政府首長の 限定的分離	君主および 内閣中心	君主・政 党政治
ドイツ・ビスマルク帝国	国家主権	国家元首と 政府首長の分離	政府中心	官僚政治

①名誉革命体制についてはウォルポール時代をとる。
②ビスマルク帝国における主権の所在について。第二帝政の支配的憲法学であるラーバント憲法学は、国家法人説に立ち、君主主権か国民主権かの選択から転じて主権を国家自身に帰属させる新しい道をとった。

その一は、公的イデオロギーにおける主権の所在である。その二は、「国家元首」と「政府の首長」の分化、別言すると君主からの首相ならびに内閣＝政府の自立化の歴史的傾向である。その三は、国家権力の機構的編制について、三つの可能性、すなわち君主中心（主義）、議会中心（主義）、内閣＝政府中心（主義）の存在である。その四は、統治の担い手の主勢力について、君主、政党、官僚団の区別である。

四つの視座からすると、それらの国家体制を表２のように特徴づけることができる。

この表から、ビスマルク帝国は、フランス第一帝政と相違していて、ボナパルティズムと規定できないし、また、フランス復古王政との相違からすると君主主義的立憲政とも規定しがたいことを、確かめられよう。

ビスマルク帝国について、「ボナパルティズム」か「君主主義的立憲政」かのどちらかに無理に押し込むよりも、いずれとも別の、より適切な概念の開発を試みたい。

一八七一〜九〇年のビスマルク帝国のドイツ型の政治・国家体制としての個性的な特徴を再確認しよう。

「政府が国家権力を手段として推進」した「上からの革命」によっ

て構築された国家では、一方で君主主義に依拠し、他方では政治の大衆化状況にあって議会の多数派の取り込みを策しながら、宰相＝政府中心主義の統治がおこなわれた。国家権力機構の編制として、議会（多数派）に基づいて形成される議院内閣＝政府制は排斥され、帝国議会は、主権的な権能はもとより、政府形成に対する影響力をもちあわせなかった。宰相および官房府各省の長官からなる帝国政府は、帝国議会が関与しえないところで決定された。更に、政策決定の主導権は政府の掌中にあり、政党や議会は政策決定過程に直接に参与することができなかった。様々な面から議会に対する政府の独立性が確保されていて、議会は政府の政策を抑制しうるにとどまった。明らかに、国家権力機構の最中枢を帝国政府が占めていた。

それは、議会と異なる基盤に拠って立つ宰相と帝国政府が、君主主義憲法を役立てるとともに、議会主義化への流れを封じ込めながら、政治を主導するシステムであった。

ドイツでは、一八世紀以来の官僚主導の国家の歴史があった。その歴史的伝統のなかにあって、ビスマルク帝国は、「三月前期」のプロイセンの官僚絶対主義体制の近代的発展転化形態にほかならなかった。官僚絶対主義──▶上からのブルジョア革命──▶ビスマルク帝国という繋がりである。

ビスマルク帝国も、推進的担い手の主力からすると官僚政治であり、前代の官僚絶対主義が、一八四八〜七一年のブルジョア革命での立憲制、議会制の導入によって近代的に転換した形態であった。シュタイン＝ハルデンベルクの改革以来、一九世紀前半をつうじて定着してきた官僚政府主導の政治・国家は、憲法の制定、議会の開設によって近代的に改編されて、ビスマルク帝国に受け継がれた。

そこでは、かつて絶対的であった国王・軍部・行政官僚層の権力は近代的に変革されたが、皇帝は憲法上大権を保持し、宰相ビスマルクと彼を支える軍部や行政官僚層が新政治・国家体制の権力核であり、政府が国家の中枢であった。ビスマルク帝国の統治首脳部は、新たに登場した議会政党の上にあったし、伝統、格式を背負った貴族主義の軍事・行政エリートは、大衆によって選出された議会エリートよりも社会的に優位する地位にあった。

このように、ドイツ型国家体制の歴史的伝統の近代的転形としてビスマルク帝国を捉えるほうが、フランス型国家体制たるボナパルティズムの移植あるいは模倣としてそれを捉えるよりも、当を得ているに相違ない。

ビスマルク帝国の政治・国家体制の概念規定にあたっては、その何よりの特徴である政府中心（主義）、あるいは政府の他の国家諸機関に対する優越を表わす必要がある。君主中心（主義）あるいは君主の他の国家諸機関に対する優越を表わすのに、君主主義の述語が、また議会中心（主義）あるいは議会の他の国家諸機関に対する優越を表わすのに、議会主義の術語があり、ともに広く使用され定着してきた。それに倣うと、政府主義となる。

ところが、政府主義の語は定着していないし、見かけることとさえない。けれども、第Ⅲ篇第二章で明らかにするように、明治維新においてプロイセン＝ドイツを見本にして憲法を制定し国家を建設するにあたって、重要な推進的担い手の一人であった井上毅がその構想を「政府主義」として表現していたのを見出すことができる。

政府主義の語が存在していないのは、何故なのか。これは、一つの考察に値する問題であるが、ここでは扱わない。

上述来の考察に基づいて、本稿では、ビスマルク帝国を立憲政府政、あるいは政府主義的立憲政と規定する。

注

（1）望田幸男『近代ドイツの政治構造』ミネルヴァ書房、一九七二年、二八五頁。
（2）望田幸男『軍服を着る市民たち』有斐閣、一九八三年、「3章『将校への道』と社会と学校」。
（3）H－U・ヴェーラー（大野英二他訳）『ドイツ帝国　一八七一－一九一八年』未来社、一九八三年、一〇二頁、一〇六頁。
（4）春畝公追頌会編『伊藤博文伝　中巻』原書房、一九七〇年、の明治一五年五月二四日付、松方正義宛書簡のなかには「ビスマルク翁も此頃は不快にて、在所に引籠居」（二七二頁）とある。
（5）E・アイク（加納邦光訳）『ビスマルク伝　第六巻』ぺりかん社、一九九八年、二四〇頁、二四三頁。
（6）「ボナパルティズムとビスマルク・レジーム」。
（7）同。なお大谷瑞郎『歴史の論理』刀水書房、一九八六年、は、ボナパルティズムという用語をドイツ史に援用することに疑問を呈している。一八三頁。
（8）『比較近代史の論理』ミネルヴァ書房、一九七〇年、一七一頁。『近代ドイツの政治構造』、五七頁。
（9）「第二帝政の国家と社会」、成瀬治他編『世界歴史大系　ドイツ史　2』山川出版社、一九九六年、四〇三頁。
（10）F・ハルトゥング（成瀬治他訳）『ドイツ国制史』岩波書店、一九八〇年、三九四頁、三九九頁。
（11）E・W・ベッケンフェルデ「一九世紀ドイツ立憲君主政の国制類型」、F・ハルトゥング他（成瀬治編訳）『伝統社会と近代国家』岩波書店、一九八二年、四九〇頁。

主要参考文献

L・ガル（大内宏一訳）『ビスマルク――白色革命家』創文社、一九八八年。

佐藤功『君主制の研究』「第二章第三節　ドイツの君主制」。

望田幸男『近代ドイツの政治構造』。

望田幸男『比較近代史の論理』。

望田幸男「第二帝政の国家と社会」、「ビスマルクの時代」、成瀬治他編『世界歴史大系　ドイツ史　2』山川出版社、一九九六年。

H－U・ヴェーラー『ドイツ帝国　一八七一－一九一八年』。

第Ⅱ篇　明治国家に関する諸論の批判的検討

第1章　天皇制絶対主義論の錯誤
――中村政則「近代天皇制国家論」批判――

（1）「三二年テーゼ」への盲従

講座派の天皇制絶対主義論は、満州事変を機に日本帝国主義の中国侵略が本格的になり、ファシズムが勃興する緊迫した状況にあって、コミンテルンのいわゆる「三二年テーゼ」（「日本における情勢と日本共産党の任務についてのテーゼ」、一九三二年四月）および『日本資本主義発達史講座』（一九三二年五月〜三三年八月）において確立された。

そして、日中戦争・太平洋戦争での敗北によってファシズム体制が倒壊し、民主主義国家の建設へと一変した時代を迎えたなかで、講座派理論は、一躍評価を高め、戦後史学における主流となって隆盛した。戦後日本の左翼陣営の思想、理論では、スターリン主義全盛下のマルクス主義が大きな影響力を揮い、歴史学にあって講座派とその系統が支配的な地位を占めたのだった。

だが、その講座派（系）理論も、資本主義経済の驚異的な高度成長や議会制民主主義のそれなりの定着など、日本の先進資本主義国化がはっきりしてきた一九六〇年代になると、ほんの二〇年ほど前の敗戦まで絶対主義国家が存続していたとする理論の歴史的現実からの乖離はますます明白になり、他方での新京都学派などの新たな明治維新史論の擡頭もあって、行き詰まり傾向を顕にせざるをえなかった。

こうした講座派理論の退勢に抗して、原秀三郎他編『大系日本国家史』全五巻（一九七五〜七六年）が刊行され、そのなかで、「『講座派』国家論の再構築をはかること」(注1)を志向し、中村政則「近代天皇制国家論」が発表された。

平野義太郎『日本資本主義社会の機構』（一九三四年）が講座派天皇制絶対主義論の嚆矢にして原型だとすると、中村論文は講座派理論護持の最後の論作であった。平野書についてはすでに前著のなかで検討したので、ここでは「戦後歴史学のパラダイムの内側からの自己革新の最後の試み」(注2)と評されている中村論文を取りあげ、もって旧新の代表的な著論における講座派天皇制絶対主義論の錯誤を明らかにする。

当論文において中村は、講座派理論を決定づけた「三二年テーゼ」の以下のような核心的論点を引用し、講座派系の定説どおりに、これを全面的に礼賛する。

「日本に一八六八年のあとで成立した絶対君主制は、それの政策にはさまざまな変化があったにもかかわらず、完全な権力をその手に保持し、勤労諸階級にたいする抑圧と専制支配とのためのその官僚機構をたえず拡大してきた。日本の天皇制は、一方では主として寄生的な封建的階級に立脚し、他方ではまた急速に富みつつある貪欲なブルジョアジーにも立脚して、これらの階級の上層部ときわめて緊密な永続的ブロックを結び、かなりの柔軟性をもって両階級の利益を代表しながら、同時に自己の独自の、相対的に大きな役割と、えせ立憲的な形態でわずかにおおわれているだけの、その絶対的性格とを保持している。」「天皇制は、国内の政治的反動と封建制のあらゆる遺物との主柱である。天皇制の国家機構は、搾取諸階級の現存の独裁の強固な背骨をなしている。それを粉砕することこそ、日本における革命の主要な任務の第一のものとみなさなければならない(注3)」。

「三二年テーゼの画期的意義は」、と中村は讃える。「これまで曖昧にされてきたところの天皇制概念を、

『軍事的＝警察的天皇制』という表現にも見られるように、『勤労者に対する前代未聞の専制と暴力支配との統治』、すなわち専制的絶対主義的な国家形態ないし国家機構として明確化した点にあった」。そうした国家論上の画期性とあわせて、革命論上でも、「『日本における革命の性質は、社会主義革命への強行的転化の傾向を持つブルジョア民主主義革命と規定される』という三二年テーゼの戦略規定が以上のような天皇制認識の深化にささえられているばかりでなく、三一年綱領草案の極左的偏向を正し、二七年テーゼの見地をいっそう発展させたものであったことは、これまでにしばしば指摘されてきたところである(注4)」。

説論にあたって、中村は、明治国家は帝国憲法制定・帝国議会開設により「天皇制絶対主義」から「絶対主義的天皇制」へ移行したとして、「天皇制絶対主義」と「絶対主義的天皇制」を区別だてしている。そうした天皇制絶対主義論の微調整はあるものの、「三二年テーゼ」の正しさへの確信は、既にスターリン主義への批判やコミンテルン史の批判的見直しが進捗している一九七〇年代半ばにあっても、いささかも揺らぐところがない。

だが、イデオロギー的呪縛から解放されて考察すれば、「三二年テーゼ」に所在する根本的な諸過誤は明らかである。

なかでも最大の誤りは、一九三二年現在でも、天皇制は「その絶対的性質を保持している」、すなわち「日本に現存する絶対主義体制(注5)」という認識である。「三二年テーゼ」は、より一段と日本の封建性を重視し強調して絶対主義体制の現存を明言している点では、「二七年テーゼ」とも相違している。

今もなお絶対主義国家が存続しているという把握は、幾つもの誤りを集積していた。

まず第一に、当時のコミンテルンは、急進中のファシズムについて、その過小評価や「社会ファシズム」論の誤りに陥っていた。その一環として、日本でも迫っているファシズム化の危機を見誤っていた。

「せまりきたるファシズムというお化けを使って現存する天皇制体制を美化し」「主要敵――ブルジョア・地主的天皇制にたいする闘争からそらせることを内容とする支配階級と社会民主主義者との欺瞞的な駆引」(注6)について述べているように、「社会ファシズム」論に則って、ファシズム化傾向の強まりを等閑視するとともに社会民主主義を敵視していた。

そして、ファシズム化の動向よりも封建的なものの広汎な残存を重大視し、一九三一(昭和6)年の満州事変による日本帝国主義の満州侵略の開始、軍部の政治的進出の公然化の新事態を、現代的専制であるファシズムの勃興ではなく前近代的専制である絶対主義の存続によるものと誤認したのである。日本国内では、一九三一年一〇月二六日の『赤旗』第五七号の投稿に見られるように、満州事変を機とした軍部先導のファシズム化についての認識が、一部で小さく生まれていた。(注7)そうした認識の点在は、コミンテルンと日本共産党指導部によって押し潰されたのであった。

ファシズム化の進行が的確に見抜かれていれば、「現存する絶対主義体制」というそれとは異なった規定が下されたことは間違いない。

周知のように、コミンテルンは、一九二八年の第六回大会の「社会ファシズム」論、「社会民主主義主要打撃」戦術から、一九三五年の第七回大会の「ファシズム主敵」論、「反ファシズム人民戦線」戦術へ、大きく路線転換した。「三二年テーゼ」はその変転の途次に位置した。「二七年テーゼ」や「三一年政治テーゼ草案」と同じように、「三二年テーゼ」も最終的結論ではありえず、過渡的で試論的な性格を免れなかったと捉えてしかるべきである。

加藤哲郎「『三二年テーゼ』の周辺と射程」によれば、一九三二年八〜九月には、コミンテルンで「三二年テーゼ」の事実上の改定が開始され、封建制の残存物から独占資本主義へ、絶対主義からファシズムへと、日本像の重心移動がおこなわれた(注8)。

ところが、「三二年テーゼ」に沿って『日本資本主義発達史講座』が刊行され講座派とその理論が一旦形成されると、労農派との激しい対立や、国家権力の厳酷な弾圧により研究、論争が中断させられる状況にあって、国内での改訂、修正は不可能であり、独り立ちし自己展開してゆくことになった。

そうして、戦後になると、ソ連と日本共産党の権威がかつてなく高まり、それにともなって理論的に破綻している「三二年テーゼ」と講座派理論も逆に正当化され、もてはやされるにいたったのだった。

第二に、明治維新以来の歴史の発展的変動、とりわけ「大正デモクラシー」時代の自由化、民主化の進展を無視して、専制的支配の一色で塗りつぶす、一面的な歴史把握に立っている。

近代日本が国家（主導）主義を個性的な特徴とし、その国家権力が強権支配の傾向を帯びていたのは、確かであった。それでも、一八八九・九〇（明治22・23）年に憲法を制定し議会を開設したのだったし、その直後の藩閥内閣が国会で多数を占める民党の抵抗を抑え込みながら支配した時代から、一九一二年末～一四年初頭の「大正政変」を画期として、一九二〇年代には、一九二四（大正13）年の護憲三派内閣成立以降、国会の多数政党を基盤とする政党内閣が確立し、与党内閣退陣後は野党第一党が政権を担当する政党政治の時代へと進み、日本の政治、国家も議会制民主主義化の方位への発展を示した。

このような自由化、民主化の歴史的な進展動向は、しかしながら、一九二九年からの大恐慌後の資本主義世界の深刻な経済的、政治的危機の進行のなかで、一九三〇年代に入るとともに反転して、日本は世界的に興隆したファシズムの枢軸国の一つとして、ファシズム体制へと向かったのであった。

ところが、「三二年テーゼ」は、一九二〇年代の成年男子普通選挙制の実施や政党内閣の定着などによっても「絶対主義は何ら制限されず、天皇制官僚の権限と権力は何ら制限されなかった」(注9)と捉えている。

「現存する絶対主義体制」という認識を過去に投射して、明治維新による絶対主義の成立以来ずっと専制的な権力が持続していたと概括しているのである。それを受けて、中村も言う、「一八六八年の明治維新から第二次大戦での敗北にいたるまでの日本の国家権力は、きわめて専制的な権力であった」(注10)。明治維新時の国家を絶対主義であったと省みるのであればまだしも、「大正デモクラシー」の時代をも「絶対主義は何ら制限されず」として押し通すのは、乱暴に過ぎる。

更に第三に、「三二年テーゼ」では、世界恐慌にあえぐ資本主義世界とは対照的に社会主義の輝かしい建設を進めているとされるロシアの、ツァーリズム時代からの歴史的発展をモデルにして、日本の歴史と現状、革命の展望を類推する見地がとられていた。ツァーリズムに関するレーニンの「軍事的・封建的帝国主義」規定の援用に示されるように、一九三〇年代初めの日本は帝政ロシアとの類比で位置づけられている。そうした上滑りの類推によって、とりわけ政治、国家に関して、二〇世紀初頭の帝政ロシアを遥かにしのいで発達している日本の独自な位相が捉えられずに、(半)封建的性格がことさらに強調されることになった。

次に、「三二年テーゼ」には、その革命論についても深い誤りが所在する。

まず、天皇制の打倒を革命の第一の任務として掲げていることについて、従来は革命性のなによりの証として高く評価されてきた。天皇制の打倒を第一の任務としたのは、現行体制を絶対主義と規定し、支配体制全体を統括するものとして天皇制を位置づけたことに対応している。しかしながら、天皇制が仮に絶対君主制だとしても、それの打倒の方針は、「極左的偏向」であろう。ヨーロッパ諸国でも、ブルジョア革命によって君主制を一時的に打倒しただけでなくすっかり廃止した国は存在しない。イギリス、フランス、ドイツの例を見ても、絶対君主制の立憲君主制への変革が歴史の段階的発展の歩みであった。

天皇制打倒の方針は、天皇制を「機構」としてのみ把えてそのイデオロギー的性格を無視している一面性に基づいていた。天皇制は、「軍事的＝警察的」機構に支えられていただけではない。明治維新以来天皇・皇室は、政治的に、更には宗教的、道徳的にも、人心統御の機軸として位置せしめられて、国民の精神的拠り所として根付いてきていた。国民大衆が天皇（制）崇敬から解放され、天皇（制）なしでもやっていけるような、政治的、宗教的、道徳的に自由、独立の合理的な精神を体得することに裏打ちされなければ、単に「機構」として廃止されても問題はなお解決されないのだった。

天皇制の打倒の方針の無理は、「社会主義への強行的転化の傾向をもつブルジョア民主主義革命」の戦略が示すように、モデル視されたロシア革命の二月革命から一〇月革命への経験のあてはめによって合理化され正当化されていた。

しかし、近代日本の社会・国家体制にあって、第Ⅲ篇第四章で論述するように、天皇制が国民大衆をイデオロギー的に統合する精神的機軸として決定的に重要な位置を占めていたことの重大な意味に留意しなければならない。当時の日本でもしもコミンテルンのテーゼにそって革命が実現され天皇制が廃止されたとしても、革命後のソヴェト・ロシアが一九二〇年代末にスターリン（主義）の専制に帰着し、スターリン個人崇拝が横行し赤いツアーリが出現するにいたったのに似通って、もう一つの天皇制、左翼天皇制を生み出す危険性は小さくなかったと思われる。

国家権力機構全般についてそうであるように、天皇制についても、その廃止ではなくその民主化が方針としては採られるべきであったろう。

次に、「二七年テーゼ」の「ブルジョア民主主義革命」、「三一年政治テーゼ草案」の「プロレタリア革命」、そして「三二年テーゼ」の「社会主義への強行的転化の傾向をもつブルジョア民主主義革命」という革命戦略の変転にもかかわらず、それらはいずれも、コミンテルンの革命類型論のなかの資本主義発展の中位の国、中進国に関する革命戦略構想の適用であった。そして、それらの革命綱領にも、コミンテルンの党・国家中心主義革命路線の根本的欠陥が通貫していた。党・国家中心主義とは、①、自党＝共産党を唯一前衛として絶対化する一国一前衛党主義、②、まずなによりも国家権力を奪取するという政治革命主義、そして③、プロレタリアート独裁の樹立と主要な生産手段の国家的所有化を基柱にした国家集権・国家主導の過渡期建設、などの複合的総称である。また、ブルジョア民主主義からの発展転化が強調されるプロレタリア民主主義は、プロレタリアート独裁の一体的反面であり、近・現代民主主義としての内実を有しなかった。この革命路線では、ソヴェト・ロシアの歴史が示したごとく、革命後の建設において社会主義とは反対の国家主義に変質するとともに民主主義は有名無実化し、破綻をきたすのは必至である、と考えられる。(注11)

日本共産党や講座派が民主主義と社会主義を希求しそのために献身したことは疑いない。だが、その理論と実践は主観的な誠意や熱情ではいかんともし難い歴史的な過誤を担っていたのだった。

今日的に必要なのは、「三一年テーゼ草案」の一段階革命論は「極左的偏向」で、「二七年テーゼ」や「三二年テーゼ」の二段階革命論は正しかったとか、あるいはその逆だとか、はたまた戦略は正しかったが戦術として誤りがあったとか、そういったレヴェルでの反省ではない。コミンテルンの党＝国家中心主義革命路線そのものの克服といった、もっと根底的な批判的総括である。

中村による「三二年テーゼ」の忠実な護持は、一九二〇～三〇年代の日本においてはある程度は避けられなかったコミンテルンへの権威主義的追従を、半世紀後の打って変った時代状況においてもなお繰り返していることを意味する。批判精神のまったき喪失は驚くべきことだ。

(2) 国家論の根本的過誤

中村論文のいま一つの眼目をなす、天皇制絶対主義の講座派理論を護り抜くための特異な国家論の展開の検討に進む。

中村によると、「国家の歴史的本質を示す〈国家類型〉論レベルでは資本制国家範疇に属していても、〈国家形態〉論レベルでは絶対主義的本質を維持していることは、十分あり得ることであって、戦前日本の天皇制権力は、まさにそのように〈国家類型〉と〈国家形態〉とのあいだに埋めがたいズレをもつ権力として存在していた」(注12)。「確立期の天皇制国家は、〈国家類型〉論のレベルでは、資本制生産様式を支配的ウクラードとする資本制国家＝帝国主義国家（…特殊後進国的構成をもつところの軍事的半封建的資本主義の上部構造としてのそれ）と規定しうるが、〈国家形態〉論のレベルでは明らかに絶対主義的国家形態をとっていた」(注13)。

こうした「国家類型と国家形態のズレ」説は、歴史分析として「三二年テーゼ」的な絶対主義存続説を前提としているが、以下では国家論上の諸々の欠陥を、マルクス主義国家論史と関連づけながら抉出する。

第一の根本的欠陥として、極めて狭隘な「国家＝機構」論に立脚している。

中村によると、「国家機構とは何か？　それは、厖大な官僚・常備軍・警察・検察庁・裁判所という諸国家機関を系統的に組織化したものに他ならない」(注14)。この「国家機構」自体、そのなかに議会、政府を含んでいない。マルクスは「近代のブルジョア国家は、二つの大きな機関、議会と政府に具現されている」(注15)という命題を遺しているのだが、レーニン『国家と革命』第一章に代表的な「国家＝暴力装置」論に偏倚した「国家＝機構」論の系流を継いで、それを復唱しているのである。そして、先に天皇制打倒の方針に関連して言及したように、国家のイデオロギー的側面を看過している。概して講座派（系）天皇制論は、（軍事）機構的天皇制に偏局しており、そこに欠けている天皇制を支えた精神的構造に関する研究が丸山真男と丸山学派によって開拓されたのは、周知のことに属する。

それに加えて、諸政党、諸政治団体、新聞・雑誌その他の情報諸機関、教会・神社などの宗教諸機関、労働組合、農民組合、大學・学校といった非国家的な政治的（役割を果たす）諸機関――グラムシが言う「ヘゲモニー装置」――を無視ないし軽視している。

以前から説いてきたように、本来、マルクス主義の国家論も、狭く国家（イデオロギーならびに機構）だけではなく、広く政治の世界を対象とするものである。ただ、資本主義の経済的構造の理論的解剖を、資本主義経済を支配する資本に即位して『資本論』と表題したように、国家を中軸とする政治的構造全体の理論的研究をもって、国家論と呼ぶわけである。したがって、これを政治体制論と表現することもできる。わが国で伝統的に定着してきたレーニン流の偏狭な国家論から脱するには、むしろ政治体制論あるいは政治システム論として立言する方が良いかもしれない。

このように、中村は、一方では国家内の議会や政府、他方では非国家的な政治的諸機関を捨象して、国家や政治体制の全体的構造に考察を及ぼすことなく、それらのごく一部に局限して議論しているにすぎない。

第二の根本的欠陥は、できあいのソ連製国家論教科書に依拠した概念の展開による歴史的現実のきりもりである。

「国家類型」と「国家形態」はともに、中村が挙げているソ連邦科学アカデミー国家・法研究所『マルクス＝レーニン主義　国家・法の一般理論』（一九七〇年）に限らず、ソ同盟科学アカデミー法研究所『国家と法の理論』（一九四九年）でも、中軸的な基礎カテゴリーとして位置づけされているものである。そうしたソ連製国家論、別名スターリン主義国家論の基礎概念の適用によって「講座派」国家論の建て直しの追求に躍起となっているのである。その反面、天皇制国家の実証的な分析的研究の新規やり直しは放棄しているわけである。

ソ連では、スターリン主義理論の確立の一環として、『国家と法の学説』（一九三二年）に始まって、上記の二書その他、国家・法理論がいわば官許の教義として教科書的に編纂されてきた。それらのスターリン主義国家論は、①、国家一般（についての概）論という問題構成、②、「国家＝機構」論、③、「社会主義国家」論の新造（による官僚専制国家の美化）を基本的特徴とする。①は、後期エンゲルスからの伝承、②は、レーニンからの継承、③は、スターリンの創唱である。そして、マルクス主義では国家・法の理論もその創始者達以来の取り組みによって既にできあがったものとされ、基礎的諸概念の展開による体系化が図られてきた。

ソ連製国家論の日本での継受者である研究者たちも、藤田勇「国家概念について」（一九六九年）、同「国家論の基礎的カテゴリーについて」（一九七四年）、田口富久治「政治学の基礎概念」（田口他『政治の科学』所収、一九七三年）などのように、所与の理論的枠組みのなかでの基礎的諸概念の解釈的追構成、連関づけや適用をもっぱらとしてきた。（注16）だが、それは、現実の国家の分析的研究は極めて貧相に放置したままでの、空論的な概念操作を出るものではなかった。

国家論に関する思考の抜本的転換が必要である。再三論じてきたように、マルクスは『資本論』に後続する近代ブルジョア国家（本質）論の構想を抱懐していたがそれを果たせず、結局確固とした国家論を遺さなかった。マルクスに代わって後期エンゲルスが達成し、一世紀有余マルク主義国家論の定説として処遇されてきた『家族、私有財産および国家の起源』に代表される国家論は、根本的な難点が多かった。レーニン『国家と革命』によって一面化されつつ継承されたのも、後期エンゲルスの国家論であった。

つまり、マルクス主義においてはしかとした国家論は存在しないのである。こうした認識は、日本の一部の国家論研究者の主張であるだけではなく、西欧マルクス主義の国家論研究でも共有されていると言ってよい。(注17)

マルクス主義国家論として第一義的に必要なのは、できあいの貧寒な理論を教義化して演繹的に展開し、個別的な国家に基礎概念をあてはめて切り盛りすることではない。現実的対象をなす諸国家についての実証的な理論的研究を開拓することであり、それらを集成しつつ、近代ブルジョア国家に関する理論そのものを創出してゆくことなのである。

第三の根本的欠陥は、近代ブルジョア国家の歴史的存在諸形態、いまの場合は初期ブルジョア国家の諸形態についての理論的研究の欠如ないし貧困である。

従来のマルクス主義でブルジョア国家の歴史的諸形態に関して研究されてきたのは、フランス、ドイツを中心に民主共和制やボナパルティズム、更にファシズムなど、僅かにとどまる。後期エンゲルスの国家論では古代から近代までの国家一般（についての概）論のなかに近代ブルジョア国家論は解消されており、そうした問題の構成がマルクス主義国家論の通説とされてきた。不可分に、近代ブルジョア国家の理論的研究は甚だ貧寒なままである。そうした悪しき伝統のなかに、中村を含め、講座派系の研究者たちはすっぽりはまっている。

明治国家の国際的比較研究において問題となる近代初期段階の国家として、イギリスの名誉革命体制、フランスの第一帝政ボナパルティズム、復古王制、更には七月王制、ドイツのドイツ帝国前半期（ビスマルク帝国）、などが所在する。明治国家の分析にあたっては、それらの国家との異同の分析が欠かせない。平野義太郎『日本資本主義社会の機構』は、拙著『明治維新の新考察』のなかで批判したように、ブルジョア革命によって直ちに民主主義国家が成立するかのように立論し、初期ブルジョア国家の存在を無視抹殺していた。にもかかわらず、それが、「ブルジョア革命＝ブルジョア民主主義革命」の俗説と一体化して、通説的な位置を占めてきた。

上山春平『歴史分析の方法』（一九六二年）や飯沼二郎『地主王政の構造』（一九六四年）は、ブルジョア革命によって成立する国家＝初期ブルジョア国家と産業革命以後発展的に確立する国家＝盛期ブルジョア国家との歴史的段階的相違を解明して、平野ら講座派の歴史認識の誤りを指摘し、明治国家の国際的な比較研究を豊かにする開発的な積極的意義を有していた。

そうした初期ブルジョア国家論の提出に対して、中村は硬直した拒絶反応をあらわにしている。「『初期ブルジョア国家』だの『地主王政』だのというように、およそ事実をまともに検討したことのある人なら提出できよう筈もない概念が思い付き的に案出されていることが、天皇制研究に無用の混乱をもち込む原因となっている」[注18]。少し違って、下山三郎は、「『講座』維新論および基本的にそれを継承した維新論——市民革命を実現した国ぐにの、市民革命以後の具体的歴史過程を検討することなしに市民革命という概念を定立させ、それを日本近代史理解の基準としていたこと——を、ついたもの」[注19]と一定の評価を与えている。しかし下山も、別稿で「本来の意味の立憲政体——ブルジョア国家が取らざるをえない政治形態」について、「国民によって選出された代議機関が、立法機関となるか少なくとも立法機関の主要部分となり、立法機関が立法権を専有するか少なくともその主要部分を掌握し、国政全般において立法機関が王権に対して優越した地位を占めることが制度上保障されている」[注20]と規定している。この規定に従えば、フランス第一帝政、ドイツ帝国もブルジョア国家ではないことになる。近代ヨーロッパ諸国の「市民革命以後の具体的歴史過程を検討することなしに」、観念的に美化した単一型のブルジョア国家像を拵え、それを尺度にして明治維新・明治国家を絶対主義の成立と規定してきたのである。

さて、後期エンゲルスからレーニン、そしてスターリンへと伝承されてきたマルクス主義国家論の定説に対する全面的な批判をこれまで表明してきた。それでは、定説から決別して、どのような国家論を組み立てて、明治国家など近代日本国家の分析にもアプローチする方法的基準とするか。この大問題について、簡略であれ、示しておきたい。

第一は、近代ブルジョア国家の歴史的独自性は何か、古代や中世の国家とは異なる近代国家の歴史的特質の把握である。資本主義経済社会とは分離した政治的国家、それに国民国家、立憲国家、権力分立国家、人権保障国家などが、それである。そうして、政治的イデオロギー、政党や政治的諸団体、議会や政府や君主などの国家権力機構、更に憲法などが、国家論もしくは政治体制論の基本骨格を構成する。このように、国家一般の概念規定からではなく、近代ブルジョア国家の歴史的特質の解明から出立する。

第二は、近代国家の歴史的発展段階的特徴を明らかにする規定である。近代史についての初期、盛期、後期の区別、資本主義経済については資本の原始的蓄積過程、産業資本主義、独占資本主義といった発展段階的区分は、一般的に広く認められている。ブルジョア国家の歴史的発展段階については、これを自由主義、自由民主主義、高度自由民主主義と規定することができる。例えば、フランスのボナパルティズム国家であっても、第一帝政と第二帝政とでは発展段階的違いがある。また、世界史の発展段階と一国史のそれとにはずれがあり、後れて近代化する国では、世界史的発展段階に規定されて発展段階の圧縮、併合、跳び越えなどが起きることがあり、先進国の発展段階とは異なる特性を刻印される。

近代対現代という歴史的対比もよく用いられてきた。しかし、その二段階的区分において多くの場合、イギリス産業革命とフランス・ブルジョア革命の二重革命を区切りとして截然と画される近代世界史の初期段階と盛期段階が近代として一括されたり二重写しされたりして、近代初期の独自な存在が抹消される欠陥が所在してきた。

第三は、各国の近代国家の地域的な特徴を、その国の歴史的伝統や道徳、宗教、教育などの作用をも押さえながら、明らかにする規定である。この規定は、先進国、中進国、後進国といった類型としてまとめられるが、後進的な国であるほど、国家は大きな位置と役割を担い、国家（主導）主義的傾向を示す。例えば、日本の明治国家は、ハードな国権主義的自由主義を特質とする。

そして、歴史的発展段階的規定と地域的な類型的規定とを組み合わせて、個々の国家を分析的に把握してゆくことになる。歴史的発展段階と地域的な類型とが絡みあい、近代政治・国家史は多系的にして多型的に展開し、個性的で多様な形姿を示す。

第四は、それぞれの国家の具体的な存在形態、すなわち議会主義的君主政、ボナパルティズム、君主主義的立憲政、立憲政府政、民主主義的議会政（議会制民主主義）、ファシズムといった国家の形体の規定である。第Ⅰ篇第四章のなかで述べたことを引き継いで、①公的イデオロギーにおける主権の所在、②国家元首と政府首長の関係、③議会、政府、行政的・軍事的機構、君主といった国家諸機関の権力機構的編制、④統治を主導する担い手は、君主か、政党か、官僚か、などの視座から分析して、これを判別すると、さしあたって説明しておきたい。

先に中村論文の国家論について、根本的諸欠陥を摘記したが、「国家類型と国家形態のズレ」説に対して、「国家類型」がブルジョア的なら「国家形態」もブルジョア的な枠内にあるという批判が講座派系のなかからもおこなわれてきた。これは、ソ連製国家論教科書を前提にして論議しても、肯綮にあたる。「国家類型と国家形態とのズレ」という新奇で珍妙な説の組み立ては、「三二年テーゼ」とその直系である講座派国家論を護り抜こうとする起死回生の策ではある。しかしながら、実在するのは、「国家類型と国家形態とのズレ」ではなく、「三二年テーゼ」・講座派国家論と歴史的事実とのズレなのである。講座派とその系統の理論家たちのなかには、「三二年テーゼ」や講座派理論と歴史的現実との乖離を埋めようとする様々な苦心が試みられてきた。だが、一九三二年当時の日本国家を「絶対主義体制」として誤って規定した最初のボタンのかけちがいがあって、時の経過とともに露呈してくる理論的な矛盾、破綻を糊塗し補修しようとして更に無理なこじつけが重ねられ、混乱が拡大されてきた。そうした一つのきわめつけが、中村の「国家類型と国家形態とのズレ」説なのである。

(3) スターリン主義の紋章

講座派天皇制絶対主義論の歴史的意味をめぐって補記する。

天皇制国家との批判的対決、これが講座派の天皇制絶対主義論のモチーフであった。そして講座派は、天皇制という語を初めて使用して定着させ、日本の近代君主制の独自性に着目する啓発的な功績を果たした。しかし、天皇制の科学的認識には程遠かった。

講座派理論では、天皇制はすぐれて軍隊・警察、官僚制をはじめとした国家権力機構であり、近代日本の国家権力を総括する全体的な概念であった。更には、天皇制国家は、それを支える寄生地主制や金融資本、財閥、また家父長制的家制度と一体性をなす支配体制構造全体を指しさえした。かかる包括的な全体制概念としての天皇制は、絶対君主制規定と一体不可分であった。

戦時のファシズム体制下の極度に肥大化した天皇制を明治維新以来存続する絶対君主制として誤認した講座派（系）は、天皇制こそ国家だと思い込んで、国家・社会のすべてを集約しているとする天皇制を諸悪の根源として批判し、また天皇制を倒せば革命が達成されると想念したのであった。そうした点では、皇国史観と正反対の立場や志向にもかかわらず、天皇は絶対的であり天皇制すなわち国家であるとの観念を共にしていた。天皇制絶対主義論は、皇国史観のイデオロギーを現実と混同しつつ、皇国史観を歴史に投影して明治維新、明治国家を捉え批判したとも言えよう。

天皇制を近代日本の国家体制を総括するものと把握したのは、妥当であろうか。天皇制の過大評価がそこに含まれていたことは、後続の章において分析するような明治国家の実情に照らせば明らかである。本書が対象とする明治国家においては、天皇（制）は国家権力機構のなかで、基本的にはナショナル・シンボルとして国民を統合するイデオロギー的機関（制度）としての位置を占めたのであった。

他面、明治維新において国家権力を様々に手段として活用して革命的大変革を推進した政府は、帝国憲法制定と帝国議会開設後の明治国家においても一貫して国政を主導した。天皇制にもまして、政府主導制こそ、明治国家の一番の特質だと捉えることができる。しかも、政府主導制は、明治維新・明治国家の時代の元勲・元老政治家主導から次第に文武官僚主導へと変容・転移して、その後二一世紀の今日にいたるまで通貫しているのであり、近・現代の歴史をとおして日本政治・国家の最大と言える特徴をかたちづくっているのである。

ところで、中村は、「学問の革命性・実践性に最も鋭敏な感覚をもっていた『講座派』の理論家たち(注21)」を高く評価してやまない。「講座派理論というのは一つの学問体系であり、方法であると同時に、ガイスト（精神、気迫、やる気）だと思う」［注22］とも言う。確かに、講座派の論者たちは、革命運動への熱情に満ち、国家権力の凶暴な弾圧にひるまず、日本資本主義と天皇制国家についての批判的な研究を推進した。しかしながら、そうした反面、「三二年テーゼ」を権威主義的に妄信して、政治への学問の従属に陥り、スターリン主義党派イデオロギーに囚われて、日本資本主義と天皇制国家についての一面的な理論を築いたことも否定できない。日本帝国主義国家権力と真正面から対決し、天皇制のタブーに果敢に挑んだのだが、その裏面で、ソ連とコミンテルンの権力に追従し、別のタブーをつくったのである。残念なことに、学問的気魄は政治的盲信と表裏一体であった。

戦後、ソ連は超大国化し社会主義が体制上の選択肢となるなど、内外情勢は一変した。「三二年テーゼ」とそれを支持する講座派理論は、戦後の歴史によってその正しさを立証されたと錯覚された。そして、講座派とそれを後継した研究者たちは、近代日本史研究における最大勢力を形成するにいたった。しかし、前著のなかで服部之総の『明治維新史』（一九二八年）から戦後の著論にかけての理論的後退について明らかにしたように、講座派系の天皇制国家論研究は基本的にスターリンのコミンテルンのエピゴーネントゥムに属した。

『日本資本主義発達史講座』の刊行から戦後歴史学の隆盛まで、講座派（系）の近代史研究に最も大きな影響を及ぼした公式の一つは、ブルジョア革命をブルジョア民主主義革命と性格規定しその基軸を農業＝土地問題に定めたスターリンの次の命題であろう。「農業革命とは何であるか？　それは、ブルジョア民主主義革命の基礎であり、内容である」［注23］。土地制度史観やブルジョア民主主義革命史観に立った数多くの著論が、その証拠を示している。講座派系の戦後歴史学は、個々には優れた実証的な業績を含んでいるとしても、個別分野での新規の開拓も既存の枠組みの補強に終わったし、大勢としては戦前の負の遺産の継承、再生産であったと評せざるをえない。

遠山茂樹『明治維新』（一九五一年）は、戦後の講座派系の明治維新史研究の代表的な作と見做せよう。この書で遠山は、「三二年テーゼ」の正しさを疑うべからざる前提にしたうえで、平野『日本資本主義社会の機構』以来の絶対主義の形成対ブルジョア民主主義革命の構図にはめ込んで、明治維新史を絶対主義の成立として描いた。全編いたるところに謬説が所在するが、記述に沿って主なところを列挙すると、①、国際的契機を捨象した、変革の国内的必然論──一九七二年の改版では批判を容れて外圧が接木されているが、基綱に変わりはない──、②、民衆の一揆、打ちこわし、「ええじゃないか」などへの「下から」の「ブルジョア民主主義革命」の意味付与、③、五箇条の誓文について、維新政権による国是の宣明ではなく、「列侯会議」の線での一時的で政略的な文書にすぎないとする誤釈、④、大久保利通を「絶対主義政治家」とする規定、⑤、国権強化の動向──自由民権派にさえ浸透した──を、先進列強に対抗すべく国家権力の強大化に努めざるをえない後進国でのブルジョア革命の一特質と捉えることができず、絶対主義とする誤解、⑥、帝国憲法の発布を立憲制による絶対主義の粉飾・修正にすぎないとする誤認、等々。①は、一国主義的資本主義史観や、生産力と生産関係の矛盾に発する社会革命という唯物史観の公式のあてはめ、②は、人民闘争史観、⑤、⑥は、単系的・単型的発展史観という、講座派の誤れる基本的方法論に基づくものと言える。

こうした明治維新論が、戦後講座派理論の定番となって、その後の研究をリードした。この遠山書を戦後の日本史学の古典的な名著の一つとする評価さえあったのだった。

ほぼ一九七〇年代を境とする講座派系理論の衰勢について前に触れたが、講座派系絶対主義天皇制論の掉尾を飾ったのは、第一線で活躍して目立った業績を挙げてきた研究者一九名の論文を集めた、遠山茂樹編の近代天皇制研究（二分冊）、『近代天皇制の成立』および『近代天皇制の展開』（一九八七年）になろう。

そして、一九九〇年代初めのソ連崩壊の大衝撃とともに、名実ともに講座派理論の破産は最終的に確定したということであろう。一九五三～五五年に講座派（系）を中核にして進歩的左翼学者をも広く結集して、『日本資本主義講座』（一〇巻、付録一巻）が発刊された。この新版の『講座』は、日本共産党五一年綱領（「日本共産党の当面の要求」）の線に沿って、アメリカ帝国主義の日本に対する植民地支配、戦後日本資本主義における半封建制の残存や温存などを強調したが、その理論的基調の戦後史の進展と現状からの背離が明白であったし、五一年綱領自体が新講座の完成直後に破棄されたために、破産があらわになりまったく省みられなくなった。それと比べると、元の『講座』は、半世紀間も、内発的な自己批判が生まれないまま、生きながらえたわけである。

歴史的に振り返ると、中江兆民を主筆として自由民権を唱えた「東雲新聞」第一〇六号（明治21年5月25日）の論説「維新革命の精神」は、「王政維新は、我邦未曽有の一大革命にして、其精神は、世襲門閥の制を廃し封建割拠の弊を破り武断政治の政を改め公議輿論の勢を張るに在りし」として、「公議輿論の勢力は、能く維新革命の偉業を成就せしめたる者と謂わざるを得ざるなり」と表明していた。(注24) 幸徳秋水は『社会主義真髄』（一九〇三年）のなかで、「英国、クロムエルの起つ」「米国独立」「佛国の民、共和制を建つる」「日耳曼諸州聯合の業」「伊太利統一」などと並ぶ「革命」の一つとして「日本維新の中興」を位置づけた。(注25)

コミンテルンが日本の社会主義運動への介入を始めてからも、一九二二年の「日本共産党綱領草案」、「二七年テーゼ」、「三二年テーゼ草案」のいずれも、近代天皇制を絶対主義として規定したのではなかった。勃興する日本マルクス主義にあって、野呂栄太郎「日本資本主義発達史」（一九二七年）、山川均「政治的統一戦線へ！」（一九二七年）、服部之総『明治維新史』、羽仁五郎「明治維新史解釈の変遷」（一九二九年）は、それぞれに明治維新の画時代的な近代ブルジョア的変革の意義を明らかにした。(注26)

ところが、「三二年テーゼ」の公表と『日本資本主義発達史講座』の刊行を機に、近代天皇制絶対主義論へと大きく転換を遂げた。まさしく天皇制絶対主義論は、一九二〇年代末にスターリンが制覇したコミンテルンによって与えられたのであり、爾来講座派によって理論的に固められ広められてきたのであった。

今日的に顧みると、講座派天皇制絶対主義論は、日本のマルクス主義的左翼が「マルクス＝レーニン主義」を称するスターリン主義の虜になっていた、およそ一九三〇〜七〇年代の所産物であり、日本マルクス主義の負の紋章であった。こう言っても、決して過言ではあるまい。

現存国家体制についての批判性をもった研究が厳しく抑圧され、情報も閉ざされていた戦前ならともかく、政治的な自由が認められ学問研究の自由が推奨された戦後において、実証と理論ともに誤りの多い天皇制絶対主義論が圧倒的に支配的となるにいたったのは、何故だろうか。現在的な問題関心は、むしろその点に向けられて然るべきだろう。

戦後の天皇制研究の代表的な説論を集めた久野収・神島二郎編『『天皇制』論集』（一九七四年）を手に取ってみると、マルクス主義者は無論、リベラルあるいは民主主義的として知られる著名な書き手も、ほぼすべて一様に、戦前の天皇制を絶対主義君主制として捉えていて、その時代の精神状況、ならびに時勢に追随する論者たちの批判精神の欠如にあらためて驚かされる。

思うに、（ⅰ）背景としてソ連「社会主義」の無批判的礼賛、（ⅱ）わが国の社会思想・社会科学の伝統的な輸入理論的性格、解釈学的学風、その体質はマルクス主義において特に甚だしい、（ⅲ）ソヴェト・マルクス主義に顕著な政治（党派）への学問（研究者）の従属の日本での浸透、（ⅳ）戦後、欧米諸国と異なって大学アカデミズムへスターリン主義的マルクス主義が進出し、講座派理論がエスタブリッシュされたこと、そして学会での排他的な政治的党派主義や大学講座制に絡んだ学派主義、つまり講座派理論の再生産システムの形成、（v）ポストを得るうえでの「業績主義」で時流便乗や通説踏襲に流れる進歩的左翼的研究者の批判精神の喪失ないし脆弱性、こういった問題についての切り込みや反省が欠かせないだろう。

注

（1）「近代天皇制国家論」、原秀三郎他編『大系日本国家史　4』東京大学出版会、一九七五年、五八頁。
（2）安田常雄「方法についての断章」、歴史学研究会編『戦後歴史学再考』青木書店、二〇〇〇年、一六頁。
（3）村田陽一編訳『コミンテルン資料集　第５巻』大月書店、一九八二年、三六五〜三六六頁。但し、引用した文献が違うので、訳文が少し異なる。
（4）中村前掲論文、一三〜一四頁。
（5）『コミンテルン資料集　第５巻』、三六六頁。
（6）同。
（7）岡本宏『日本社会主義史研究』成文堂、一九八八年、三二七頁。
（8）「『三二年テーゼ』の射程と周辺」、『思想』六三三・六三四号、一九八二年三月・四月。
（9）『コミンテルン資料集　第５巻』、三六六頁。
（10）中村前掲論文、三頁。
（11）拙稿「過渡的時代とアソシエーション」の二の（1）「ソ連の破綻の原因」、田畑稔他編『アソシエーション革命へ』社会評論社、二〇〇三年。

(12) 中村前掲論文、三三三頁。
(13) 同、四八〜四九頁。芝原拓自「近代天皇制論」も、「絶対主義国家機構＝国家形態をもった資本主義・帝国主義的本質を有する国家権力」と、日本資本主義確立期の国家について規定している。『岩波講座日本歴史　15』岩波書店、一九七六年、三五〇頁。
(14) 同、四九頁。
(15) 「『フランスにおける内乱』第二草稿」、『マルクス＝エンゲルス全集　第17巻』大月書店、一九七八年、五六一頁。
(16) 拙稿「正統派国家論研究の現段階」、『現代と展望』稲妻社、第31号、一九九一年四月。
(17) 拙著『現代の国家論』世界書院、一九八九年、「第6章　国家論ルネサンス」。
(18) 中村前掲論文、五九頁。
(19) 『明治維新研究史論』御茶の水書房、一九六六年、九三頁。なお、小林昇「重商主義―イギリス初期ブルジョア国家の経済政策体系―」、大塚久雄他編『西洋経済史講座　Ⅱ』岩波書店、一九六〇年、では、「初期ブルジョア国家」の捉え方がなされている。
(20) 「自由民権運動」、『岩波講座日本歴史　16』岩波書店、一九六二年、一一五頁。
(21) 中村前掲論文、一八頁。
(22) 「戦前天皇制と戦後天皇制」、歴史学研究会編『天皇と天皇制を考える』青木書店、一九八六年、一一六頁。
(23) スターリン（高山洋吉訳）『支那革命の諸問題』叢文閣、一九二七年、四六頁。
(24) 『復刻　東雲新聞　第一巻』部落解放研究所、一九七五年、四二八頁。
(25) 『社会主義神髄』岩波文庫、一九五三年、五二〜五三頁。
(26) 拙著『明治維新の新考察』社会評論社、二〇〇六年、五七〜五八頁。

第2章　ボナパルティズム説の欠陥

(1) 服部之総のボナパルティズム説

明治国家について、天皇制絶対主義論が講座派とその系統はもとより丸山学派をも含めて到る所に溢れていたなかで、稀少な異論としてボナパルティズム説が唱えられた。

明治維新とプロイセン＝ドイツの一八四八年三月革命以後の変転を終結させた一八六六～七一年の大国事劇とは、近代的発展の後進的な国での「上からのブルジョア革命」としての歴史的性格を共有していたし、明治一四年の政変以後の藩閥政府による立憲政体の創設は、プロイセン＝ドイツをモデルとして実現された。そうした明治国家のプロイセン＝ドイツ国家との相同性、親和性に基づけば、明治国家についてドイツ帝国と同じようなボナパルティズムの規定をくだすのは、当然の流れである。そうした追求は、コミンテルンの路線に従いフランス革命を民主主義革命として理念化しそれを基準にして明治維新・明治国家を絶対主義の成立と論じる講座派（系）よりも、歴史の現実を踏まえているし、歴史的感覚として優れていると言えよう。

問題は、比較基準であるドイツ帝国の国家に関する先行の社会科学的分析としては、マルクス、エンゲルスのボナパルティズム説が何よりもめだった存在であり、そのボナパルティズム説を無批判的に受け入れ、明治国家への適用をおこなったことにあった。

最初の提唱は、服部之総『明治維新史』であった。それによると、一八七一（明治4）年の廃藩置県とともに始まった「上からのブルジョア革命」は、一八八九・九〇（明治22・23）年の帝国憲法発布・帝国議会開設を機に「外見的立憲主義」の時代に入り、「ボナパルチズム」の体制に向かった。「明治二十三年以後の『外見的立憲主義』の下に、ブルジョアジーが新地主と均衡させられ、しばしばプロレタリアートおよびその利益を主張した社会主義者の運動が必要以上に弾圧されて、以てブルジョアジーの脅威のプロパガンダに供されつつ、長く久しき藩閥、軍閥、官僚閥、貴族閥の政権が維持されたことは、一つの立派なボナパルチズムでなくて何であろう（注1）」。

かかるボナパルティズム説は、しかしながら、直後の「三二年テーゼ」と『日本資本主義発達史講座』によって、天皇制絶対主義論が講座派の公式論となり、加えてドイツ帝国についても「似而非ボナパルティズム」説が通説化されるなかで、無視されてゆき、顧みられることもほとんどないようになった。

服部自身も、「三二年テーゼ」に合わせて『明治維新史』について自己批判し理論的に後退していった が、後年には、上記の「ボナパルチズム」を「軍事的封建的帝国主義」と呼び変える。一九〇〇（明治33）年の政友会の結成をもって「上からのブルジョア革命」が終了し「ボナパルチズム」に移行した画期と見做し、以降の体制を「『ボナパルチズム』という十九世紀の古典語を持って呼ぶことをやめて、『軍事的封建的帝国主義』と呼ぶ」のである。「軍事的封建的帝国主義――これは二十世紀におけるボナパルチズム、帝国主義段階におけるボナパルチズムである（注2）」。

こうして、明治国家に関するボナパルティズム説は、講座派とその周辺から姿を消してゆくことになった。

服部『明治維新史』のボナパルティズム説は、同書の全体がそうであるように、比較基準に設定したプロイセン＝ドイツ史とのアナロジーに拠っており、エンゲルス『住宅問題』などでの、「絶対君主政からボナパルティズム君主政への移行」という把握を継受して適用したものである。だが、機械的なあてはめの欠陥を免れていない。従ってまた、ドイツ帝国でのそれに対する日本でのボナパルティズムの特徴の具体的な分析には踏み込んでいない。

相関して、ボナパルティズムの理解にも重大な欠陥がある。

『明治維新史』と同時期の論文「絶対主義論」のなかで、服部は、マルクス主義者の常として、ボナパルティズムを絶対君主政とともに「階級均衡」に基づく「例外国家」とするエンゲルス『家族、私有財産および国家の起源』以来の定説を踏襲している。「相闘争する諸階級の均衡状態に基づく国家権力の外見的独自性の状態は、単に封建制崩壊期における絶対主義にとどまらず、更に資本主義国家の進化過程に現れるボナパルチズムがある(注3)」。

ところが、エンゲルスのボナパルティズム論そのものが根本的な欠陥を有していた。

エンゲルスは、古代から近代にいたるまでの国家についての一般的な概論として、絶対君主政とボナパルティズムを、「国家権力が、外見上の調停者として」「ある程度の自主性を得る」ものとし、国家一般のなかでの「例外」として位置づけた。こうした立論は、方法的に混乱しているし、近代国家を対象としてその独自性を解明せんとするマルクスの方法とも異なっていた。エンゲルスの問題設定では、近代国家の歴史的独自性は国家一般の類概念に解消されてしまうし、古代や中世とは違って経済と政治、社会と国家が分離する近代においては「国家権力が、外見上の調停者として」「ある程度の自主性を得る」のが、「例外」ではなく「通例」であるという歴史的事実が没却される。それとともに、「例外」国家として一括りにされた絶対君主政とボナパルティズムの国家構造の差異は、かえって不分明になってしまい、それらの階級的基礎の相違に還元されることになる。服部も「封建的絶対王制と近代的ボナパルチスト国家の差異は、その根本条件をなす相均衡する階級対立の組み合わせの差異にある(注4)」としているように。

「階級均衡」説についても、歴史分析の誤りがある。エンゲルスは、ボナパルティズムはブルジョアジーとプロレタリアートの力の均衡に基づくとする。しかし、第二帝政時代のフランスでは、産業革命、産業資本主義建設が本格的に進展して達成され、ブルジョアとプロレタリアの階級的対立が基本的な社会関係を形成する発展段階に達したとはいえ、資本家階級は政治的に未だ力量不足であったし、プロレタリア階級もなお資本主義的産業化とブルジョア的民主化を下支えする役割を担わざるをえない地位にあった。そこにプロレタリア革命をめぐって両階級の力が拮抗するような「階級均衡」を設定するのは、歴史的な段階としてはもとより局面としても、また経済的階級関係としても政治的階級関係としても、プロレタリア階級について過大評価する誤りを犯している。ブルジョアジーの政治的支配がその寿命を過ぎたといった表現にも見られるように、エンゲルスは、一八四八年二月革命時に陥ったプロレタリア革命の情勢到来という主観主義的願望を投影した歴史認識に囚われ続けていたのである。

ましてや、第一帝政についてもブルジョアジーとプロレタリアートの階級均衡を説いているのは、あまりにも杜撰である。

服部は、「ボナパルト主義という言葉は、ナポレオン一世および三世に対してマルクスがつけたものである(注5)」と説明している。けれども、「階級均衡」説や「例外国家」説として通念化されてきたボナパルティズム論は、後期エンゲルスに固有のものであって、マルクスが達成したボナパルティズム研究は、それとは異なっていた。

後期エンゲルスのボナパルティズム論は歴史的現実から遊離していて、その論軸をなす「階級均衡」や「例外国家」は、ボナパルティズムであるか否かの判断を下す論拠となりえない。フランスの第一帝政、第二帝政やドイツ帝国をボナパルテイズムとして規定する場合でも、安直に通説に倣うのではなく、史実を自ら捉えかえして検証する研究態度が不可欠である。そうした作業として、第I編第2章では、ボナパルティズムの再定義をおこない、第4章では、ビスマルク帝国をボナパルティズムと規定することに異議を唱えたのであった。拙論の是非はともかく、エンゲルス以来の通説を当然の前提としたうえで、それに照らして近代日本国家研究への適用をめぐって議論する、そうした無批判的な教条主義的思考を超克しなければならない。

服部は、マルクスが『ルイ・ボナパルトのブリュメール一八日』のなかで放ったナポレオン三世についての党派的で政治主義的な酷評を真に受けるかたちで、「十九世紀フランスの、ボナパルチズムの使徒ルイ・ナポレオンは、ぼんくらでこっけいな一英雄であった(注6)」と説いている。それとともに、伊藤博文や山県有朋などをボナパルティストと見做している(注7)。マルクスの所説への無批判的追随の態度と明治国家の指導者たちについての低い評価を窺い知ることができる。

ついでに、服部の「ボナパルチズム」説に関連する戦後の二つの論説を一瞥して、通俗的な論議の傾向と水準を確かめておこう。

戸田慎太郎『天皇制の経済的基礎分析』（一九四七年）「第一章　天皇制の本質とその特徴」は、「三二年テーゼ」を基準にして、明治維新から第二次大戦での敗北までの国家を一括して絶対君主制として捉えている。そのなかで、「幾らかの、ボナパルチズム的性質を加えつつあったが、未だ依然として封建的本質を廃棄せざる所の絶対主義的君主制が帝国主義的ブルジョアジーの支配を『代位』しているもの(注8)」と述べ、天皇制絶対主義論に立ちながら、「ボナパルチズム的性質を加えつつあった」とする点での特徴を示している。「ボナパルチズム」理解については、やはりエンゲルスの「階級均衡」説、「例外国家」説に立脚し、それにマルクス『ルイ・ボナパルトのブリュメール一八日』の分割地農民を社会的支柱とする論点を加えている。

井汲卓一『日本資本主義論』（一九四八年）「四、日本絶対主義の特質」は、「一八九〇年以後、国家は外見的立憲主義を以て粉飾された。……これを直ちにプロシアになぞらえて絶対主義の解消形態であり、ボナパルチズムの存在形態であるとするのは（服部之総）、之をボナパルチズム的傾向をふくむ絶対主義とする（戸田慎太郎…）のに比べて、すこし行きすぎであろう」と批評する。そして、天皇制絶対主義が一九二九年からの大恐慌の下で危機に直面したとき、「日本のボナパルチズム的絶対主義が成立した」と主張する。その際、「ボナパルチズムの成立のためには……プロレタリアートもブルジョアジーもお互いに相手をおし倒すことができないで、一種の均衡状態が支配していることを必要とする」と「階級均衡」説を適用している。(注9) 連関的に、ボナパルティズムとファシズムを同類視し、両者を政治的「反動化」の旧と新の形態として区別している。ボナパルティズムについては、ブルジョア階級が上昇的に発展する過程にあって「上から」であれ、経済的にも政治的にも反動的というより革新的役割を果たしたことについての無理解を示しているのである。(注10)

戸田や井汲の所説は、講座派系理論の通例として、「三二年テーゼ」に疑念をまったく抱かずに追従し、一九四五年までを天皇制絶対主義で押し通している。当然にも服部の「ボナパルチズム」への移行論と対立するが、エンゲルス以来の通俗的ボナパルティズム論に依拠してその適用に終始していることでは服部を含めて一致している。

（2）上山春平のボナパルティズム説

明治国家についてのボナパルティズム説として、いま一つ、明治維新をブルジョア革命として捉えることに連動して関説した、上山春平『明治維新の分析視点』（一九六八年）でのそれがある。『歴史分析の方法』以来の上山の近代史研究は、ブルジョア革命によって直ちに民主主義国家が成立したかのように論じる講座派（系）の謬論を批判して、ブルジョア革命によって成立する国家と産業革命以後の国家との発展段階的相違を「初期ブルジョア国家」と「盛期ブルジョア国家」の区別として明らかにした。従前の近代政治史研究の欠陥を克服して、歴史把握を正常に定位させるうえでの功績であった。

上山は、「明治維新の後に確立された天皇制国家を、フランス革命の後に確立されたナポレオン帝国に対比されるべき過渡的（初期）ブルジョア国家の一形態（注11）」と見る。そして「日本版ブリュメール一八日ともいうべき二つのクーデタ、つまり明治一四年の政変と保安条例の発動によって、日本型ボナパルティズムともいうべき藩閥政府の成立にいたる（注12）」と捉える。

河野健二『フランス革命と明治維新』（一九七六年）も、「維新以後の国家権力をどう規定すればよいか。それはブルジョア国家でありながらも、議会主義的な統治形態をとらないで、官僚的、軍事的専制が優越している国家、マルクスの用語で言えば『ボナパルティズム』（ナポレオン一世や三世の独裁国家）あるいは『初期ブルジョア国家』といわれるものに相当するだろう（注13）」と言及している。

上山によると、第一帝政のボナパルティズムを「初期ブルジョア国家の典型とみなしてよい（注14）」。しかしながら、初期ブルジョア国家の典型と見做さるべきは最先進国イギリスの名誉革命体制の国家であろう。

また、「私は、『ボナパルティスト』という言葉によって、過渡的ブルジョア国家の指導者をさす。従って、その典型を、一般に行われているようにナポレオン三世ではなく、ナポレオン一世に求める。ナポレオン三世は『ブリュメール一八日』において分析されているように、固有の物質的基礎を消失した戯画化された『ボナパルティスト』に他ならない(注15)。そして、大久保利通、伊藤博文、山県有朋などを日本ボナパルティズムの代表的担い手としている。ナポレオン一世を、ボナパルティストの典型とするのは正しいが、初期ブルジョア国家の指導者の典型と見做すことはできない。それに、ナポレオン三世についての批評や大久保らをボナパルティストとする把握は、いずれも服部に先例があるが、全く不適当であろう。こうした所見は、ナポレオン一世の国家指導者としての特異性を不問に付していることを意味している。

かかる上山の所説には、大きく二つの難点が所在する。一つには、フランスの歴史的経験を過度に一般化してしまい、しかも、それをあてはめて日本のボナパルティズムを云々している。また一つには、ボナパルティズムとは何かについて、通説を再審して理論的に厳密化するのではなく、逆にそれを前提にしつつ一層拡散させて、歴史的独自性を消去している。

上山は初期段階のブルジョア国家の独自な存立を明確にする功績を果たしたが、その「初期ブルジョア国家」は、もっぱら生産様式や社会階級関係の分析に基づく論定であって、国家そのものの内実の解明には及んでいなかった。その理論的限界が、如上のボナパルティズム説には集約的に示されている。

およそ以上のごとく、近代日本におけるボナパルティズムをめぐっては、服部之総と上山春平のそれぞれによる、非常に限られた、まったく狭い範囲での議論が散見されるにすぎない。ボナパルティズム論の曲解の普及とともに、従前の近代日本史研究において講座派（系）の絶対主義論が圧倒的に支配的であったこと、初期ブルジョア国家に関する議論が甚だ貧寒であったことを、あらためて思い知る。

明治国家に関しては、絶対主義論とボナパルティズム説の他に、更に一つ、近代日本史研究者によってこれまではまったく取り上げられてこなかったが、君主主義的立憲制説が所在する。これについては、第Ⅲ篇の終りにおいて検討する。

注

（1）『明治維新史』青木文庫、一九七二年、一一五頁。
（2）『明治の政治家たち　下巻』岩波新書、一九五四年、一二六頁。
（3）『明治維新史』、一八三頁。
（4）同、一八四頁。
（5）「ボナパルチズムとは何か」、『明治維新史』、二一四頁。
（6）『明治の政治家たち　下巻』、一一九頁。
（7）同、一二〇頁、一二三頁。
（8）『天皇制の経済的基礎分析』三一書房、三頁。
（9）『日本資本主義論』くれは書店、一五四〜一七九頁。
（10）ボナパルティズムとファシズムの同類視傾向が支配的であったことは、大塚久雄によっても表明されている。「本来のファシズムは、一定の歴史的事情にもとづいて資本主義の独占段階にあらわれたボナパルティズムに他ならない」。「国民経済」、『大塚久雄著作集　第六巻』岩波書店、一九六九年、八九頁。
（11）『明治維新の分析視点』講談社、二三六頁。
（12）同、二四八頁。
（13）『フランス革命と明治維新』日本放送出版協会、一四一頁。
（14）『歴史分析の方法』三一書房、四六頁。

（15）『明治維新の分析視点』、一二三八頁。

補論1　『明治維新の新考察』に対する書評へのリプライ

拙著『明治維新の新考察』について、近代日本史の専門的研究者である毛利敏彦さんと永井和さんから親切な批評をいただいた。お二人の書評で、拙著に欠落していたり、説明不足であったりしている論点を教示されて、明治維新についての視野を広げ、更に解明すべき課題を見いだすことができた。御礼を申し上げるとともに、指摘された事柄のうちの幾つかに関し私見を明らかにして、明治維新をめぐっての理論的深化を図りたい。

(1) 江戸時代とのつながりに関して

毛利さんの拙著批判は、何よりも、幕末期日本における経済発展の程度、そしてブルジョア革命の自生的成熟度についての認識に向けられている。

拙著のなかでは、幕末期には「資本主義の初期的発展が存するとはいえ、自生的なブルジョア革命を可能にする諸条件はなお未成熟であった」と捉え、江戸幕藩制国家については、講座派の「純粋封建制」説は斥け、「封建的性格であれかなりの集権的統一を達成しており、絶対主義的体制に傾斜していた」と触れるにとどめ、今後の検討課題として残していた。これに対し、毛利さんは、「江戸時代社会の市場経済化＝ブルジョア化は、西欧諸国とは異なる過程をたどりながらも、日本的諸条件下での自生的ブルジョア革命を可能にする寸前にまで成熟していたし、産業革命後の欧米経済との間に一定の格差があったとしても決定的ではなかった」と説かれ、「江戸幕府は、個別事象での差異はともあれ、広義かつ世界史的視野にたてば、中世から近代への移行期において西欧的絶対王政と並行して出現した日本的絶対王政だったとみなす」と述べられている。

昨今では概して、幕末期の日本について、その発展度を従前より高く評価する傾向が強まっている。そうした研究方向は、当を得たものとして首肯できる。問題は、発展の内容と程度であろう。私はなお不勉強のままだし、史料実証的に、確たる見解を示すことはできないのだが、毛利さんの説論に関して抱く疑問を記す。

①、「江戸時代社会の市場経済化が……すでに相当程度に進展し成熟していた」のはそのとおりであるにちがいない。だが、産業革命前ではなく「産業革命後」（傍点は大藪）の欧米経済と比較しても、「一定の格差があったとしても決定的ではなかった」との判断は、江戸時代の経済的発展についての誇大視であろう。機械制大工業の確立や鉄道の敷設に象徴される、産業革命を経た欧米経済との間には、決定的な程の格差があった。

②、江戸幕府は、毛利さんも指摘されているように、貨幣鋳造権や外国貿易権の独占的掌握、諸大名に対する軍役統帥権や改易・転封権など、集権的国家体制によって全国を統治した。その面では絶対主義国家としての性格を備えていたと言えようが、他面では、有力な外様大名が存立し、天皇・朝廷も実権を持たなかったが存続していた。それらの類例のない特異性の解明がなければ、幕藩制国家を「日本的絶対王政」と規定するには充分でないのではなかろうか。

江戸時代も末期を迎えた一九世紀ともなると、市場経済化、資本主義の成立は随分進展して、商工業者のブルジョア階級も生まれていた。拙論も、ブルジョア革命をまがりなりにも可能にする程度の経済的発展が存したことを否認したのではない。しかし、毛利さんがもっぱら強調されている国内での経済的な発達にもまして、ペリー来航以来の国際的環境の圧力とそれに対応しての政治的な飛躍を重要視した。すなわち、資本主義世界に包摂されるなかでの日本の近代化の至上命令、それに応じた幕藩体制の変革をめぐる政治的激動をつうじて形成された討幕派の勝利、そして新政権を樹立した維新政治家・官僚による近代ブルジョア国家建設の諸々の策の断行を、明治維新への跳躍を可能ならしめた主要な力として捉えた。

そして、欧米列強の強圧を受けての政治先行、国家主導の近代化革命としての明治維新を「史的唯物論の公式に反する革命」と規定するにあたり、拙著では、経済的階級（形成）とは相対的に独自な政治的階級（形成）、「政府が国家権力を手段として推進する」「上からのブルジョア革命」、ブルジョア革命の特質をなすのは政治（的上部構造）の経済（的土台）からの相対的独立性、といった理論的装置を提示した。これらの理論的解明は、唯物史観の公式主義的あてはめにはまりこんできたマルクス主義者達の教条主義を批判し、唯物史観の豊富化を図るのであって、唯物史観そのものの失効を主張するのではない。

次に、毛利さんは、江戸時代の歴史的性格の把握如何を明治維新論の「大前提」として重大視されているが、江戸時代の歴史的性格の把握と明治維新が絶対主義の成立か、ブルジョア革命かの把握とは、関連するとはいえ、別個の問題である。

江戸時代が絶対主義であれば、明治維新はその変革の大規模性からして自ずとブルジョア革命として考察されてくるであろうが、幕末にいたってもなお絶対主義に達していなかったとしても、明治維新が絶対主義の成立ではなくブルジョア革命となることはありうる。近代の世界史的な存立性格に規定されて、諸国の近代的発展は多系的であり、後発国が絶対主義の段階を経過せずに近代化する道も存しうるからである。

拙著では、講座派や大塚史学の一国主義的で単系的な発展史観を批判し、先進国の外圧をうけて進展する後進国の近代化の特質を「複合的発展」としてまとめた。そして、歴史の諸段階の複合という面から、一九世紀後半の近代世界に編入される日本では、絶対君主政を固有の段階として経由することなく跳び越えて、明治維新において絶対主義の形成とそのブルジョア的超出が同時並行的に進行し合成される特異な過程を辿り進んだ、そして帝国憲法制定・帝国議会開設によって近代ブルジョア国家の造出にいたった、というように論じた。

今後自らも研究して江戸時代を絶対主義時代として位置づけるのが正しいということになれば、明治維新での「複合的発展」の歴史的諸段階の複合についての具体的な様相の把握を改めなければならない。

(2) 明治維新の時期区分に関して

毛利さんは、いわゆる明治維新の時期区分に関して、拙著が王政復古から帝国憲法制定・帝国議会開設までを「革命期」としたことについても、批判されている。そして、「その始期は、幕藩制国家滅亡の直接のきっかけをもたらした一八五三年（嘉永六）ペリー来航とすべきであり、その終期は、近代天皇制国家の形成過程が基本的に完了し、その形態と性格を国家基本法上に確定した時点、つまり、一八八九年（明治二二）大日本帝国憲法発布とする」と説かれている。明治維新の終結点については同じであるが、その始点について見解が異なるわけである。

従来、明治維新の時期区分について、始期を天保改革、あるいはペリー来航ないし開国、など、終期を廃藩置県、あるいは西南戦争、あるいは憲法発布、国会開設、などとする諸々の説が主張されてきた。それらの時期区分は無論、明治維新の内容把握と一体であった。明治維新をもって天皇制絶対主義の成立とする論では、中央集権的統一国家の形成がメルクマールとされ、廃藩置県や西南戦争、あるいは琉球併合をもって維新終結とされるのが普通であった。

拙著における「革命期」という問題設定は、明治維新についての従来の時期区分の批判的克服を図ったものであった。①、比較基準とされてきたフランス革命をとると、革命が最高揚した一七九二〜九四年の一局面のみを抜き出し一面的に固定化すべきではなく、一七八九〜九九年の革命の全過程、全側面を把握しなければならない。つまり、革命の全体像を掌握するには、革命が始まり頂点に達し反転して終結するまでの、波瀾にとんだ全行程を示す「革命期」という設定が必要不可欠である。②、明治維新は、絶対主義の成立ではなくブルジョア革命である。明治維新の歴史的な画時代性を表わすには、その時期区分を、従前のパターンから離別して、「革命期」の設定としておこなうのが適切である。③、「革命期」の始まりと終わりは、革命の目標は何であったか――私見では国家的独立と立憲政体樹立――、それはどのように達成されたか、という視点から定める。④、憲法の未制定、廃藩置県による統一的な中央集権的国家権力機構の形成、四民平等政策の実施や土地の私的所有権の法認、といった歴史的な矛盾に満ちた明治初年の国家に関して、それらの一部面のみを取りあげて、絶対主義国家の成立を、さもなければブルジョア国家の成立を説く従前の論議を突破して、「革命期」の国家は根本的な体制的転換の只中にあって歴史的二面性をもつものと位置づける。

以上は、拙著のなかで述べたところである。以下では、毛利さんの意見に接して、補充的説明を加える。

ブルジョア革命は何にもまして国家体制の歴史的な根本的転換であり、「革命期」は国家体制の歴史的な根本的転形の過程にほかならない。ペリー来航を機にした日本の大変動は、政治的には幕政改革として始まり、公武合体派と尊皇攘夷派の激しい政争が噴出し、幕閣・佐幕派に対する公議政体派、討幕派の争闘を迎えるにいたった。ここまでは、幕藩制国家の体制内部での改革にまつわる闘いであり、国家体制の革命的な転換を意味していない。国家体制の歴史的な根本的転換は、王政復古を画期として討幕派が主導して戊辰戦争へ突入するとともに、幕藩制国家から明治国家への移行として進行しだした。ペリー来航から王政復古までの期間は、ブルジョア革命としての明治維新の前史——解りやすい例として、一六四〇年からのイギリス革命に一六二八年の権利請願や一六三七年の船舶税支払い拒否事件などが前史として先行していたように——として位置づけられるし、時期区分としては幕末期に属するだろう。

明治維新の歴史を論じる場合に、幕末史をも含め、ペリー来航から始めるのは記述の仕方として当然である。けれども、明治維新の歴史の説明的記述をどこから始めるかという問題と明治維新の時期区分をどうおこなうかという問題とは区別しなければなるまい。毛利さん——だけではなく、すべてと言ってよい歴史学研究者——の説では、明治維新の前史を含めての歴史記述と明治維新の時期区分とが区別されずに混同され、前者に後者が解消されているように思う。

毛利さんは、拙論が明治維新の固有の目標を「独立と立憲政体の樹立」としながら、明治維新の起点を王政復古に求めるのは自己矛盾ではないか、とも指摘されている。確かに、拙論で第一義的な目標として重視している国家的独立は、黒船来航、開国をきっかけとして緊切な課題として浮上した。しかし、一九世紀後半の国際的環境にあって国家的独立を実現するには立憲政体化を伴わなければならなかったし、その立憲政体樹立が目標として明確化するのは、五箇条の誓文以降であった。そして、明治維新がブルジョア革命としての歴史的性格を備えることとなったのは、独立に加えて立憲政体の樹立が一体的な目標として定まることによってであった。

そうした拙論からすると、明治維新を絶対主義の成立と捉えるのであれば別であるが、これをブルジョア革命と規定しながら、その始点をペリー来航に求める説論の方が、自己矛盾だと言える。

なお、明治維新の時期区分を現今流行の国民国家論の観点からおこなっても、始期はペリー来航ではなく王政復古、五箇条の誓文あたりになるのではなかろうか。

（3）世界史と一国史に関して

永井さんも、「『革命期』の始点としては、毛利氏も書評で指摘されているように、『開国』にまでさかのぼるべきであろう」とされる。これについて、永井さんの論文「近代史の視点——日本の近代はいつからはじまるか——」（『日本思想史研究会会報』12、一九九八年）から関連する論点を取り出して検討し、議論を進めてみたい。

永井さんは、日本の近代の始まりについて、明治維新とする見方の説得力を承認しながらも、開国とする見方をとり、「『開国』からただちに近代に入ったとする説」を明らかにしている。I・ウォーラーステインの世界システム論が、その論拠とされている。

それによると、「近代資本主義世界システム」が他の諸世界をそのシステムの内部に包摂することによって、「単一の世界」である「近代世界」がかたちづくられてきた。「近代資本主義世界システム」の拡大・膨張により包摂される地域についてみると、「その地域が「『近代資本主義世界システム』の内部に包摂された時点から近代がはじまる」。つまり、「ある地域の社会が近代に入ったかどうかを決定するのは、その社会の内部の状態がどこまで『近代化』されているかどうかではなくて、その社会が『近代資本主義世界システム』といかなる位置関係にあるのか」である。

こうした考え方は、戦後歴史学の一国主義的な歴史観への批判として、近代の世界史的な存在性格、近代世界史による各国史の規定性を明確にしている。けれども、反面では、世界システムに包摂される国の歴史についてはその内発性を捨象することになり、戦後歴史学とは逆の一面的に偏った認識になっている、と思う。端的に、日本では、開国に先立って近代資本主義の成立は始まっていた。

ウォーラーステインの世界システム論は、世界資本主義のメカニズムによる各国の社会経済の包括、加えて「インターステイト・システム」による国家相互間の関係により、近代世界システムが、中心、半周辺、周辺の三層構造をなして史的に展開してきたことを論じ、世界史を新たに読み解いた。卓越した業績としてこれを摂取すべきである。

ただ、世界システム論は、一つの構造体として形成された資本主義世界システムの歴史の把握であって、世界システムにその周辺として組み入れられる国の近代化について、その国民経済（形成）、国民国家（形成）に焦点をあわせた分析というアプローチはとらない。世界システム論の対象領域や視点は、一国史や国別の比較史のそれとは異なる。その点で、日本近代史研究において援用するにあたっては、マクロ的な歴史観として継承しつつ、ミクロ的な歴史理論としては補充、再構成が不可欠であろう。

近代においては、世界市場と国民国家との双方が象徴するように、一方で世界史が各国史を包括し規定するが、他方では世界システムの中心・半周辺・周辺に成層化されたそれぞれの国の歴史も固有の位相で展開する。そこで、複雑に絡み合う世界史と一国史のそれぞれについて、独自の理論的解明が必要となる。

ウォーラースティンの世界システム論は、前者に関するものとして受けとめ、後者に関しては当該国の国際的条件、国内的条件、それらの結びつき合いが具体的に分析されなければなるまい。

　永井さんの場合には、ウォーラースティンの世界システム論をそのまま日本近代史の分析の基準として、世界システムの動向から一方的に日本の近代の始まりを規定している、グローバル・レヴェルからすべて説明しようとしていてナショナル・レヴェルの独自の論理の解明をおろそかにしている、という批判をもたざるをえない。

（4）後進国の近代化に関して

　永井さんはまた、「『世界システム』論が、一九八〇年代に普及するにつれ、『複合的発展』という考えはむしろ主流に位置するようになったとみてよい」と言及されている。ここでは、「複合的発展」に関する拙論の真意が理解されていないようだ。

　コミンテルンの「三二年テーゼ」を機に一国主義的な発展史観に立脚し国内的必然性の観点から明治維新を捉える講座派理論を後継した戦後歴史学においても、その修正として、ほぼ一九六〇年代からは、国際的な環境・関係も合わせて重要視されるようになった。そして、明治維新をしてインドや中国とは異なる近代的発展を可能ならしめた諸要因として、一方での国際的条件、外圧の性格、他方での国内的条件、幕府や維新政府の対応、それら双方の関連をめぐっての論議が活発に闘わされた。

　しかし、修正された戦後歴史学においても、明治維新の一国主義的把握からは脱したとはいえ、①、唯物史観あるいは史的唯物論を科学としたうえで、②、「世界史の基本法則」を各国史研究にあてはめ、単系的な歴史観をとる、③、近代化について、絶対君主政を必然的な段階としてそれを打倒するブルジョア革命を位置づける、など、旧来どおりの方法論に立脚していた。これを批判する拙論としては、①、唯物史観はイデオロギー的仮説にすぎず、②、マルクスにより「アジア的、古代的、封建的および近代ブルジョア的」として示された歴史的発展諸段階は、世界的規模での歴史の発展を大づかみにしたものであって、一国の歴史の発展法則を表わすのではない。各国の近代的発展は、多系的であり多様な道筋を辿る、③、絶対君主政の段階を踏まなくともブルジョア革命への飛躍が起こりうる、などのことを折に触れて述べてきた。

そして、拙著では、流行する世界システム論とは別個に、後進国の近代的発展の特質の解明を焦点にして、ロシア革命史に関するトロツキーの先行理論を摂取し、一面で国際的契機と国内的契機の絡み合いによる国内外の諸力の合成、他面で歴史の段階の跳び越えを含む、歴史的諸段階の合成の両面から成るものとして「複合的発展」を定義した。「複合的発展」についての拙論は、修正された戦後歴史学と部分的に共通するとはいえ、歴史把握の基本線で相違する。他方で、それは、世界システム論とは対象領域と視角を異にして、後進国の近代化を主題とし、この方面での世界システム論の弱点を克服する意向を内意している。

ところで、後進国の近代的発展の分析では、国際的要因と国内的要因の関連の他に、政治、国家、社会、経済、文化などそれぞれの部面の関連も問題となる。永井さんの前掲論文のなかでは、明治維新を近世から近代への転換点とするのは、「国内の政治体制、経済体制、社会体制、民衆の生活などあらゆる面において画期的な変化が明治維新を出発点に始まったから」だと説明されている。この論点にも、疑問がある。戦後歴史学では、唯物史観の歴史の発展段階論の公式をあてはめて、ブルジョア革命を中世の封建制から近代の資本制への移行の画期、すなわち政治・国家や経済・社会などの全体にわたる転換の画期とする説、「ブルジョア革命＝社会構成体（総体）転換」説が定説をなし、その提題が明治維新史研究にも適用されてきた。社会構成体（総体）の転換という方法的基準に合わせて明治維新を分析するのは、戦後歴史学の通説である。一例として永井さんが拙著批評のなかで論及されている中村政則『明治維新と戦後改革』（一九九九年）では、「明治維新は、徳川封建社会から近代資本主義社会への転換点であり、近代日本の出発点であった」（一一頁）。永井さんの説は、こうした定説に対する態度がはっきりしない。

拙著では、「ブルジョア革命＝社会講成体（総体）転換」説を否認して、「ブルジョア革命＝国家体制転換」説に立ち、近代史においては、経済、社会の発展的転換と政治、国家の発展的転換とは歴史的にずれて進行するのが普通であり、双方の発展的転換が重なり合って進行するのは、ブルジョア革命が上から遂行される後進国の特質にほかならない、と説いた。

上からのブルジョア革命のなかでも上からの性格が甚だ強度であった明治維新については、政治体制から民衆の生活にいたるまでのあらゆる面での画期的な変化の出発点であるように思われる。しかし、ここでは政治体制と経済体制について見るとして、政治体制の部面では画期的な転換は紛れもないとして、経済体制についてはどうだろうか。天保期以来の資本主義の成立過程が開国につれて外国資本の進入により急激に変動し、明治維新以降は殖産興業政策により保護育成されて諸産業が急速に発展した。それでも、経済体制としての画期的な転換は、産業革命を俟ってであろう。とりもなおさず、開国に先立って資本主義経済の成立は始まり、それは産業革命にいたるまで加速度的に発展しながら続いたのである。そうであれば、明治維新についても、その最終期が産業革命の開始と重なり合うという特徴をもつものの、イギリス革命やフランス革命と基本的に同じく、資本主義形成の部面では画期性に乏しく、資本主義の成立途上にあって、その加速点にとどまるのではないだろうか。

補論2　明治維新史研究の現況と国民国家形成論について

拙著『明治維新の新考察』は、明治維新史研究に門外漢であるうえに、学会、専門研究者との交流も欠いたなかでの取り組みであった。それだけに、今日の学会の研究動向から懸け離れた独りよがりの論議に陥っているのではないかということは、大変に懸念してきたところであった。

この拙著に対する永井和さんの書評に示唆されて、幾つかの文献に接し、戦後歴史学が、その重要な一翼としての明治維新史論ともども、ほぼ一九七〇年代を境にして、大きく様変わりしていることを知ることができた。その様変わりは、戦後歴史学から現代歴史学への移行と総称されているようだが、私の推測をはるかに越えていた。そこで、明治維新史研究の現況の一端について触れ、次いで、最近流行の国民国家論からする明治維新史研究を代表する西川長夫「日本型国民国家の形成」について批評することにしたい。

戦後歴史学において圧倒的地位を占めてきた講座派（および大塚史学）の理論的枠組み——近代史については、先進西欧の近代を理念的に美化し、後進日本の封建性を力説する——が最後的に崩壊する一方、社会史が隆盛し、世界システム論や国民国家論が進出し、歴史修正主義も抬頭して、現在の歴史学研究はこれらの新たな方法的理論の多元的な並存の状況にあるようだ。

このうち、社会史については、反ないし非政治史（学）としての特徴的性格を有していること、そしてまた近代以前、中世史の分野を中心にしていることからして、明治維新史研究に及ぼす影響は、研究対象の社会史的拡大などに限定されるだろう。明治維新史研究に極めて顕著な影響を与えているのは、永井さんの書評にあるように、国民国家論である。

『岩波講座日本歴史』全二六巻、一九七五〜七七年と、『岩波講座日本通史』全二五巻、一九九三〜九五年とは、上述の歴史学の大いなる変容を非常によく示している。明治維新、明治国家について見ると、旧来の天皇制絶対主義論はすっかり姿を消し、近代的国民国家論が取って代わっている。この点は、推察の及ぶ範囲内だが、推測を越えているというのは、絶対主義論の否定と合わせて、天皇制についての重視も消失している点である。

『日本歴史』をとると、その第14巻（近代1）の大石嘉一郎「近代史序説」は、近代史全体についての総説の位置を占めるが、「天皇制国家の確立と変容」を主要な論題の一つとして設定している。その他に、（近代）天皇制を題名（の一部）とする論文だけでも、第15巻（近代2）の芝原拓自「近代天皇制論」、第15巻（近代3）の安丸良夫「天皇制下の民衆と宗教」がある。近代に関する巻をとおして、（絶対主義）天皇制は大命題として定置されている。

対するに『日本通史』では、その第16巻（近代1）の「通史的概観」、つまり総論である安丸良夫「一八五〇－七〇年代の日本――明治維新」は、「ペリー来航から帝国憲法発布と帝国議会開設ごろまでの時期は、日本社会の全体が近代的国民国家へと編成替えされてゆくひとまとまりの転換期として把握しえよう」という視座を定立している。それを挟んで、第15巻（近世5）では藤田覚「一九世紀前半の日本――国民国家形成の前提」が「通史的概観」を示し、第17巻（近代2）では「論説」として配置されている山室信一「明治国家の制度と理念」が、明治国家の国民国家としての特性を分析する。そうした反面、戦後歴史学であれほど偏重されてきた天皇制については、安丸論文では一言もでてこない。第17巻の「通史的概観」、大江志乃夫「一八八〇－一九〇〇年代の日本－帝国憲法体制」でも、天皇制の語は教育勅語の説明に付随して一回用いられるだけである。

国民国家論の盛行により、明治維新は日本の国民国家形成として論じられる。明治維新は絶対主義の成立か、ブルジョア革命かの、一九三〇年代から繰り広げられてきた大論争にも決着がつくにいたったと見做せるだろうが、ブルジョア革命という表現は排されている。ブルジョア革命あるいは市民革命の国民国家形成への読みかえが、この分野での戦後歴史学から現代歴史学への移行を示している。

戦後歴史学では、フランス革命やイギリス革命などブルジョア革命（市民革命）の研究が大テーマとして盛んに研究され、一九六〇年代に産業革命へとテーマが移されたが、今日の歴史学では、ブルジョア革命（市民革命）論は姿を消し、産業革命論にも疑念が呈されている。総じて「革命」という見方・考え方の否認が、学会のトレンドのようである。こうした動向は、特に東欧・ソ連「社会主義」体制崩壊とともに決定的となった、二〇世紀末葉からの時代相を映していると見ることができよう。

講座派以来のスターリン主義的マルクス主義が支配的であった戦後歴史学は崩壊し、それに代わる歴史学の建設が追求されているが、そのなかで、先に見た天皇制の扱いの極端な変化に示されるように、かつての講座派理論への度を越した追随の反動として、振り子が揺れるように、今度はそれに対する否定も清算主義的になって逆のゆきすぎに陥る理論的傾向も散見されるのである。

さて、現今流行の国民国家論について、拙著ではそれとして検討し踏まえることができなかった。それを補うべく、国民国家論に関して若干の評注を試みよう。

国民国家論といっても、論者によって多様のようだが、理論的に最もまとまっており、日本近代史研究に及ぼしている反響が一番大きいのは、西川長夫の国民国家論であろう。

学会の動向に疎く不勉強であることを自己暴露することになるが、拙著を執筆する際には、国民国家形成論が最近の明治維新史研究のトピックとなっていることを掴むことができなかった。西川長夫「日本型国民国家の形成—比較史的観点から—」（西川・松宮秀治編『幕末・明治期の国民国家形成と文化変容』、一九九五年、所収）についても未読であった。この西川論文について論評して、拙著への追補としたい。

西川論文は、「Ⅰ　国民国家とは何か——フランス革命を参照体系として」において、「国民国家の原理的問題」としての基本的視座、そして「国民国家モデル」が提示され、「Ⅱ　形成期における日本の国民国家」において、明治維新が「日本型国民国家の形成」としてスケッチされる、という構成である。

まず押さえるべきは、桑原武夫編『フランス革命の研究』（一九五九年）や河野健二『フランス革命と明治維新』（一九六六年）などに代表される、京都大学人文科学研究所グループのフランス革命、更に明治維新などに関する研究成果を継承したうえで、それを組み込んだ新たな問題設定の構築として、国民国家の形成が立論されていることである。喩えると、しっかりと築かれた地盤、土台の上での新家屋建設と言えようか。この国民国家形成論によって、明治維新史研究は、戦後歴史学を支配してきた講座派的枠組みから最終的に脱出し、別の次元で展開される磁場を得たことになろう。その理論的貢献は大きい。

本論文の積極的な意義を評価しつつも、特にⅠの諸論目の幾つかについて、異議を唱えたい点がある。「国民国家の原理的問題」として国民国家の諸特徴が考察され、その第二として、「国家統合のためのさまざまな装置（議会、政府、軍隊、警察、等々といった支配・抑圧装置から家族、学校、ジャーナリズム、宗教といったイデオロギー装置までを含む）」および「国民統合のための強力なイデオロギー」が挙げられている。「支配・抑圧装置とイデオロギー装置という区別」は、L・アルチュセールの「イデオロギーと国家のイデオロギー装置」（一九七〇年）からの転用である。

ところが、アルチュセールの国家論は、マルクス主義国家論史のうえでは、スターリン主義の「国家＝抑圧装置」論を補修、拡充したもので、根本的欠陥に満ちていた。その核心として、①、国家を「抑圧装置」と「イデオロギー装置」に強引に二分割する。その単純な二分法のため、列記される国家装置から議会は抜け落ちている。また、「政府、行政機関」については「抑圧装置」として割り切っている。②、家族、公的・私的学校、法律、政党、新聞・ラジオ・テレビ、組合、教会、文学・美術・スポーツ、などを「国家のイデオロギー装置」と規定し、非国家的な政治制度のみならず、非国家的で非政治的な資本主義社会の諸制度をも「国家装置」に包括する。

ちなみに、スターリン主義の国家論教科書、ソ連邦科学アカデミー法研究所編『国家と法の理論』（一九四九年）では、「国家＝（暴力）機構」説に立脚したうえで、「広義の、言葉のより広い意味での国家機構と、言葉のより厳密な、狭い意味での国家機構とを区別」し、「広義の国家」は、「たんに特殊国家的な諸機関のみでなく」、それに接合している「社会諸組織（政党および政治的連合、生産的および文化的団体、教会等）」をも「包含する」、と説いている。こうした国家の定義は、ソ連国家をモデルにしていると解されるが、アルチュセールはその広義の国家を「国家の抑圧装置」と「国家のイデオロギー装置」との「二つの集合体」として焼直しているのである（詳しくは、拙著『現代の国家論』、一九八九年、「第６章〝国家論ルネサンス〟」の「３　国家機構論の拡張的展開」参照）。

西川論文では、アルチュセールの杜撰な論点は手直しされて、「抑圧装置」は「支配・抑圧装置」に改められ、議会も「支配・抑圧装置」のなかに位置づけられている。しかし、「「文明」や「文化」の概念を含めて国家のイデオロギーと呼んだほうが適切」との言に象徴されるように、国家概念を誤って拡張し異様に肥大化させたアルチュセール国家論への依拠が基本線として貫かれている。

別の西川論文「国家イデオロギーとしての文明と文化」（『思想』一九九三年五月号）を検討しても、文明と文化を「国家イデオロギー」と呼ぶべき理由は明らかではない。むしろ、日本で文明という言葉の普及に最も功績のあった福沢諭吉の文明論の中心的な課題は「国民の創出」であったと論じられているごとく、文明と文化は〝国民イデオロギー〟と呼ばれるべきであろう。

拙著のなかでは、絶対主義国家と異なる近代ブルジョア国家の特徴を、国民国家、立憲国家、権力分立国家、人権国家、として挙げた。国民国家を第一の特徴としたことによって、明治維新を国民国家形成として捉える面を伴うことになり、その限りにおいて学会で流行っている国民国家形成論と一部分重なり合う結果を生んだ。

西川論文に接して、ブルジョア国家を国民国家として代言し、ブルジョア革命を国民国家形成として論じるのは、それでよいと思う。ただ、その際には、文明や文化の概念のイデオロギー的な性格に注着するのと同じように、国民国家概念についてもそのイデオロギー性を問い質して使用すべきだろう。

それにまた、国民国家（形成）として問題構制する場合でも、立憲国家、権力分立国家など、これまで広く議論されてきた近代国家についての他の諸特徴を、どのように押さえて分析に組み込んでいくか。その多様な視点を備えることの方が、アルチュセール国家論に依拠するよりも、国民国家形成の多彩な側面、様相をより適切に析出できるのではないか、と考える。

国民国家の諸特徴の第三としては、I・ウォーラーステインの世界システム論を取り入れて、「世界的な国民国家システム（国家間システム）のなかに位置づけられ、それぞれに自国の独自性を主張しながらも、相互に模倣し類似的になる傾向」が指摘されている。国民国家についても、一国史観を排し、ヘゲモニー（覇権）国家をはじめとした他の諸国家との世界的な相互関連性において考察するのは、当を得ている。

ただ、近代世界史に関するウォーラースティンの資本主義世界システム論のなかの国家間システム論と一国史に関する国民国家の形成論とは、研究の対象領域と視角が異なっている。世界システム論は大きなスケールで近代世界史の総体を把握するが、世界システムに、とりわけその周辺に包摂される個別的な国の歴史の分析においてそれを生かすには、視座の組み替えが必要である。「自生の国民国家が集まって国家間システムが形成されるのではなく、世界システムあるいは国家間システムが国民国家を生み出す」と要約されているウォーラースティンの議論にそのまま引っ張られてしまうと、資本の無国籍性と国家の国民（民族）性として対質される、資本主義経済とブルジョア国家の存在性格の本質的相違を見失い、資本主義経済形成よりもずっと国民（民族）的な独自性、多種多様性を刻みこまれる当該国家形成の特質を捉えきれないだろう。

次の問題に移る。「国民国家モデル」に関し、「〔フランス〕革命期に実現されたさまざまな制度、国家装置、国民的シンボルなどをまとめて」、「国民統合の前提と諸要素」が表として示され説明されている。フランス革命研究の蓄積の成果であり、西川国民国家論の射程の広さをよく表わしていて、学ぶところが大きい。

それでも批判すべき重要な点が所在する。

一つには、（一）経済統合とその諸要素に続いて、（二）国家統合とその諸要素、（三）国民統合とその諸要素、というふうに構成されている。しかしながら、（三）のなかの「政党、新聞（ジャーナリズム）」が端的にそうであるように、政党や新聞などは国家（統合）に先在し国民統合、国家統合を推進的に担うのであり、国家（統合）に後続して位置づけられる存在ではないだろう。
言い換えると、経済統合と国家統合の間には社会——経済社会ではなく政治社会あるいは市民社会——統合が設けられて然るべきであって、政党その他の政治諸団体、新聞・雑誌、非国教的な宗教団体、私立学校、など、非国家的な民間の諸々の組織はそこに位置づけられるべきであろう。そうであればまた、国家統合と国民統合の相互関係についても再考を要することになる。

この論点は、なにもかも「国家装置」に包括してしまい、国家とは分離独立した（政治あるいは市民）社会の存在を解消しているアルチュセール国家論に照応している欠陥と言える。

また一つには、「国家統合」の諸要素のうちに君主が位置づけられていない。フランス革命やイギリス革命では、革命の最高揚の局面で君主制の廃止にいたったとはいっても、その後君主（制）に代替するものが求められてゆき、結局国民国家は君主政・帝政国家として形成された。そして、拙著のなかで主張したように、初期段階の国民国家においては、君主制は単に封建遺制としてではなく積極的に存在する必然性を有する。

「国家のイデオロギー装置」を重視するのであればとりわけ、君主（制）を無視ないし軽視してはならないだろう。なお、アルチュセールが列挙する「国家装置」のなかにも君主は存在していない。

日本型国民国家の形成論に進み、ここでは二つの事柄に関して批評する。

第一に、フランス革命と明治維新の類似性が指摘され、「フランスの国民国家の国民国家としての典型的な性格」が説かれる。「フランス革命は、相対的な後進国によって行なわれた革命と国民国家形成の起点にあった」との認識は正しいのだが、「下からの革命」の高揚が「上からの革命」によって補完されたフランス革命、それによって形成されたナポレオンの第一帝政国家が示すのは、フランスの国民国家形成の非典型性であり、非典型だからフランスよりもっと後れた国での国民国家形成との類似性が少なくない、と捉えるのが適切だと思う。「リン・ハント〔『フランス革命の政治文化』〕が指摘しているように、政党－議会中心のイギリスに対して、フランスは執行権力中心であり、政党や議会に対する蔑視の傾向が認められる」と述べられているが、拙著はそのイギリスを典型と見做している。

　そうした拙論からすると、「日本の国民国家の国民国家としての典型的な性格」というのは解せない。「国家装置と国民統合の観点から考察する限り」とされているのだが、「国家装置と国民統合の観点から考察」してもそうである。徹底して「上からの革命」であった明治維新においては、「国家装置」では政府が首尾一貫して中枢機関として変革を主導して、議会は最後時に開設されたにすぎなかったし、「国民統合」も政府により、近代天皇制の形成を含めて、「上から」強権的に推し進められたからである。

　概して、明治維新について、「参照体系」とされるフランス革命との共通性を明示することに主眼がおかれている。これは、明治維新の西欧でのブルジョア革命との歴史的異質性の強調に終始してきた講座派などの旧来の所論への反動としてやむをえないのかもしれない。しかしそのために、「日本型国民国家の形成」の「日本型」の内実が明瞭ではない。

　だが、明治維新については、服部之総『明治維新史』が提言したように、そもそもの初めから、「いかなるブルジョア革命であったか」（傍点は原文）が問題だったのだ。ましてや今日の研究は、フランスであれ、プロイセン＝ドイツであれ、ヨーロッパ諸国の国民国家形成との同類性は前提として踏まえつつ、その種差性、日本的固有性の析出をめぐっておこなわれるべきであろう。

　第二としては、先行の時代との連続と断絶の問題として、「徳川時代を前期国民国家としてとらえる」必要が示されている。「おそらく徳川期にフランスの絶対王政に近い体制が確立していて、ある種の近代性が成熟していた」のはそうだとして、徳川時代を「前期国民国家」だとするのには疑問が生じる。一つには、「前期国民国家」とはどのようなものか、不明瞭である。国民国家、立憲国家、権力分立国家などの観点からすると、幕藩制国家のなかに近代ブルジョア国家へと推転する要素を見出すことは困難である。また一つには、歴史的な断絶性よりもむしろ連続性が押し出されることになる。しかし、先進欧米列強の外圧のもとで、世界史の進展との巨大な落差を埋めんとして敢行された明治維新は、内発的よりも外発的であり、国内での徳川時代との関係では連続性よりも断絶性がはるかに大きかったのだった。

もっぱら批判点を列挙してきたが、最後に強調したいのは、西川論文の積極的な貢献は、国家形成論にもまして国民形成論にあるということである。国民の誕生が、「(一) 空間の国民化」「(二) 時間の国民化」「(三) 習俗の国民化」「(四) 身体の国民化」など、様々な側面での「国民化」として分析的に明らかにされ、新生面の開拓が果たされている。拙論にはまったく欠如している論域であり、自論がいかに視野狭窄であるかを痛感させられる。

第Ⅲ篇　明治国家の分析

第1章　分析の方法的視座

(1) 複合的発展

前著『明治維新の新考察』のなかで、近代世界史が盛期を迎え資本主義世界システムが確立した一九世紀半ば以降に近代化を進める後進国の発展の特質を、複合的発展として定式化した。複合的発展とは、後進国の近代化では、国際的環境の圧力のもとで、一面では、国内外の諸力を、他面では、歴史の諸段階を、独特に結合して発展を遂げることを指す。明治維新においては、欧米諸列強の外からの強圧と日本の内からの駆動とが複合されて、先進国の到達成果と自国の旧来の伝統とが合成されるとともに、前近代と近代との歴史的に異なった諸段階が複合されて、絶対主義を混成しつつ初期ブルジョア国家が構築されていったのである。別言すると、ヨーロッパモデルの移入・消化と日本の歴史的伝統の継承・改編をいかに有機的に統一にして、日本固有の近代をどのようなものとして築き上げるかが、明治維新をつらぬくディレンマであった。全体としての明治国家の考察にあたっても、こうした発展の複合性という視座が欠かせない。

前著ですでに、一八六七（慶応3）年の王政復古・維新政府の成立から一八八九・九〇（明治22・23）年の帝国憲法制定・帝国議会開設までの維新革命史を、複合的発展の見地から分析して、明治維新の諸特徴を析出した。それらのなかでもとりわけ次の三つを、その後の明治国家に引き継がれる最も基本的な特徴として挙げることができる。

第一は、巨大な外圧に対抗しつつ国家として独立し富強を図るためには、国家権力の強大化が不可欠であり、国家を推進力として近代的変革を遂行するという、国家（中心）主義である。産業革命の遂行においても国家権力が果たす役割はことさらに大きかった。近代化は全般的に「上から」の性格をもち、社会のなかでも国家が極めて大きな役割を果たすという、国家と社会の特徴的な結びつき方であった。

第二に、明治維新は、王政復古とともに、絶対主義の形成とそのブルジョア的超出とが同時並行的に進行し重層的に構造化する形で始まったが、次第に国家的独立と立憲政体樹立に目標が定まるにつれて歴史的性格を明確化して、憲法制定・国会開設によるブルジョア国家の構築をもって終結した。その際、幕末の経済的、政治的発展状態では自生的なブルジョア革命の諸条件は内熟してはいなかったにもかかわらず、資本主義世界システムへの参入を強いられて、歴史的に飛翔し、日本の旧来の伝統を固守しつつ欧米先進諸国の達成諸制度の導入を敢行したのであった。そのために、超速度の近代化の反面、前近代的なものを温存し利用したから、明治国家・社会は前近代的要素を色濃く保有することとなった。「頂点はつねに世界の最先端を競い、底辺には伝統的様式が強靭に根を張るという日本社会の不均等性の構造法則」[(注１)]がそこに形成されていった。

第三に、維新革命を主導的に推進したのは、下級武士・公家出自の政治家・官僚であった。そうした維新革命の功労者である政治家・官僚の第二年代が、元勲・元老として、天皇制を確立しつつ、近代国民国家・立憲国家を構築するとともに国家権力を梃子とした資本主義建設を方向づけして、新時代を牽引していった。近代の歴史的特質である政治（的国家）と経済（的社会）との分離が進展していったが、政治的支配＝統治階級の経済的支配階級に対する先行的形成と統導、「上から」の資本主義建設など、政治の経済に対する優位が続いた。

永らく支配的な地位を占めてきた講座派とその系統の戦後歴史学は、明治維新・明治国家を天皇制絶対主義の成立・展開として捉えた。その論は、様々な誤謬を集積して成っていたが、方法的視座としては、近代世界史による規定性を捨象した一国資本主義史観、そして近代化に立ち後れた国も西欧先進国の後を追って、同じような歴史的段階を継起的に踏み同じような形姿で発展すると想定する単系的・単型的発展史観に立脚していた。その歴史観からして、モデルとした先進的な西欧近代を美化する一方、日本の近代化が帯有する遅れや歪みを過度に強調して、日本独自の近代革命、近代初期国家である明治維新、明治国家を絶対主義の成立、確立と誤って捉えて批判したのであった。

複合的発展という視座の定立は、一国主義的で単系的・単型的な発展史観を排し、国際・国内関係の合成による多系的・多型的な発展史観に立つことを意味する。世界史と国内史の現状に対応しつつ、多様な歴史的行程を経て多様な形姿で近代へと発展するのであり、それぞれの国の近代化の道は特有である。僅少な事例にすぎないが、前著第五章でイギリス、フランス、そしてプロイセン＝ドイツにおけるブルジョア革命について比較考察し、それに続いて本書第Ⅰ篇で同じ三国の初期ブルジョア国家について分析して、イギリスの名誉革命体制＝議会主義的君主政、フランスの第一帝政＝ボナパルティズム、復古王政＝君主主義的立憲政、ドイツのビスマルク帝国＝立憲政府政として総括的に規定したように。

そして、諸々の国の近代的発展の独自性を踏まえたうえで、その多種多様性を、一九世紀段階であれば、先進国型（イギリス）、中進国型（フランス）や後進国型（ドイツ）などとして類型化して理論的に整理する必要があろう。

後進的な国での外圧にさらされた、厳しい国際的環境下での国家権力主導の「上から」の近代ブルジョア化において、日本はドイツと同類型である。だが、肝要な点は、前著で一八四八～七一年のドイツ・ブルジョア革命と明治維新を対質しておこなったのと同じように、ビスマルク帝国に対する明治国家の個性的特質を解明することにある。

この節の最後に、史的唯物論（唯物史観）の適用との関連について触れる。

明治維新は、先進諸列強の外からの強圧に対処するために不可避的な強力な国家の構築と国家主導による近代的変革、絶対主義から近代初期への歴史的発展段階の圧縮ないし跳び越え、その他の点で、生産力と生産関係の対抗的矛盾、経済的土台に規定された政治的上部構造の転換といった史的唯物論の公式に反する革命であった。ところが、講座派やその系統の明治維新史論は、史的唯物論の公式を機械的に適用して史的事実を裁断し、イデオロギッシュな歴史像を拵えた。複合的発展の視座は、史的唯物論の公式主義的あてはめに対する批判を内意する。もし史的唯物論の公式と関連づけるというのであれば、一般的に、ブルジョア革命は国家体制の転換を主題とした、すぐれて政治的な変革であること、特殊的には、後進国における近代的変革は、上から推進され国家中心主義的であることからして、政治的上部構造の相対的独立性やそれの経済的土台への作用の命題が適用されるべきである。前著ですでにこれらのことを述べた。

そうした方法的観点は、明治国家の研究においても妥当する。概してどの国でも、近代初期にあっては資本主義経済構造の土台としての規定性は限定的であって、政治的上部構造の独立性は大きい。そのうえ、日本については、帝国主義の時代へと移り進む近代世界の国際的な重圧をうけた後進国として、軍備の増強に努め、資本主義経済の急速な成長発達を促すうえで、国家は特段に大きな役割を果たさなければならなかったからである。

(2) 自由主義(化)と民主主義(化)の区別

明治維新、明治国家の研究において、マルクス主義史学にとどまらず実証史学を含めて広く見受けられる一つの大きな欠陥は、自由主義(化)が民主主義(化)と混同されていること、そして近代革命、近代初期段階の政治・国家の最も基本的な課題は自由主義化であることが看却されていることである。

その最も代表的な事例として、自由民権運動について、ほとんどすべての研究が判を押したように、民主主義(革命)運動と性格規定している。「自由民権運動が…日本近代におけるブルジョア民主主義革命運動としてとらえられるであろうということは、戦後の研究においてほぼ共通した認識を形成してきている」(注2)。

しかしながら、自由民権運動は、維新政府の「有司専制」を激しく批判し先駆的に国会開設、憲法制定を目指して闘ったが、独立＝不平等条約改正と立憲政体樹立という目標を共有していて、その目標の達成をめぐって「上から」か「下から」か、漸進か急進かで政府と対立したのであったし、国家構想としてはおしなべて成年男子の制限選挙制、「君民共治」＝立憲君主制などをその内実としていたように、基本的性格として自由主義(革命)運動にほかならなかった。だが、自由民権運動を自由主義革命運動として明確に規定した研究は管見の限り存在しない。

研究史を振り返ると、かつて日本の社会科学を一手に代表していた講座派マルクス主義史学において、天皇制絶対主義対自由民権のブルジョア民主主義革命運動という明治維新についての構図が拵えられ、それが通説としてすっかり定着してきた。コミンテルン・マルクス主義の翼下での平野義太郎『日本資本主義社会の機構』を嚆矢として、講座派とその系統の論者たちは、一方で維新政府の国権主義的な自由主義あるいはまた君主主義を絶対主義と曲解するとともに、他方では自由民権運動と民衆運動を二重写しにしつつこれを民主主義革命運動と誤認して、天皇制絶対主義対ブルジョア民主主義（革命）の誤った問題構制にはまりこんだ。そうすることによって、絶対主義か民主主義かの二項対立図式を作り、民主主義を価値基準にして、別言すると自由主義を抹消して、一面的に偏した明治維新、明治国家の分析をおこなってきたのだった。

そして、それらの圧倒的な影響のもとで、天皇制絶対主義論には批判的な実証史学にあってさえも、自由民権運動を民主主義運動とする説は克服されずにきたのである。

近代日本政治史について優れた実証的研究を達成してきた坂野潤治の最近作『明治デモクラシー』（二〇〇五年）は、日本近代化の第一番の自由主義者にして最大の思想家であった福沢諭吉を民主主義思想の代表的な人物の一人と見做しているし、自由民権運動や大同団結運動を「明治デモクラシー」のなかに位置づけている。[注3]したがって、全章を通じて、「デモクラシー」の語を濫用する一方、自由主義の語は僅か数回使用しているにすぎない。自由主義と民主主義の区別・連関という、とりわけ近代初期には重大な問題を見失っているのである。その限りでは、『明治デモクラシー』は、意図に反して天皇制絶対主義論の裏返しの誤謬を含んでいると言わざるをえない。

政治的自由主義の不在、自由主義（リベラリズム）の民主主義（デモクラシー）による代置は、わが国では、近代日本史研究においてのみならず、近代ヨーロッパ史研究においても支配的であった。政治理論にあっても、自由主義の論理と民主主義の論理を区別、関連において的確に解き明かしている研究は、稀である。自由主義と民主主義の理論的混同、二重写しの傾向は、日本の社会思想、社会科学の全般に通有の欠陥をかたちづくってきたと言える。

自由主義の語自体が生まれたのは、一九世紀初頭であり、イギリスでは、旧状墨守の保守主義を批判するとともに、当時の状況でラディカリズムと別称された民主主義に対抗して、政治上の穏健な進歩主義を表現した。自由主義と民主主義の区別は、基本線として、近代政治・国家の初期と盛期の歴史的発展段階に対応している。イギリスでは、ピューリタン革命と名誉革命を画期として自由主義（国家）の体制が築かれ、チャーティスト運動をはさみ、第一次選挙法改正、第二次・第三次の選挙法改正によって自由主義国家の民主主義化が進展して自由民主主義（国家）の体制となった。フランスでは、大革命や一八三〇年七月革命によって自由主義（国家）の体制が定着し、一八四八年二月革命以降にその民主主義化の段階に入った。

あらためて言うまでもないが、自由主義（国家）と自由主義的民主主義（国家）の論理はそれぞれに、典型的には、J・ロック『統治二論』（一六九〇年）とJ・ベンサム『憲法典』（一八二七〜四一年）によって示されている。最も基本的な骨格を対比すると、前者は国民主権─立憲君主制─財産による制限選挙制、後者は人民主権─共和制─（成年男子）普通選挙制である。

勿論、他方で、政治史として自由主義化を基本的課題とした近代初期段階にあっても、ブルジョア革命の最高揚局面で、イギリスの平等派、フランスの山岳派のように、民主主義の思想・運動が急進した。山岳派は、一時的に革命権力を掌握しさえした。しかしながら、そうした民主主義は、自由主義が近代的変革の主流をなし新体制・制度として定着するのとは異なって、体制批判の思想・運動の域をでるものではなかった。ブルジョア革命、初期ブルジョア国家は、自由主義を基本的性格とするのであって民主主義たりえないところに、歴史上の存在位置がある。

こうした歴史的事実を踏まえて、次のように要言できる。自由主義化とは、ブルジョア（有産者）階級のなかでの市民的、政治的自由の拡張、ブルジョア的な政治的諸勢力・諸党派の政治的競争の拡大、政治権力主体の多元化、立憲君主権力の縮減などを、民主主義化とは、プロレタリア（無産者）階級への市民的、政治的自由の拡張、プロレタリア階級を代表する政治的諸勢力・諸党派の登場、経済的不平等・貧困問題への取り組み、共和制化などを、それぞれに主な指標とする。

明治維新の当時にあっては、当然にも、自由主義は独自の存在位置を占め、維新革命の基調として認識されていた。二、三の事例を示す。

西周「政略論」（一八七七〔明治10〕年もしくは一八七九〔明治12〕年）は、西欧各国における四個の政党論として、「進動ノ方」の「ラヂカル〔radical〕ノ漸進正論党」と「リベラル〔liberal〕ノ漸進寛大党」、「次序ヲ静守スル方」の「コンセルワチフ〔conservative〕ノ保守党」と「ウルタラモンタン〔ultramontane〕ノ固執党」を挙げた。[注4]「ウルトラモンタン」とは無論のこと「ラヂカル」とも「コンセルワチフ」とも区別される「リベラル」の位置づけは、当を得ている。

自由党は、まさしく自由主義を自らの拠って立つ政治的な主義主張としており、機関紙『自由新聞』は一八八四（明治17）年一月二六日の第四六二号から三月にかけて、日本が自由主義を国是としやすい客観的諸条件を有しているとした論説「日本ハ宜シク自由主義ヲ行フベキ国柄タルヲ論ズ」を連載した。[注5]

陸羯南「自由主義如何」（一八九〇〔明治23〕年）によれば、「嗚呼自由主義、十年前より人口に膾炙せり」であり、「明治維新の大改革は」「日本に於ける自由主義の発生と云ふも不可ならず」であった。そして、明治維新を劃期的出発点として勃興した自由主義は、立憲制実施の本年まさに完行の時にいたっているというのであった。[注6]

ところが、そうした歴史的事実をも無視して、その後、自由主義と民主主義の区別というイロハ的問題が見失われ、自由主義が民主主義に解消される傾向が支配的になり、今日にいたっている。何故だろうか。

まず、理論的要因としては、コミンテルン・マルクス主義の「ブルジョア革命＝ブルジョア民主主義革命」の図式の無批判的な受容と近代史研究へのあてはめによって自由主義の民主主義への解消が通念化されたことが大きいであろう。大変不幸なことであったが、日本のマルクス主義は、ソ連とコミンテルンでのスターリン（主義）の制覇とほぼ同時的に受容されて定着し、爾来「マルクス＝レーニン主義」と称するスターリン主義の全一的支配下に置かれるようになった。しかも、そうしたスターリン主義的マルクス主義が、戦後においては社会科学において最も強力な地位を占めた。親スターリン主義性が、多くの研究者のなかにも広く深く浸透して常識となり、社会科学的研究の特色となった。

「ブルジョア革命＝民主主義革命」は、コミンテルンが打ち出した二〇世紀の後進国における革命戦略であって、歴史的事実ではなかった。これを規準とした歴史の分析は、特定の党派イデオロギーによる歴史の裁定を意味する。フランス大革命をブルジョア民主主義革命と性格づけるのも、コミンテルンの革命路線、あるいはボリシェヴィキ史観を投射したフランス革命の偏面的把握である。ところが、卓越した研究者、例えば、家永三郎も、「西洋で、イギリス、アメリカ合衆国、フランスを先頭に相次いでおこなわれたブルジョア民主主義革命（注7）」とする。同様の事例は数多である。自由主義の概念が見失われてきたのは、「マルクス＝レーニン主義」への同化による日本の社会科学的研究の頽落の徴表の一つと言える。

次に、自由主義が正常な姿で生成発展して然るべき位置を占めることができなかった近代日本の特殊な歴史的現実に客観的に起因していよう。

明治維新以来、近代日本では、国家としての独立を第一義的な目標としたために、個人の自由を目的的価値として国家権力を制限するという西欧的な自由主義の原則は打ち立てられなかった。逆に、近代的変革を上から推し進めるため、国家権力を強化すべく個人の自由は制限するのが通則とされ、自由主義は国家主義的に歪められ矮小な姿でしか存立しなかった。ところが、他面、イギリス、フランスが一九世紀後葉には自由（主義的）民主主義の時代に推転し議会制民主主義体制を定着させつつある世界政治史の到達段階からして、後進的な近代化に取り組む日本でも、明治維新によって国権主義的自由主義国家を構築するや民主主義への急進が課題として浮上してくる状況があった。

こうした国権主義的な自由主義化の現状に民主主義化への趨向が折り重なってくる特殊日本的な歴史の進行のなかで、従前の論者達は、いびつな歴史的現実を民主主義に照らして論判することに終始することになり、自由主義に居場所を与えることができなかった。そして、明治維新・明治国家を分析するうえで絶対的に不可欠の鍵概念、自由主義を見失ってきたのである。

その他に、自由主義の概念が、経済的な自由主義として、重商主義や帝国主義と対比される自由競争段階の資本主義の体制あるいは経済政策として広く定着してきたことも関連しよう。

後進国型近代化として同類型であったプロイセン＝ドイツでも、自由主義は国家主義的に変形され、国権的な自由主義として支配的になった。だが、世界史を牽引する近隣の先進諸国が民主主義化の段階に達している国際的環境に加えて、産業資本主義が急速に発展して労働者階級が形成されている国内の経済的、社会的諸関係からして、民主主義も自由主義的なそれと社会主義的なそれに分岐しつつ興起して有力な思想・運動となっていた。そのため、ドイツ帝国では、成年男子普通選挙制や社会保障政策の採用に見られるように、民主主義と対抗しつつそれをも要素として包摂して、国権的自由主義が制度化され体制化された。

日本では、プロイセン＝ドイツよりもさらに数段、自由主義の国権主義的性向が強力であり徹底的であって、日本型立憲政体の樹立を主導した藩閥政府は国権的自由主義をうちかためた。ただ、その国権的自由主義は、より国権主義的な山県閥＝藩閥保守派とより自由主義的な伊藤閥＝藩閥改革派の内部的分化・対抗を含んでいた。(注8) 他方、自由民権派や民党の自由主義も、「国家観念によりて調節せられたる個人自由の主義」(注9) という国権的傾向を備えていた。特に対外政策では強烈な国権意識に根ざした強硬論が濃厚であったし、天皇制についてはこれを尊重したのだった。藩閥政府と自由民権派は、民権の扱いにおいて対照的に相違していたが、国権の重視において共通しつつ、自由主義の大枠内で対抗しあったのであった。

こうした現状にあって、明治時代をつうじて、自由主義化を押し進めること、そして国権主義的性格を弱めること、更には民主主義化の基礎条件を形成することが、歴史的に直面する基本的な課題であった。絶対主義国家か民主主義国家かの国家体制の選択であったかのような問題の設定は虚構である。

民主主義について言えば、明治維新期に、近代西欧思想の奔流のような流入のなかで、自由主義と時を同じくして輸入され紹介された。ただ、民主主義は、中江兆民や植木枝盛などの例外的な、ごく少数の急進者により取り入れられ、思想として先駆して後世からすると珠玉的な意義を有したが、当時の影響力は小さかった。近代日本史の全般的動向として民主主義化、自由主義から民主主義への進展が現実化するには、明治から大正への時代の移り変わりを俟たなければならなかった。

(3) 政治（体制）・国家（体制）・憲法（体制）

「明治憲法体制」の語が、多くの研究者によって明治国家に関する題辞として汎用されている。「第一条　大日本帝国ハ万世一系ノ天皇之ヲ統治ス」に始まる明治憲法——以下では、大日本帝国憲法という正式名称にしたがって帝国憲法と呼ぶ――が、明治国家の特徴的なイメージをなによりもよく表わしているからであろう。

だが、一般的に言って、第一に、憲法制定権力（憲法を作る権力）と憲法上の権力（憲法によって作られた権力）との関係という、フランス革命時のシェイエス『第三階級と何か』（一七八九年）以来論議されてきた、国家（体制）と憲法（体制）の異同に関する問題が問われる。第二に、憲法は国家の在り方をフィクションとして示す性向、つまりイデオロギー的性格を有している。第三に、憲法はその解釈、運用にかなりの振幅を有し、そのいかんによって国家運営は異なってくる。更に第四には、憲法はその具体的運用を下級法令に譲っていたり、憲法に明記されていないけれども憲法制定に前後して成立した政治的慣行がそのまま通用して定着していたりすることもある。

これらのことから、憲法（規範）と国家（運営）との間には、建前と実態とも呼べるようなギャップが多かれ少なかれ存在する。憲法中心的アプローチをもってしては、憲法の制定・規範・運用を介した国家権力の動的な全体像を捉えきれない。

帝国憲法に即して言うと、自由民権派、民党や藩閥政治家・官僚の様々な憲法構想が対立し競合するなかで、伊藤博文をトップリーダーとする藩閥政府が憲法制定権力を揮い、反対派の構想を封殺して、帝国憲法を欽定した。基本的な経緯として、帝国憲法に則って明治国家が建設されたのではなく、維新革命による新国家建設の最後的な仕上げとして、帝国憲法が定められ、現に存在している国家的諸関係の憲法規範的装飾がこらされたのであった。

そうして、帝国憲法規範においては天皇が国家の元首にして統治権を総覧する絶大な権力者として謳われたが、その憲法の運用は政治的実権を掌握している藩閥内閣＝政府によっておこなわれた。後続の章で明らかにするように、実際には藩閥内閣＝政府が、憲法上広大な大権を保有する天皇の権威を借りて権力を揮い統治したのであり、憲法の条文とそれの実施との乖離は、天皇に関する条項についてとりわけ大きかった。「天皇親政」を看板にして維新政治家・官僚集団が新しい国づくりを主導してきた明治維新以来の経過と実情からすると、そうした憲法の規範と国家の運営の乖離は当初から折りこまれていたと見ることができる。

こうした帝国憲法（規範）と明治国家（運営）のずれ・乖離を重要不可欠な視角としつつ、憲法を介した国家的統治の実態、政治の実状をいかに析出するか、これが研究に課せられた課題であろう。

帝国憲法の特徴に着目しそれを切り口にして明治国家にアプローチするにあたっても、憲法の解釈、運用をとおしての、政治的諸勢力の諸々の対立、矛盾を含んだ国家の動態を分析することが不可欠である。帝国憲法の条文の解釈自体が、穂積八束・上杉慎吉などの絶対主義的解釈対美濃部達吉の自由主義的解釈で有名なように、鋭く対立していたし、帝国憲法の運用をめぐっても、藩閥政府と衆議院で多数を占める民党が激しく抗争した。帝国憲法は藩閥政府によって一方的に作定されたのだが、その憲法の実施による実際政治は、藩閥政府と民党のせめぎあいを通じて双方の力の均衡点に収斂していった。

視野を広げると、藩閥政府とそれに反対しあるいは協力する諸々の政党、政治団体、新聞・雑誌などの言論・報道機関などが、活発な政治的諸活動を展開し、それらを総合した結果として、帝国憲法が制定され、そこから反転して、憲法規範の解釈、運用を介しての国家運営へといたるという、循環的な政治過程が、藩閥政府に主導されつつ進行したのだった。かかる様々な政治諸勢力の闘争、競合と提携、妥協が繰り広げられ反復される政治社会の全体としての構成のなかに、明治国家は中軸として位置していた。

つまり、憲法はそれを制定し運用する国家との関係で捉え返され、更に憲法と国家はそれらの存立基盤である政治社会のなかに位置づけなおされる必要がある。政治⇔国家⇔憲法の循環過程の総体的な把握が要請される。そこでは、憲法中心的アプローチよりもずっと広角的で多角的なアプローチが必要である。

政治（体制）、国家（体制）、憲法（体制）の区別と連関、共通性と差違性が問われる。(注10)政治（体制）、国家（体制）、憲法（体制）は、それぞれ固有に存立しながら連接し交叉しあう。その多層的な一体的連関において、国家（体制）は、政治（体制）と憲法（体制）を架橋する。言い換えると、国政は、一面では政治諸勢力間の闘争・連携に基づいて、他面では法治として、営まれる。そうしたいわば三層の構造を、その結節環である国家（体制）に焦点を当てて分析することが、当をえた方法であるだろう。

このような意味で、政治（体制）、国家（体制）、憲法（体制）の相関関係の明治時代における具体的な態様の解明を課題とする本書では、汎用されている「明治憲法体制」に代えて明治国家体制の題辞を使用する。

かかる方法的視座からすると、天皇制絶対主義論を唱える講座派とその系統の明治国家分析について、さしあたり二つの大きな欠陥を指摘できる。

まず一つとして、前掲の帝国憲法第一条の他、第四条前半の「天皇ハ国ノ元首ニシテ統治権ヲ総覧シ」などの規定を、そのまま政治的な事実と見做している。憲法制定権力と憲法上の権力の問題を問うことなく、また憲法の解釈、運用を介しての国家の運営の実情に立ち入って分析することもなく、帝国憲法のイデオロギー的な性格を没却して、憲法規範主義とでも言うべき偏向に陥っているのである。しかもその際、第四条の後半の「此ノ憲法ノ条項ニ依リ之ヲ行フ」などの、立憲主義的な規定については、これを無視している。憲法規範の解釈としても、特定の条項・規定のみを取り出すご都合主義的なやり方であり、一面に偏している。

帝国憲法の規定のうえでは、天皇の象徴たる地位は表示されていない。憲法規範主義的アプローチでは、明治時代の後半には天皇が国民大衆の精神的機軸となりナショナル・シンボルとして君臨するにいたった現実を捉えることなどは到底できない。

また、天皇制絶対主義論は、先に批判的検討に付した中村論文が「明治憲法にあっては、主権は天皇にあり、したがって国家意思の最終決定権は、憲法上天皇に帰属していた(注11)」と述べているように、帝国憲法の第一条〜第四条の規定を有力な根拠としてきた。ところが、帝国憲法の天皇主権をはじめとする天皇に関する諸規定も、一見すると絶対主義的であるが、内実は近代的性格をもっていた。これについては、後に第四章（2）節のなかで明らかにする。

次の一つとして、マルクス主義のなかでもレーニン以来の伝統である「国家＝機構」論に立脚して、考察の範囲を政治的な構造の全体に広げることなく狭く国家機構に限っている。「国家＝機構」論では、上来の政治・国家・憲法の広角的で多層的な考察とは相違して、レーニン『国家と革命』が端的に示しているように、政党をはじめとして政治団体、言論・報道機関など非国家的な政治的諸機関についての然るべき取り扱いを欠落するのである。

論歩を進めよう。講座派系の研究者たちが強調するように、明治国家には、憲法上に規定をもたず、政治的には極めて強力で重要な諸勢力、諸機関が実在した。元老、参謀本部・軍事参議院（・一八九三年からは海軍司令部）、御前会議、等がそうである。それらの諸勢力、諸機関を、講座派系の天皇制絶対主義論では、絶対主義的な機構と見立てるが、果たして正当であろうか。

そうした憲法外の勢力、機関の存在は、日本における近代立憲主義の脆弱性、不徹底性を表わしていた。しかし、元老についてみると、維新革命を推進的に担った功労者、いわゆる元勲であり、元勲・元老は、現実に国家体制を統合し国政を牽引するうえに不可欠の主体としての役割を積極的に担った、国家の最強実力者であった。憲法上の権力者ではなかったが憲法制定権力者であった。そのようなものとして、元老は、政党と同じように憲法で位置を与えられていないが、政治的な慣行、慣習として、国政を率いるリーダーとして公的に承認され、政治体制のなかに枢要な位置を占めていたのである。付言すると、講座派（系）理論では、維新革命・明治国家の指導者たちを彼らが旧支配身分の構成分子であったという社会的出自を根拠にして絶対主義政治家とする。しかし、それは近代政治の歴史的独自性の無理解の表明である。政治的国家と経済的社会が分離する近代においては、政治的（支配）階級と経済的（支配）階級も分化するのであり、そこでは社会的出身のいかんに関係なく、立脚する政治上の主義、実現に力を尽くす政治的綱領・政策のいかんが、政治家の階級的性格を決定する。

コモン・ローの伝統が強いイギリスでは、F・W・メイトランド『イングランド憲法史』（一九〇八年）が明らかにしているように、「内閣」「総理大臣」「政府」などは「法外的機構」「法的機構でない機構」であって、「法はこの機構を非とはしていないが、認めていない」(注12)。それらの機構は、政治的な慣行、慣習として永年の間積み上げられて、国家機関としての地位を公認され、憲法上の慣習ないし習律として定着するにいたったのであった。

各国の近代化の歴史において、その国の政治的、国家的、法的に固有な伝統や状況のいかんに応じて、政治的慣習や憲法上の慣習として「(憲) 法外的」な政治的機関や国家機関が創出され、政治体制や国家体制のなかに存立するのである。

違った観点からすると、憲法は概して、国家のあるべき姿を理念的に謳うのであって、その現にある実相をそのまま写すのではない。あるいは、帝国憲法に国家権力機構の中枢機関である内閣についての規定が存在しないように、国家の実像を押し隠す面がある。憲法は国家の機構・機能のすべてを表わすものではない。非立憲的な制度の所在は、憲法のイデオロギー性や、（憲）法外の政治的な規律や慣習にも規定される国家の存在性格を示すものであって、立憲政治や民主化の障害となることがあるが、直ちに歴史的な前近代性を意味するものではない。

帝国憲法の規定外の機構として、他にも、参謀本部や軍事参議院などの存在が、昭和時代ファシズム期の統帥権の独立、軍部独裁と関連させて、特に問題視されてきた。

参謀本部の設置や統帥権の独立は、藩閥政府が国家建設のモデルとしたプロイセン＝ドイツに倣ったものであった。第Ⅰ篇第四章で述べたように、プロイセン＝ドイツでは一八六六年の対オーストリア戦争勝利により軍統帥権の独立が確認されて既成事実となった。統帥権の独立を推進した軍事内局は、憲法外機関であった。ドイツ帝国では、重要な軍事問題が議会から切断されて皇帝、軍事内局長、参謀総長に握られる統帥権の独立体制が更に強固にされた。しかし、帝国随一の権力者ビスマルク宰相の主導がつらぬかれ、宰相の軍部に対する優位、政治による軍事の統御が保たれていた。明治国家でも同じように、統帥権は独立し立憲主義の枠外にあったが、本篇第４章（３）節のなかで論じる様に、日清戦争においても日露戦争においても、元老や首相が主導権を掌握し、政略のもとに軍略は置かれ、統帥府も政治的に統御された。

オーストリアおよびフランスとの二つの戦争での勝利を決定的契機として自由と統一の歴史的課題を達成したプロイセン＝ドイツや、列強の外圧に対抗して独立の課題を実現するには軍事力の強化が緊要であった日本の歴史的経験に照らすと、統帥権の独立は、絶対主義の存続の証としてではなく、イギリス型とは類型を異にし、政府が主導し国家権力のなかでもとりわけ軍事権力が極めて重要な役割を担う、後進国での「上からのブルジョア革命」の特徴的な構成要素として捉えるのが適切であろう。

「明治憲法体制」は、明治時代、大正時代、昭和時代をとおして、一九四五年の敗戦まで存続した。多くの研究者による「明治憲法体制」という設定は、大抵の場合、「近代天皇制」という設定と一対である。しかし、「明治憲法体制」あるいはまた「近代天皇制」として一まとめにしたアプローチでは、明治から、大正、それ自体一五年戦争の開始の前後ではっきりと異なる昭和にかけての政治・国家について、また天皇制について、それぞれの時代の独自性を解明するよりも、明治から一五年戦争期昭和までの歴史から好都合な事象を拾い出して、固定的な国家体制論、天皇制論を組みたてることに傾きがちである。それでは、天皇制を含めた国家体制の歴史的変動・変容について、これを的確に把握できないだろう。

明治時代からファシズム期昭和時代までの国家や天皇制を「近代日本国家」や「近代天皇制」として一括りにして論じる――「三二年テーゼ」による問題設定と共通する――のではなく、それぞれの時代の国家や天皇制、あるいは帝国憲法の解釈、運用の変化を含めた憲法・国家・政治の連関構造の固有な位相を析出することが、現在なお研究の肝要な課題であるに違いない。本書が明治時代の国家を主題とする一半の所以である。

注

（１）丸山真男「日本におけるナショナリズム」、丸山他『日本のナショナリズム』河出書房、一九五三年、一七～八頁。

（2）江村栄一『自由民権革命の研究』法政大学出版局、一九八四年、一頁。
（3）『明治デモクラシー』岩波新書、九頁、一〇九頁など。田中浩『日本リベラリズムの系譜』朝日新聞社、二〇〇〇年、でも、福沢諭吉、田口卯吉、陸羯南が「リベラル・デモクラット」（六〇～六一頁）と規定されている。それだけでなく、「近代民主主義の基本原理は、ホッブズ、ロック、ルソーらの社会契約論者によって」「ほぼその形ができあがった」（四一頁）と、ホッブズ、ロックをも民主主義思想家とする。講座派的な「ブルジョア革命＝民主主義革命」説が西欧近代思想史研究にも投影されて、リベラリズムとデモクラシーが無差別的に混同されていると言える。なお、丸山真男『「文明論之概略」を読む』岩波新書、一九八六年、は、「福沢は「私権」の不可侵性を信ずる自由主義者ではあっても、「公民」と主権者との同一性を前提するような民主主義者とはついになりませんでした」（中、二五五頁）としている。
（4）『西周全集　第2巻』宗高書房、一九八一年、二九一頁。
（5）『復刻　自由新聞　第四巻』三一書房、一九七二年、五九～六〇頁、他。
（6）『陸羯南全集　第1巻』みすず書房、一九六八年、二九頁。
（7）家永三郎『歴史のなかの憲法　上』東京大学出版会、一九七七年、四頁。同じように、家永『近代日本憲法思想史研究』岩波書店、一九六七年、は、「近代憲法なるものは、歴史的にはブルジョア民主主義憲法として形成されたもの」（一〇頁）とする。
（8）坂田吉雄「明治前半期における政府の国家主義」では「官僚陣営内部の文治派と武断派」（坂田編『明治前半期のナショナリズム』未来社、一九五八年、三〇頁）。伊藤隆「藩閥と民党」では「藩閥の中にも「進歩派」と「保守派」……が共存」（中村隆英・伊藤隆編『近代日本研究入門』東京大学出版会、一九八三年、三九頁）。伊藤之雄『立憲国家の確立と伊藤博文』吉川弘文館、一九九九年、では「藩閥保守派」と「藩閥改革派」（一五二～三頁）。

(9) 板垣退助監修『自由党史　上』岩波文庫、一九五七年、九頁。
(10) 近代日本の支配思想において、明治国家などを表現する鍵概念として「国体」「政体」が用いられた。「国体」は「万世一系」の天皇を機軸とする、日本の国の固有の本体的存在、「政体」はそれぞれの時代の国家の具体的存在形態の意味であった。それらは、拙論の政治体制・国家体制・憲法体制と言葉は似通うが、全く別の部類の問題設定であることは言うまでもない。
(11) 中村政則「近代天皇制国家論」、五三頁。
(12)『イングランド憲法史』、五一五頁。

第2章　立憲国家の建設

(1) 帝国憲法の制定過程と国家機構の改編拡充

一八八一（明治14）年、自由民権派の国会開設運動の高揚が頂点に達し、憲法起草運動としての全国各地での個人、団体による私擬憲法の作成も集中的に増大した。政府部内でも各参議に立憲政体に関する意見書を求めていたところであったが、同年三月、参議大隈重信が、同年末の憲法欽定、二年後の国会開設とイギリス流の政党政治を主張する意見を建議して衝撃を惹き起こした。政府は、自由民権運動の未曾有の高まり、それに呼応するような内部からの急進論の提議、そこに薩長藩閥の情実政治の端的な現れとして非難の沸騰した開拓使官有物払い下げ問題も加わり、深刻な危局に直面した。

この機にいたって、最高官で保守派の岩倉具視も、法制設計の第一人者井上毅に憲法に関する意見書を起草させ、プロイセン＝ドイツの国憲に倣うべきことを大隈の建議に対置して、その後の帝国憲法の制定に強い影響を及ぼすことになった。井上はまた、伊藤博文宛の書状で、プロイセン風の君主権が議会よりも強力な君主政を指向し「政府主義の憲法」を設けることを薦めた(注1)。

漸進主義をとり立憲政体の樹立を先送りしてきた政府は、同年一〇月、大隈および同系の少壮官僚を追放するとともに、明治二三年を期して国会を開く旨の詔勅を発した。

こうして、一八八一年は、国会開設、憲法制定に向かっての転回の年となった。一八九〇（明治23）年までは議会開設準備の時期となり、維新革命は一大目標としてきた立憲政体の樹立を実現する大詰めの時期に入ったのである。

政府は、国会と憲法をどのようなものとして、どのようにして開設し制定するかについては、具体的な定見を有せず、自由民権派に遅れをとってきた。だが、明治一四年の政変での国会開設の詔勅により、守勢から攻勢に転じ、政局の焦点として浮上した立憲政体建設でも主導権を握っていった。

自由民権派の多くはイギリスの「君民共治」の体制をモデルとしていたが、上述の岩倉の憲法意見書を機に、政府は、プロイセン＝ドイツをモデルとして明確に措定し、ドイツ流の憲法と議会に倣いつつ、建国の体に基づくとする日本固有の立憲政体の策定を追求した。その際、先の国会開設の勅諭には、国会の組織・権限は天皇自らが親裁によって定めると明記されており、官民協調してではなく、従前どおりの「有司専制」で事を運んだ。

朝野の対立が、大隈（派）の追放により薩長藩閥的性格を強めた政府と、相次いで結成される自由党や立憲改進党の民党との、国会開設を睨んでの攻防に転じていくなか、政府は、いまやナンバーワンとなった伊藤博文のリーダーシップのもとで、政治的コースを設定し、丸九年をかけて幾つものステップを踏み、憲法制定と国会開設に万端の準備を整えていった。

一八八二（明治15）年から翌八三（明治16）年にかけて、伊藤博文はヨーロッパ諸国を視察し憲法の調査にあたった。伊藤は、その期間の大半を費やして、ドイツとオーストリアで、憲法学者R・グナイストとその弟子A・モッセ、法学者L・v・シュタインにつき、憲法学や国法学・行政学の講義をうけた。調査・研究は、狭く憲法にとどまらず、広く国家構造全般に及んだ。(注2)

すでに一八八〇（明治13）年に元老院が憲法草案の作成に取り組み、いわば政府の最初の憲法草案として「国憲」の成案を得るまでにいたった折、アメリカ合衆国、イギリス、フランス、プロイセン、オランダ、ベルギーなどは勿論、スペインなど南欧諸国、デンマークなど北欧諸国を含めて、重要な諸国の憲法がほとんど網羅的に参照されていた。（注3）だが、広く諸外国の憲法を斟酌していても日本の国情に適していないとの強い反対を招き、政府により葬られた経緯があった。

伊藤からすると、これまでの憲法構想は、自由民権派の陣営でも政府側でも、ヨーロッパ諸国の憲法を取り集め、それぞれに、そのなかの適切と思われる制度の焼き直しを図ってきたにすぎなかった。伊藤は、グナイスト、シュタインから学ぶなかで、ドイツに手本を求めつつも、日本の歴史や政治事情に応じた立憲政体の核心を掴んでいった。

伊藤は、一八八二（明治15）年八月に岩倉に宛ててしたためた書簡のなかで、次のように記した。「独逸にて有名なるグナイスト、スタイン両師に就き、国家組織の大体を了解する事を得て、皇室の基礎を固定し、大権を不墜の大眼目は充分相立候間、追て御報道可申上候、実に英米仏の自由過激論者の著述而已を金科玉条の如く誤信し、殆んど国家を傾けんとするの勢は、今日我国の現状に御座候へ共、之を挽回するの道理と手段とを得候」（注4）。

欧米流の立憲主義の諸原則と維新革命を通じて形成された天皇中心の国体という日本独自の国家理念とをどう接合するかという、立憲政体の樹立にあたっての大難題を解決する突破口となる妙案を、手に入れたというのであった。ドイツのモデルを摂取し日本の内情にふさわしく改作した国家こそ正解であるという確信、その構築の展望を伊藤は得たのである。それはまた、自由民権派から大隈にいたるまで共有されて有力な案になっていた、イギリスに倣った急進的な国家構想に打ち勝つ成算をえたことでもあった。

こうして、イギリスやドイツなどヨーロッパ諸国の政体、政情、憲法について、調査を更に深め、相互に比較検討したうえで、イギリス型は排撃し、ドイツ型の憲法と議会を、ドイツより更に後進的な日本の国情に合うように変型して実現するという基本的方向が確定した。

帰国した伊藤は、憲法施行・国会開設の前段として、念頭にある憲法の基本構想に照応するところの一連の国家権力機構の改編、拡充に取り組んだ。

一八八五（明治18）年一二月、官制の大改革として、太政官制を廃止し内閣制を創設した。これによって、政府組織は集権化され合理化され、内閣総理大臣と各省大臣が内閣を構成して政府の中核を占めるようになった。

この内閣制にあっては、総理大臣が大きな権限を有し首班として各省大臣を統率するが、しかし、内閣の連帯責任制は否定され、各大臣は天皇に対して単独輔弼責任を負うものとされた。それに、陸・海軍大臣は、後述する軍の統帥権の独立にともなう天皇直属の軍事機関としての地位をあわせもっていたから、内閣と軍の対立が生じた場合、内閣の内部対立が惹き起こされる可能性が潜在していた。このように、太政官制に比して内閣制ははるかに権力集中的、効率的であったが、内閣の一体性には弱いところがあった。初代の内閣総理大臣には、参議たちの一致した推薦により、伊藤が就いた。

他方では、天皇制を改編しつつ機構的に拡充し強化した。

先に一八七七（明治10）年から翌々年にかけて、天皇側近の侍補が天皇親政運動を展開し、政府は宮中改革を断行してこれを圧服するという出来事が生じていた。それに続く内閣制度の導入により、内閣は総理大臣の統率下で宮中から自立する一方、宮内大臣は内閣の構成員からはずされて、府中（政府）と宮中（天皇・皇室・宮内省）との分離が明確になった。

一八八四（明治17）年七月には、新華族制を設け、旧来の公卿諸侯に維新以来の功臣を加えて皇室の藩屏とするとともに、将来の貴族院の基礎をつくった。一八八六（明治19）年からは、皇位の継承、皇族の範囲などの皇室の制度を定める皇室典範を、憲法とは別個に家法として制定することを進めた。更に、一八九〇（明治23）年にかけて、皇室財政の自立化を図って莫大な皇室財産を設定し、皇室の威厳を支える財源を磐石にした。

一八八八（明治21）年四月に枢密院を設置し、憲法や皇室典範など国家基本法案の審議にあたったが、その後、これを天皇の国務行為に関する諮問機関とした。

これらの天皇制強化に関する一連の変革は、天皇を国民国家的統合の不動のシンボルたらしめるとともに、天皇（制）の立憲君主（制）化に備える意味をもっていた。

軍事については、すでに一八七八（明治11）年一二月に、それまでの陸・海軍卿による軍政・軍令の一元的掌握を改めて、ドイツに倣い参謀本部を新設し、参謀本部長が天皇に直隷して陸軍軍令に関する事項を担当することになり、軍令機関としての参謀本部は軍政機関としての陸軍省から独立していた。一八八二（明治15）年一月の「軍人勅諭」は、陸海軍を兵馬の大権を掌握する天皇の統率する軍隊であるとして、大元帥である天皇がすべての軍人に忠誠、礼節、武勇等の精神を訓戒した。内閣制創設に際しては、参謀本部長の帷幄上奏を承認した。

このように、藩閥政府は、軍事権力を天皇大権として独占し、軍事についても議会の関与を許さない立場から、統帥権を独立させる方向を進めた。

行政についても、一八八八年四月に市制・町村制を、九〇年五月に府県制・郡制を内務大臣山県有朋のもとで制定して、官治的地方行政の機構を築いた。これらにより、内閣を頂点とする強力な中央集権的な行政機構を確立した。

ところで、この時期の政府を藩閥政府と規定した。藩閥とは、維新政府の発足以来、権力の中枢にあって維新の諸変革を主導してきた、主に倒幕諸藩の武士層出身の政治的指導＝支配者の集団であった。なかでも薩長閥が主力であった。

藩閥は、維新革命の主力が薩長土肥の旧藩であったことに由来するところの郷党閥であり、イギリスで一九世紀後半にいたって明確な政綱を掲げ全国的組織を備えた政党 political party に発展する以前、名誉革命段階における朋党 faction の日本的な存在形態と見做される。

西郷隆盛・木戸孝允・大久保利通のいわゆる三傑をはじめとする明治維新の指導者たちは、幕末からの歴史的大変動のなかで、近代的な政治的信条・構想を体得しつつそれに基づいて新国家体制の創設を統導した革命のリーダーであり、いわば近代日本の建国の父 founding fathers としての役割を果たした。彼らは、出自は藩や朝廷の下級有司であったとしても、大志を抱く志士となり、新たな天下国家を構案し建造する政治家 statesman へと自らを高めてリーダーシップを発揮し、維新革命の歴史的な大事業を牽引したのであった。

そうした維新の元勲の第二年代が、明治一四年の政変後の憲法制定・国会開設の時期、政治的対立軸が藩閥と民党の対抗へと移動するのに応じて、藩閥政治家と政党政治家へと分化し、伊藤をはじめとして大半は藩閥首脳になり、板垣退助や大隈など少数は政党領袖になっていた。

通例、右記の維新政治家も、「有司専制」の語をうけて「官僚」と表現されてきた。『明治維新の新考察』の拙論もそれに倣った。しかし、一般的にいって、自らの政治的信条・綱領に立脚しチャンスがくれば政府権力を担掌し行政的・軍事的機構を従えて国政を率いる政治家と、法規に即して政府を支え行政・

軍事機構の上層部にあって実務遂行を管理運営する（高級）官僚 technocrat とは相違する。維新革命においても、旧倒幕藩出身者、徴士制により抜擢された有才の人士、高度の学識・技術を身につけた旧幕臣などからなる官僚群が、新国家の推進的担い手として活躍した。明治維新、明治国家における政治家と官僚は、重なり合い癒着しているところがあるにしても、区別されてしかるべきであり、それらの同一視は不適切である。

薩長藩閥の代表的指導者たちが、内閣創設以来、伊藤博文内閣（一九八五年一二月〜）から黒田清隆内閣、山県有朋内閣、松方正義内閣、第二次伊藤内閣、第二次松方内閣、第三次伊藤内閣（〜一八九八年六月）まで、交代で首相を独占した。また、最初の伊藤内閣をとると、総理大臣をはじめ閣僚一〇人中八人までが薩長出身者であった。軍についていては陸軍大臣、海軍大臣は、明治末年にいたるまで終始、長州、薩摩の出身者で占められた。薩長の勢力は牢固として抜きがたく、まさしく、藩閥は政府の柱石であった。

そして、黒田首相辞職の際の黒田および伊藤に対する元勲優遇の勅諭を根拠としつつ、第一次松方内閣の時以来、山県、松方、それに井上馨、西郷従道、大山巌らが元老として特別処遇される政治的な慣行がかたちづくられていき、第三次伊藤内閣の頃に元老制度として定着した。元老は、黒幕とも一時呼ばれたりしたが、国家の最強実力者の位置を占め、彼らの会合は閣議の上にあり、首相の選任や最重要国策の決定にかかわった。元老、藩閥が、天皇をシンボルとして押し立てつつ、憲法の制定を含めて国政の担当・遂行を統導し、政治・国家・憲法の全体的な体制統合の核としての役割を果たしたのであった。

他面では、高級官僚養成システムとして、一八八六年三月に「国家ノ須要ニ応スル」（帝国大学令第一条）帝国大学が創立され、帝国大学法科大学の卒業生が専門官僚として官僚制の中枢を形成していった。同年二月の「各省官制」で各省の次官以下の階統制を定め、翌年七月公布の「文官試験及見習規則」では、官吏の情実任用の弊害に鑑みて試験制を採用し、他面では帝大卒業生への高等文官試補試験を免除（但し、一八九三年に廃止）した。薩長藩閥の支配のもとで、官僚制の近代化、整備、階統制の構築も進められていった。

そうして、内閣＝政府権力を掌握して国家の中枢を占める元老・藩閥、行政・軍事機構の上層部に座する文武の高級官僚集団、それらに対抗する政党という、政治的支配階級＝統治階級の陣容と隊形が整えられた。

以上のように、藩閥政府は、いまや構想を固めた立憲政体を樹立する基礎作業として、国会の容喙を許さないように国会開設に先んじて、内閣制を創設し天皇制を機構的に強化するなど、明治維新の開始以来、超越的な天皇を奉じて政府が実権を揮うという仕組みをとってきた国家権力機構を、新たなる段階へと改編拡充した。

かように再編された国家権力機構を既成の事実としつつ、憲法の制定は進められた。至高の天皇に権力を集中した帝国憲法が公布されたとき、内閣は、すでに四年間、国家権力機構の中心にあって、その憲法の制定を含め、国家活動を統導していたのだった。

政府が本格的に憲法起草を開始したのは、一八八六（明治19）年秋であった。伊藤、井上毅など四名のグループが、最初の草案から一年有余の時間をかけ、夏島草案、一〇月草案、二月草案と、改稿、修正を三度重ねて、一八八八年四月、確定草案が完成した。

枢密院が新設され、同年六月から草案審議に入った。天皇は毎回臨席して審議に熱心に耳を傾けた。審議に加わったのは、ほとんどすべてが枢密顧問官、内閣閣僚などの政府関係者、宮廷関係者であり、政治的には保守派であった。加えて、憲法草案の作成から審議まで徹底した秘密主義をとった。自由民権派や民党は、憲法制定に関与できなかった。

枢密院は、質疑や修正を積んで、一八八九（明治22）年初めに審議を終了し、憲法を付属法および皇室典範とともに、全員で確認した。二月に、天皇が欽定憲法として帝国憲法を公布した。

帝国憲法の制定は、基本構想の策定から確定草案の審議にいたるまで、完全に藩閥内閣＝政府主導であった。しかし、いっさいは天皇の名において進められ、欽定憲法の体裁で発布された。

一連の国家権力機構の改編拡充と帝国憲法の制定は、政府が主導する一大変革として推進され達成された。前著において「上からのブルジョア革命」を「政府が国家権力を手段として推進する保守的革命」と定義したが、本節で跡付けた明治一四年の政変から帝国憲法制定までの経過は、維新革命の終結期にあたり、明治維新が「上からのブルジョア革命」の一つであることを如実に示している。

（2）政党の誕生と政治社会の形成

一八八〇年から八一年にかけて最高揚した自由民権運動では、国会開設請願書の受理を拒否し弾圧攻勢を強める政府の専制体制を打破する人民の団結強化の鍵として、日本最初の政党となる自由党の結成準備が始まっていた。前出の大隈の国会開設に関する意見書も、「立憲政治ノ真体ハ、政党ノ政」(注5)として政党内閣制を提議した。そして、政府による国会開設の決定は、政党の結成を加速させた。

一八八一年一〇月、在野の自由民権勢力が全国的に結集して板垣退助を党首に自由党を組織し、続いて一八八二年四月に、前年の政変によって下野した大隈らが立憲改進党を旗揚げした。前後して、大阪の日本立憲政党、熊本の九州改進党――いずれも自由党の友党――など、自由民権を標榜する地方政党が相次いで誕生した。

自由党は、国会開設を目標とする全国の政社が連合した国会期成同盟を後継し、地方組織を基礎にして、「専制ノ政ヲ革メ輿論ノ治ヲ施ス」「創業ノ政党」[注6]、つまり専制体制と対決する変革政党を志向して生まれた。イギリスにおいてそうであったように草創期の政党は議院内集団であるのが普通であるが、この党は壮士の院外運動集団的性格をもち、特に大井憲太郎派は院外活動に重点をおいた。特徴的性格として、党組織は大であったが内部不統一で政策に弱かった。国会開設期限短縮、集会・結社・言論の自由など、国民各層の要求を組織化して政府にその実現を迫る請願建白闘争を主な運動とした。

他方、立憲改進党は、元政府高官大隈らと都市民権派知識人の数グループの合体によって成り、東京中心で、同系列の有力な諸新聞・雑誌を有していた。特徴として、政策に強いが党組織は弱かった。党名が示すように、この党は、「王室ノ尊栄ト人民ノ幸福」「政治ノ改良前進」(「立憲改進党趣意書」)を党是として、漸進的であったが、イギリス流議会政治を志向し、政党内閣や議院内閣制の早期実現を追求することではかえって急進的な一面を備えていた。国会開設後に進路を求めており、当面の主な運動としたのは、府県会を拠点にして政府権力に抵抗し自治を拡大していこうとする府県会闘争であった。

党員数は、自由党は、一八八一年~八四年の合計で二三四九名、立憲改進党は、八二年三月~八四年四月の入党者一七二八名であった[注7]。

藩閥に対抗する自由党、立憲改進党の存在は、イギリスにおいて歴史的発展段階を異にして存立した朋党 faction と政党 political party の同時代的併存を意味する。世界史的には近代の盛期にあって近代初期を迎えた後進日本の政治的特異性を示す一つに算えられよう。

立憲改進党結党と時を同じくして、政府首脳部の意向にそって、立憲帝政党が結成された。この党は、政府の御用政党であり、民権党に対抗する官権党であった。だが、まったく振るわず一年半後には解散した。

世上民党と呼ばれた自由党、立憲改進党の伸張を、藩閥政府は、御用政党の育成の他に、峻烈な抑圧や指導者への懐柔工作によって押さえ込もうと躍起となった。

一八八二年六月集会条例の改正追加により、政社間の連絡、支部の設置が禁止になり、全国政党としての活動は甚だしく阻害された。同年一二月府県会規則改正により、府県会会期が制限され、府県会議員の連携が禁止されて、民党の勢力が強かった府県会の活動が抑圧された。翌年四月には新聞紙条例の改正により、新聞発行者にも体刑が及ぼされ、また保証金納付が課され資金面から圧迫が加えられた。

他面、懐柔策をとり自由党党首板垣退助の外遊を工作した。一八八二年九月、この策にのせられた板垣の洋行の是非をめぐって自由党は深刻な内紛に陥り弱体化した。それだけでなく、板垣洋行を批判した改進党との対立が激化し、自由党は「偽党撲滅」を叫んで改進党を攻撃した。一八八三年五、六月頃には、自由党と改進党との関係は断絶し、両党は敵対関係になって泥試合を繰り広げた。

国会開設と憲法制定が確定し新たな国家体制への推転が進行する渦中で、かかる体制的変動にどのように適切に対処するか、初めての政党運動を起こした自由党も改進党も、党の基本的在り方や取るべき指針を模索し試行錯誤せざるをえなかった。

特に自由党では、政府による相次ぐ弾圧と内紛のなかで、一八八三年から八四年にかけて、解党を志向する、板垣を中心として党指導部を占める土佐派と体制変革の一挙的実現を目指す、大井を中心とする急進派とに分裂した。

自由党としては樹立される立憲政体に適応する議会政党への道に踏み込んでいったが、そうした党の転換に反対し、急進派の一部は、圧政政府の転覆を目指し直接行動主義をとり、武装蜂起や政府要人暗殺で活路を開こうとした。一八八四年の五月群馬事件、九月加波山事件、一〇月名古屋事件、一二月飯田事件、翌年一一月大阪事件、翌々年七月には静岡事件、と激化諸事件が次々に引き起こされた。自由民権運動の失速、政党運動の退潮の時勢での激化であった。

同時期、資本の原始的蓄積の対象として過酷に収奪され、大蔵卿松方正義が推進したデフレ政策が加わって、没落し貧窮化する中小農民の決起、困民党の農民騒擾が各地で多発していた。

しかし、急進派自由党員の激化諸事件と貧民の騒擾とは、それぞれ独自に進行し、政府の弾圧によって各個撃破された。そのなかで、一八八四年一一月の秩父事件は、困民党の決起と自由民権運動とが交叉して新たな発展的様相をともない、明治維新期における民衆運動の頂点を示した。

激化諸事件で分裂抗争を深めるとともに大打撃を蒙った自由党は、一八八四年一〇月に解党するにたちいたった。立憲改進党も、活動の低迷のなかで、同年一二月に大隈ら最高幹部が脱党して、解党の危機に直面し、党組織の建て直しに追われざるをえなかった。

ところが、伊藤内閣が進めていた条約改正交渉に対する批判が高まり、一八八七（明治20）年一〇月になって、近々に迫る国会開設を目途に在野勢力を総結集した民党を再組織すべく、後藤象二郎ら旧自由党穏健派に徳富蘇峰らが加わって、大同団結運動が始まった。また、旧自由党の急進派を主力に、対等条約、地租軽減、言論・集会・出版の自由の三要求を掲げた三大事件建白運動も発足し高揚を示した。

内閣は、同年一二月保安条例を制定して弾圧に乗りだし、旧自由党員を中心に総勢五七〇名に達する活動家を東京から追放した。そのため、三大事件建白運動は沈滞を余儀なくされ、大同団結運動中心の展開となった。

大同団結運動の進展で民権派は次第に勢力を回復し、国会議員選挙、国会開設がいよいよ迫ってくると、民党再興の気運は益々高まった。旧自由党諸派と立憲改進党の大連合の動きもあったが、結局、旧自由党領袖率いる諸派が離合集散する紆余曲折を経て、立憲自由党の結党へと向かった。

政党はこのような消長を経ながら次第に定着する過程を歩み、自由民権運動は民党運動に席を譲っていった。立憲政体を求めてきた自由民権運動は、憲法制定、国会開設の決定とともに体制内的な性格を強めつつ、政権の掌握を目指す政党運動へ転化していった。

自由民権運動の波及高揚は、民党を生んだだけでなかった。様々な結社の噴出、地方政治の活況、新聞をはじめとするメディアの発達、私立専門学校など教育機関の普及、等々を促し、それらと相互に作用しあっていた。その諸相について点描して、前節で扱った国家の転換に対応する社会の政治的な変動の様を、いま少し詳らかにしよう。

自由民権運動の潮流は、地域社会にも流れ込んだ。自由党結党前に、全国各地に生まれた政社は、一五〇を上回っていた。(注8) 政社にその他の結社を合わせた総数は、ゆうにその数倍に達していた。それらの結社は、各地方の名望家（財産、学識、地位を備えた在郷の有力者）層を中心にして、政談演説会、国会開設要求などの署名、学習会、憲法草案起草、農事改良、学芸講演会など多彩な活動を展開し、地方に根をおろした。在地民権運動は、伝来の封建支配を底辺から突き崩す新たな時代の息吹を体現していた。(注9)

こうした盛況を基盤にしつつ、地方における政争の中心的舞台となったのは、一八七九（明治12）年に開設されていた府県会であった。府県会は、政府任命の府知事・県令による地方統治の諮問機関的性格が強かったが、地租による財産資格に基づき議員が公選され、予算議定、租税協議などの権限を与えられていた。

一八七九～一八九〇年の全国の府県会で、通算すると、府県会議員総数六四六二名のうち、自由党系議員は四三三名、立憲改進党系議員は五一〇名であり、双方を合わせて一四・六％を占めていた。(注10)

一八八〇年代初めに、府知事・県令と府県会との抗争が各地で頻発した。府県会は、政府＝府知事・県令の「民費徴収」に対して「民力休養」で反発し、また四〇余府県で府知事・県令の任命になる郡区長を公選にする建議を提出するなど、地方自治を求めた。府県会を担ったのは名望家層であり、指導者の多くは当地の豪農商の子弟で東都遊学し帰郷して自由民権運動の開拓者となったのだった。

府知事・県令と府県会との衝突の集中的表現が、自由民権運動の中心的拠点となっていた福島で一八八二年に起きた事件であった。県令三島通庸の暴政に、河野広中率いる福島自由党の指導のもと、府県会は苛税徴収に反対し予算案を否決して対抗し、また会津地方農民は道路開鑿にともなう賦役あるいは代金の強制割当に反対して大闘争を展開した。政府＝県当局は徹底した強権的弾圧を重ねて闘いを圧殺した。

また、一八八三年前後には、栃木など五県の県会で、立憲改進党（系）が過半数を占めていたことに示されるように、全国の府県会で立憲改進党がかなり大きな勢力を占めていた。(注11)

府県会闘争の高揚は、一八八二年一二月に岩倉具視が「府県会中止意見書」を出すほどであった。これは実現しなかったが、府県会規則改正により府県会の権限は縮小され、一八八〇年代後半以降には府県会の反政府的風潮は後退した。

維新革命では、地域的な対立と抗争が重要な要素を占め、地方から都へ攻め上った薩長土肥が権力を掌握した。そして、新都東京と中央政府への権力集中は未だ緒についたばかりであった。そうした狭間にあって、府県会活動は、自由民権運動、民党運動の裾野を拡大して維新革命を地方から押し上げ、民情を変えたし、国会の開設への大きな一歩でもあった。

次に、新聞、雑誌、書籍の活字メディア、演説、討論の口頭メディアの活動も、新しい政治文化を興し普及させて、活況を呈した。ここでは、新聞――鉄道とならんで文明開化の何よりの象徴であった――についで触れるにとどめざるをえない。

わが国最初の日刊紙は一八七〇年一二月創刊の「横浜毎日新聞」であったが、その後に続いて非常に多くの新聞が創刊された。『帝国統計年鑑』の府県別新聞社数によると、一八八三年に東京、大阪、新潟の三府県で計一一一社、全国では一九九社であり、一八九〇年には東京、大阪、京都の三府で二八八社、全国七一六社であった。発行部数は、東京と地方の新聞、政治評論を主とする大新聞と世俗的な出来事を報道する小新聞を合計して、自由民権運動の高揚期（一八八一、八二年）で年間約六〇〇〇万部であった。(注12)

議会開設準備期における有力な政論新聞としては、立憲改進党の機関紙として論陣を張った「東京横浜毎日新聞」（前身は「横浜毎日新聞」）ならびに「郵便報知新聞」、立憲帝政党の機関紙「東京日日新聞」、福沢諭吉が創刊し不偏不党・独立不羈、官民調和を標榜した「時事新報」、自由党の機関紙「自由新聞」、などがあった。政府自らも一八八三年から「官報」を発行した。これらの新聞は、オピニオンリーダーとしての役割を果たした。

有力紙の間では、どのような国家を構築すべきかの大論議が闘わされた。なかでも、一八八一年から八二年にかけて繰り広げられた主権論争では、「東京日日新聞」が、政府を代弁して、日本固有の国体論に立ち君主主権説、立憲帝政説を唱えたのに対して、「東京横浜毎日新聞」は、イギリス立憲制に範を定めて議会主権説、君民共治説を唱えた。一八八六年には議院制に関する論争がおこなわれ、「郵便報知新聞」は、第一党の議員が内閣を組織し議院に対し責任をもつ議院内閣制をつくるべきだと主張し、「東京日日新聞」は、民主主義の議院制は日本の国情に合わないと反駁した。他にも、一院制か二院制か、普通選挙か制限選挙かなどの論争があった。

政府による言論・出版・集会・結社などの自由の厳しい制限、弾圧にもかかわらず、簇生した結社や新聞、雑誌、演説会などを通して、下からの様々な意見、思想、情報が表出されたし、自由民権派を中心に憲法に関する議論が盛んに闘わされたのであった。

私立学校に目を転じると、明治維新の始まりとともに東京には多数の私立学校が開かれ、一八八一年に四七九に達した。そのうち漢学塾二五九、数学塾五九、そのほか簿記、算術、皇学、画学、実学の塾があった。また、私立法学専門学校として、七九年東京法学舎（法政大学の前身）、八〇年専修学校（専修大学の前身）、八一年明治法律学校（明治大学の前身）、八二年東京専門学校（早稲田大学の前身）、英吉利法律学校（中央大学の前身）、などが開かれ、これらの学校は民権派の代言人や新聞人、地方指導者を大量に送り出した。が、程なく官僚養成の補助的機関役割をも果たすようになった(注13)。他にも、立志社が付設機関として立志学舎を開設したように、各地で自由民権運動を推進した政治結社は、福島の石陽社が石陽館、岩手の求我社が行余学舎、福井の自郷社が自郷学舎、長野の奨匡社が奨匡学舎など、学習＝教育機関としての学舎を付設した。

後進国の革命には世界史の発展段階が規定的に作用し先進国の達成成果が移入されるので、単純な比較はできないが、明治維新期の新聞や私立学校の発展は、イギリス、フランスのブルジョア革命期のそれを上回っていたに相違ない。江戸時代に開設された藩校は廃藩置県にいたるまでに二五五校ほどに達し、幕末にかけて激増した寺子屋は更にその何倍も数多く存在した。伝統的に育まれた、同時代のヨーロッパ諸国と比較してもかなり高度の教育、文化が、歴史的基盤となり、新時代建設の人的資源を供給していた(注14)。

自由民権派、民党は、国会開設の時期や憲法の内容を左右するような力は有しなかったが、憲法制定と国会開設を先導し加速する大きな役割を果たした。自由民権運動の拡大高揚が示すように、維新革命期における最後の内乱であった西南戦争以後、維新革命の後半期には、「有司専制」を批判する反政府運動は、スタイルを転換し、武力抗争に代えていわば言論戦を主調として展開されるようになっていた。

そして、これまで取り上げてきた政党の結成、結社の噴出、地方政治の活況、新聞の発達、私立学校の増大などは総体として、国家とは対象領域においても存在性格においても異なる政治社会の造出をもたらした。

維新革命が始まった直後の明治初年においては、維新国家は、資本主義が急成長しつつも未だ幼弱である経済構造から突出していたうえに、旧幕藩権力の解体、維新政府と天皇を頂点とする新たな国家権力機構の基礎的骨組みの構築途上にあった。そこでは、国家がほとんどすべてで決定的であった。国家とは区別される政治社会も存立していなかったと言える。「公議輿論」が新国家建設の基本方針の一つとされていても、その内実は政治的実権を掌握している維新政府や官僚層の意向の一方的な正当化を出るものではなかった。

維新政府の分裂により士族民権として発生し、明治一〇年代に豪農民権、都市知識人民権へと主力を移動させた自由民権運動の拡大発展は、新旧の、それに地方と都市の中間諸階層を軸にした政治的社会化の進展にほかならなかった。そして、自由民権運動、民党運動は、それらと一体的に発展した種々様々の結社の活動、府県会闘争、新聞事業、私立学校事業などと相俟って、維新国家の立憲政体への変容とともに、国家からの政治社会の分化を促し、依然として国家が優位する関係にあるとはいえ、国家と対立したり協調したりする自立的な政治社会の形成をもたらしたのである。「公議輿論」はこの段階では、国是や施策に関する政府と反政府諸勢力とによる正当性の議論を介し、民心を組み入れてかたちづくられるようになった。

前節から明らかにしてきた藩閥政府と自由民権派、民党との対峙は、国家と政治社会との分化、国家体制と政治体制の分立の象徴的表現にほかならなかった。

(3) 帝国憲法の構造と特徴

帝国憲法は、「第一章　天皇」、「第二章　臣民権利義務」、「第三章　帝国議会」、「第四章　国務大臣及枢密顧問」、「第五章　司法」、「第六章　会計」、「第七章　補則」の全文七六ヶ条からなっている。まず、その要諦を摘記する。

天皇について、「大日本帝国ハ万世一系ノ天皇之ヲ統治ス」(第一条)、「天皇ハ国ノ元首ニシテ統治権ヲ総攬シ此ノ憲法ノ条規ニ依リ之ヲ行フ」(第四条)。そして天皇は、帝国議会の「協賛」による立法権をはじめとして、法律の裁可・執行・公布、帝国議会の召集・開会・閉会・停会・衆議院の解散、緊急勅令、官制制定・官吏任免、陸海軍統帥・陸海軍編制、宣戦・講和・条約締結、戒厳布告、栄典授与、大赦、などの大権を有する。

「臣民」の権利義務について、義務として、兵役義務、納税義務を負い、権利として、居住・移転の自由、人身の自由、住所の不可侵、信書の秘密、所有権、信教の自由、言論・出版・集会・結社の自由、請願権、などを有する。但し、それぞれに、「法律ノ範囲内ニ於テ」とか「法律ニ定メタル場合ヲ除ク外」といった条件付である。

帝国議会は、貴族院と衆議院の二院から成る。貴族院は、皇族、華族、勅任議員をもって組織し、衆議院は公選議員をもって組織する。その権限として、「凡テ法律ハ帝国議会ノ協賛ヲ経ルヲ要ス」る他、法律議決および法律提出権、政府への建議権、天皇への上奏権、請願書受理権、予算の審議・議定権、などを有する。

国務大臣について、「国務各大臣ハ天皇ヲ輔弼シ其ノ責ニ任ス」。法律などはすべて国務大臣の副署を必要とする。

「会計」について、新たな租税の賦課や税率の変更は「法律ヲ以テ之ヲ定」めなければならないし、毎年の予算は「帝国議会ノ協賛ヲ経」なければならない。予算不成立の場合には政府は前年度予算を執行する。

かかる帝国憲法の第一の、そしてまた最大の特徴は、第一条で「万世一系」の天皇の統治を宣明し、第四条で「国ノ元首」にして「統治権ヲ総攬」する天皇の地位を定めて、天皇に極めて広く強大な権力を集中していることとであった。

ブルジョア革命直後の時期の憲法をとれば、君主が国家の最高権力者として強大な大権を保有するのは、フランスの第一帝政、復古王政、ドイツ帝国だけでなく、イギリス名誉革命体制にあってさえも、程度の差こそあれ、共通に見られたことであった。特にフランス復古王政の憲章では、王権神授説とともに君主主権説が甦らせられ、国王はあらゆる権力の源泉とされた。

帝国憲法の特質は、前文の「憲法発布の勅語」や「上諭」で、天皇大権は「神聖ナル祖宗」に由来すると謳っているように、国家としての成り立ちの淵源を、祖宗以来永続不変、「万世一系」の天皇の統治にあると定めて、これを「国体」――日本固有の国家の根本原則――とし、国家の正統性原理としていることにあろう。皇位の継承についての「男子孫之ヲ継承」を含めて、日本固有の君主主義としての、いわば天皇至高主義の表明と言えよう。

こうした天皇至高主義は、旧下級武士・公卿を主力にした「有司専制」の維新政府が、徳川将軍（家）を否定し、国家的な独立と統一に国民を統合するには、永年の伝統を誇る天皇（家）を擁立し、無上の存在として推奉して、その絶大な威光を借りる形をとるほかないという、維新革命の過程で形成され定着してきた統治の基本思想の憲法規範化であった。

それに加えて、伊藤博文が枢密院での憲法草案審議にあたって言明したように、国民的な宗教を欠く日本にあって、政治面のみならず宗教面をも兼ねて、天皇と皇室を、国民の精神的な拠り所として定位させ、広く深く人心を統御する機軸としようとしたものであった。これに関連して、帝国憲法発布に続いて一八九〇年一〇月に渙発された教育勅語は、忠君愛国を国民の至上道徳とし、天皇制国家への臣従を説諭した。

日本特有の君主主義は、だが、帝国憲法第四条の前半の規定と後半の規定とに集約的に示されるように、普遍的な立憲主義と複合的に統一されていた。そして、その矛盾的二面性のどちらに依拠するかによって、相反する解釈、運用が可能であった。

そこで、帝国憲法起草・制定の最中心人物であった伊藤が枢密院議長として枢密院会議でおこなった第四条に関する説明を見ておく。伊藤の説は、爾後の憲政の実際的運営において主調として貫かれたという意味でも、正統的な解釈であった。

「天皇ハ国ノ元首ニシテ統治権ヲ総攬シ此ノ憲法ノ条規ニ依リ之ヲ施行ス」という原案について「此ノ憲法の条規」以下を削除すべしとする主張に対し、伊藤は、「抑憲法ヲ創設シテ政治ヲ施スト云フモノハ、君主の大権ヲ制規ニ明記シ、其ノ幾分ヲ制限スルモノナリ。又君主ノ権力ハ制限ナキヲ自然ノモノトスルモ、己ニ憲法政治ヲ施行スルトキニハ、其君主権ヲ制限セサルヲ得ス、故ニ憲法政治ト云ヘハ即君主権制限ノ意義ナルコト明ナリ、是ヲ以テ本条ハ此ノ憲法ノ骨子ナリ」と反駁した。(注15) かような君主主義的な立憲主義が、帝国憲法全体の基調となっていた。

第二に、帝国憲法はひととおりの権利を列挙している。そのなかで、所有権に関しては、「我ガ臣民ノ権利及財産ノ安全ヲ貴重シ之を保護」と「上諭」でもことさらに言及しており、とりわけ重要視していると言える。

しばしば問題視される諸々の自由についての法律による留保は、一八五〇年プロイセン憲法はもとよりフランス革命の「人および市民の権利宣言」にも見られるところであって、ヨーロッパ大陸諸国の多くの憲法で取られている方式の踏襲であり、帝国憲法に特有ではなかった。

帝国憲法の特徴は、国家権力を個人の自由に優位させる国権主義にそって、権利先位ではなく義務先位であること、天皇至高主義に対応して、「臣民」への恩賜として自由が恵み与えられていること——中江兆民の言う「恩賜的民権」(注16)——に求められる。

帝国憲法は、自由主義を全面的に拒否するのではなくそれを取り入れて包摂し、国民の自由の要求にそれなりに応える面を備えていた。だが、国民の権利は、機軸をなす天皇大権に対して従位していた。

第三に、先に列記した帝国議会の地位と権限に関して、ここでは立法に絞って扱うと、帝国議会は、法律案提出とともに法律案議決の権限を有し、すべて法律は、必ず帝国議会の「協賛」を経なければならなかった。

帝国憲法に即すると、法律制定過程はおよそ以下のようであった。

「政府ノ提出スル法律案」（第三八条）とあり、帝国憲法の公定的解釈である『憲法義解』で「政府に於て法律を起草し、天皇の命に由り之を議案となし両議院に付する」[注17]と説明しているように、法律案を法制官僚の助力を得て作成し、提出するのは、政府であった。但し、議会にも法律案提出権が認められていた。提出された法律案を、政府との対立あるいは協調を介しつつ、審議して議決するのは、議会であった。そして、議会で可決され承認されることなしに、法律は生まれない。議会による可決、承認は、法律制定の決定的な関門であった。衆議院と貴族院の権限は、衆議院が予算先議権を有する以外、まったく同等であった。

最終的に、天皇が、法律を裁可しその公布・執行を命じる。議会の可決、承認を経ていても、天皇の裁可がなければ法律とならなかった。イギリス名誉革命体制をとってみても、国王は法律の同意権限を有し国王の同意がなければ法律は成立しなかったが、帝国憲法の特徴は、法律拒否権にまして積極的な性格をもつ法律裁可（・不裁可）権を認めている点にあった。

立法も天皇の大権に属して天皇が総べるもので、議会は「協賛」する任にあたるのであった。君主主義のもとに議会主義も包摂されていた。

第四に、内閣に関しては、すでに事実として存在しているにもかかわらず機関自体についての規定はなく、国務各大臣は天皇を「輔弼」する、法律などにはすべて国務大臣の副署を必要とする、とあるのみだった。

天皇は国務上の大権の行使にあたっては、国務大臣の「輔弼」を受けなければならなかった。換言すると、君主制国の憲法での君主無答責の原則、大臣責任制に倣って、天皇は無答責であり、大臣が責任を負うのであった。その場合、無答責の君主を補佐する大臣の責任を表明するうえで、ドイツでは副署をもってしたのに対して、帝国憲法では「輔弼」をおこないそれに重ねて副署をするという特徴があった。

但し、参謀本部が陸軍省から分立して以来の統帥権の独立が既成事実としてそのまま維持され、統帥事務についての陸・海軍大臣は、大臣責任制に対する例外をなしていた。

国務大臣は、個々に天皇の大権によって任免され、『憲法義解』では「君主に対して責任を負ひ、又人民に対して間接に責任を負う者」(注18)であった。

ついでに政府と内閣の異同に触れると、総理大臣および国務各大臣が内閣を構成し、それに枢密院議長、枢密顧問官や行政・軍事の高級専門官僚などが加わったのが政府となろう。

ところで、内閣は、イギリスでは「法外的」機関であった。フランス復古王政では国王とともに首相・内閣も統治を担ったが、一八一四年憲章では首相・内閣に関する規定は存在しなかった。一八五〇年のプロイセン憲法にも内閣制についての条文はなかった。帝国憲法も、内閣に関して、不明確な点が少なくなかった。

内閣の組織方法の規定はなく、内閣総理大臣の任命をとってみても、天皇がこれをおこなうが、その際の「輔弼」は誰がどのようにおこなうのか、不明であった。この点については、憲法制定後の国政の実際の運営のなかで、元老による総理大臣選任の慣習が形成されることになる。

総理大臣の指導性や内閣の連帯責任などの内閣組織の運営をめぐっても、内閣制の発足と同時に定められた内閣職権と憲法制定の直後に公布された内閣官制とでは、更には一九〇七（明治40）年制定の公式令をも含めて、基準に一定の相違があり、解釈にも幅があって、立憲政治の運用のなかでの慣用的制度の形成にかかっているところがあった。

内閣の議会に対する関係についても、同様であった。ビスマルクのドイツ帝国のように、政党内閣の出現を阻止し議院内閣政治を排除するのは、帝国憲法を制定した権力者たちの隠然たる眼目であった。しかし、近代憲法の例に漏れず完全に憲法外に放逐されている政党が議会に進出して政党内閣を形成し、それを通じて議院内閣政治に傾動する道を、帝国憲法は遮断できていなかった。憲法を制定した藩閥政治家・官僚たちの思惑のうちに収まりきれない憲政の出現の可能性が、そこには潜在していた。実際、時が経つにつれて、国政は、憲法が阻もうとしていた政党政治、議院内閣政治の方向へと傾動していった。

最後に第五として、権力分立について見る。帝国議会や国務各大臣の権限についての規定と照らし合わせると、天皇は、立法について帝国議会の「協賛」を経て、行政については国務各大臣の「輔弼」を得て、大権を行使する。枢密院会議での伊藤の発言によると、「立憲政体ヲ創定スルトキニハ、天皇ハ行政部ニ於テハ責任宰相ヲ置テ君主行政ノ権ヲモ幾分カ制限サレ、立法部ニ於テハ議会ノ承認ヲ経サレハ法律ヲ制定スルコト能ハス。此ノ二ツノ制限ヲ設クルコト、是レ立憲政体ノ本意ナリ。此ノ二点ヲ欠クハ立憲政体ニアラス（注19）」。

天皇による統治権総攬のもとで、帝国議会は立法権力、国務各大臣は行政・軍事権力を、そして裁判所は司法権力を担って、それぞれに国家権力の機構と機能を分掌していた。

その権力分立は、イギリス的な議会権力による君主権力の制限ではなく、ドイツ的な君主権力による議会権力の制限を基本的方位にしていた。

総じて帝国憲法は、プロイセン＝ドイツ型憲法を模範としつつ、それを日本固有の天皇制に合わせて一段と君権主義的に鋳直していたが、君主権力の制限、国民の権利の承認、国家権力の分立といった近代憲法が備えるべき一般的性質を、最低程度に、確保していた。

明治維新はすぐれて「西力東漸」の国際的な圧力への応答であったし、国家的独立あるいは不平等条約改正という目標の達成には、立憲政体の樹立が不可欠であった。しかも、憲法制定と並行的に井上馨外相、次いで大隈重信外相による条約改正交渉がおこなわれていた。この面からしても、制定される憲法は、日本独自のものでありつつ、欧米諸国の仲間入りができるような、近代憲法としての内容を備えていなければならなかった。そうした近代憲法としての国際的な最低条件を、帝国憲法はクリアーしていた。

英訳された『憲法義解』への批評を請われた欧米の著名な政治家、学者たちも、範をイギリスの憲法ではなくドイツの憲法にとったのは賢明で、天皇の強大な大権も日本の古き歴史と現状からすると適切だと評価するなど、概ね好意的であった。例えば、J・ブライスの所見では、「日本の憲法はそれを全体より評すれば深思熟慮を費して起草したるもの」「其の著大の権力を天皇の掌握に帰せしめたるが如き其の行政府をして立法部と分立せしめたるが如きは立憲政治を新設せる同国の事情に最も能く適合したるもの(注20)」であった。

帝国憲法の制定と実施は、政府の欧米列強との交渉に際して、不平等条約改正の有力な根拠となっていった。

さて、帝国憲法は藩閥政府によってまったく一方的に、極めて君権主義的なものとして策定されたとはいえ、永らくの国民的要請であった憲法の制定は、一大画期的な前進発展であり、翌年の帝国議会開設とあわせて、「有司専制」からの離陸であった。

帝国憲法が発布されると、自由民権派のなかにあっても急進的であった植木枝盛は、以前自らが草した「日本国国憲按」とは帝国憲法は著しく差異していたのだが、日本が世界の立憲国に列した歴史的な画期的意義を認め、「之を果たして一子の誕生したるものと為すに於ては、之を養育し之を成長せしむること全く憲法の親たる天皇陛下と日本人民に在ることとなるべし(注21)」と説いた。また、当時黒田内閣の外相に起用されていたが、やがて立憲改進党に復帰する大隈重信は、「一体憲法の妙は運用如何に在ることとなれば、法文の規定が不充分なりとてさのみ不服を唱ふるに当らず」、事と次第によって「政党内閣の実を見ること難きにあらざるへし(注22)」と展望した。

発布された帝国憲法について、大衆的な評判は悪くなかったし、政府と対立してきた自由民権派、民党も、おおむね歓迎した。個々に不満や疑義はあるとしても、憲法の制定という共通の大目標がなにはともあれ達成されたのだったし、これを出発点として自らが求める方向への前進を期して、肯定的に受けとめたのだった。

他方、藩閥政府の側では、憲法発布に際して、黒田首相が「超然トシテ政党ノ外ニ立チ(注23)」と、政党や議会の意向に左右されないとする政府の基本的姿勢を、いわゆる超然主義として訓示した。超然主義は、「不偏不党」を称しての政党内閣や議院内閣の排撃、藩閥政治家・官僚主導主義の正当化を意味していた。それでも、先の立憲帝政党や井上馨の自治党の結成に示されるように、藩閥首脳陣の間で、温度差があるものの、およそ政党の存立の不可避性、政党伸張の趨勢については認識されていた。

それでは、帝国憲法はどのように運用され、実際政治はどのように展開したか。

(4) 初期議会における藩閥政府と民党との攻防

一八九四年八月に日清戦争が勃発するまでの初期議会期における政治過程を追いながら、立憲政体として出立した明治国家の実相について考察する。

いよいよ帝国議会開設となり、一八九〇年七月に史上初の衆議院議員総選挙がおこなわれた。選挙権者は直接国税(そのほとんどが地租)一五円以上を納める二五歳以上の男子、被選挙権者は同じ納税資格を持つ三〇歳以上の男子で、有権者数は約四五万人で全人口の約一・一四％にすぎず、二五歳以上男子だけをとってみても約一〇〇人に四人の厳しい制限選挙だった。全国で約一五〇〇人が立候補し、競争率は五倍であった。単記・記名投票で、投票率は全国平均で九二％、当選者一人平均得票はおよそ一〇〇〇票であった。

厳しい制限選挙制は、各国の初期ブルジョア国家に共通する。一例としてフランスの七月王政をとると、一八三一年に、選挙法改正により復古王政期に比べて著しく制限が緩和されたにもかかわらず、有権者数は一六万七千人で、人口三二五〇万人の約〇・五一％にすぎなかった。(注24)

党派別当選議員数を見ると、旧自由党系四派の愛国公党（板垣退助派・土佐派）三五、大同倶楽部（河野広中派）五五、自由党（大井憲太郎派）一六、九州同志会二一、それに立憲改進党が四六で、合計一七三議席になり、民党は議席総数三〇一の過半数を占めた。

有権者の多くは地主層であり、議員についても、職業別で見ると農業が一二九名で議員中三分の一をゆうに超えており、地主議会的性格――これも各国に共通――が明らかであった。また、議員のうち府県会議員の経験者は六四％を占め、議員の平均年齢は四二歳だった。

前後して、貴族院を構成する皇族・華族・多額納税者・勅任議員のうち、多額納税者議員を選出する互選会、伯爵・子爵・男爵議員の互選会がおこなわれた。

市制・町村制、府県制・郡制が施行された地方の議会については、町村会、市会、郡会、府県会のそれぞれに若干の相違があるが、概して、選挙・被選挙権を納税資格によって制限した選挙が実施された。名望家層は、府県会の以前からの要求であった地方自治への参加を拡大するとともに、地方での指導＝支配的な地位を固めることとなった。

総選挙後の九月に上記旧自由党系四派の合同により立憲自由党が結成された。同党は、翌年三月の大会で自由党に改称し、板垣を総理に選出するとともに、組織改革をおこない議員中心主義の院内政党としての性格を強めた。

一八九〇年一一月、最初の帝国議会が開かれた。最大の焦点となったのは予算であった。当時、対清国関係での軍備充実の環として海軍軍拡が緊要な課題となっており、山県有朋内閣は軍艦製造を要にした予算案を提出した。だが、衆議院多数派の民党は、「政費節減・民力休養」を旗幟に掲げ行政整理の断行・地租の軽減を求めて、その大幅削減を図った。

予算案審議では、内閣と民党とが正面衝突した。新税の賦課、税率の変更などについて議会の同意が必要である一方、憲法第六七条により、天皇大権に基づく歳出については、政府の同意がなくては議会は廃除も削減もできなかった。紛糾を重ねた末、立憲自由党のなかの旧愛国公党派が内閣への同調に転じた――いわゆる土佐派の裏切り――ことにより、予算修正案がからくも可決された。

一八九一年五月に松方正義内閣が発足した後に迎えた第二議会では、中心的な争点は同じく予算で、またも内閣と民党が全面対決した。自由・改進両党を中心とする民党連合は結束して共闘し、予算削減、官営鉄道敷設などの新規事業否決で内閣を窮地に追い込んだ。衆議院解散となり、それにともない前年度予算執行の事態となった。

一八九二年二月に実施の第二回総選挙では、松方内閣は地方官と警察を動員して民党切り崩しの猛烈な選挙干渉をおこなった。その凄まじさは、各地で流血の惨事を引き起こして多数の死傷者を出したほどであった。結果は、自由党九四、立憲改進党三八となり、両党だけでは議席の過半数を占めることができなかった。吏党は議席を増大させ、民党と吏党の勢力は接近した。

第三特別議会は、混乱続きであった。議会は選挙干渉について内閣の責任を厳しく追及した。まず貴族院で、内閣の選挙干渉弾劾の決議案が上程され可決された。衆議院では、内閣の選挙干渉を弾劾する上奏案はわずかの差で否決されたが、内閣を問責する決議案が大差で可決された。そのため、議会は七日間停会となった。更に予算について、内閣原案を否決し、減額修正した。

松方内閣は退陣せざるをえず、一八九二年八月に元勲総出で第二次伊藤内閣が発足した。

第四議会では、またまた予算案をめぐって内閣と民党とが激突した。伊藤内閣の大がかりな軍艦建造を柱とする予算案に、やはり民党は「民力休養・政費節減」で対抗した。衆議院は内閣案を修正議決したが、内閣は同意せず強硬な態度であった。内閣弾劾の上奏案が提出され、一五日間の停会をはさんで再開後に可決された。対抗して内閣は、議会に政府との和協を勧告する詔勅の渙発を天皇に上奏した。それに応じて、これまで避けられていた天皇の政治的な登場となり、「和衷協同の詔」が出された。行政整理および官吏の一割減俸と軍艦製造費の承認をセットにし、天皇の内定費節約を付して、双方の和協を求めたものであった。この詔勅によって局面は一変して混乱は収拾され、予算修正案の可決となった。

この第四議会前後から、自由党内に星亨を中心に「民力休養」から「民力育成」に方向転換して政府と接近する動きが台頭した。自由党と立憲改進党の間に亀裂が生じはじめ、関係が険悪化した。民党連合は崩壊へと向かった。

第五議会では、自由党と立憲改進党の関係決裂のなかで、自由党の実力者として政府への接近を進めた衆議院議長星亨不信任動議が可決され、星が辞職を拒否したため不信任上奏案可決となった。加えて、条約改正をめぐる新たな争点と対立が出現した。陸奥宗光外相の条約改正案に、吏党で従来与党であった国民協会が反対して即時完全平等な条約改正、それまでは現行の条約を最大限日本に有利なように厳密に励行することを主張し、外交政策を転換した立憲改進党が共同歩調をとった。更に四会派がそれに加わって対外硬六派連合（うち四党が民党連合派）が成立し、衆議院における新たな多数派となった。条約問題をめぐって紛糾し、議会は二度にわたって停会となった。追いつめられた伊藤内閣は解散に訴えた。予算については、前年度予算執行となった。

一八九四年三月第三回臨時総選挙においては、伊藤内閣と提携した自由党は一二〇に議席を増加させ、対するに国民協会は議席を激減させた。それでも、現行条約励行派は合計で政府与党を上回る議席を占めた。立憲改進党四三から六〇へ議席を伸ばし硬六派の中心的地位に就いた。対外硬派は「自主外交」「責任制内閣の樹立」をスローガンとした。

ちょうどその時、朝鮮において東学農民の乱が起こり、朝鮮・清との関係が緊迫化し、国内では対外硬運動が大きな広がりをみせた。

第六特別議会では、開会されるとすぐに、内閣の条約改正交渉に反対して自由党を除く諸派の連合による伊藤内閣弾劾の上奏案が可決されて、衆議院と内閣の軋轢はその極みに達し、再度衆議院解散となった。同日、内閣は朝鮮への出兵を決定した。

八月、日本は朝鮮の支配をめぐって清国との戦争に突入し、すべての政党が戦争を支持した。そして日清戦争とともに、明治国家は新たなる局面へ転じていった。

概観してきたように、第一議会から第四議会まで、衆議院において自由党と立憲改進党とその他の小会派とが連合した民党が常に多数派であり、吏党と俗称された官権党はたえず少数派であった。

最大の争点は、軍備拡張費を軸とする国家予算であった。第四議会終盤まで自由・立憲改進両党が結束、共闘して政府に対抗したため、内閣の予算案は減額修正されるか、前年度予算執行となった。第五議会から中心的な争点は条約問題に移り、自由党が伊藤内閣に接近する一方、立憲改進党は対外硬に転じて、両党の提携は崩壊したが、対外硬の六派連合が生まれた。衆議院における攻防は、予算をめぐっての政府と民党との紛争から、条約改正をめぐっての政府・自由党と対外硬派（改進党と対外硬勢力）との対立へと変動した。政界では、従前の藩閥対民党の政界横断に替わって対外硬派対藩閥・自由党の政界縦断の対立が形成された。予算問題での内閣の窮境は、相変わらず続いた。

かように、憲法制定、国会開設を経て、維新革命の中盤から終盤を彩った「有司専制」と自由民権運動との対立は、憲法に規制され議会を舞台にした藩閥政府と民党との抗争という新たな地平へ移転したのである。

その初期議会において、藩閥政府は「富国強兵」を謳い、民党は「民力休養」をかざした。しかし、藩閥政府の「富国強兵」（直接的には軍備増強）対民党の「民力休養」を強調すると、民党が「富国強兵」に反対したかのような誤解を含めて、両者の対立の性格を見誤ることになりかねない。けだし、藩閥政府はまずなによりも軍拡を推し進めたが、民力休養について将来の課題としていたし、民党は民力休養を第一としてそのために政費節減を迫り軍拡費についても削減の対象としたが、軍拡自体を否定するものではなかったからである。民党は、軍備充実そのものに反対するものではなく、現下では民力休養を最優先させて、それと競合する軍艦新造に待ったをかけたのであった。藩閥政府と民党との激しい対立は、国是である「富国強兵」を共通の前提とし目標としたうえでの、目下の政策の優先順位にかかわるものにほかならなかった。(注25)

帝国議会の開設も維新革命の仕上げとして藩閥内閣＝政府の手によっておこなわれ、初期議会期をつうじて、衆議院の多数派の支持に立脚することなく帝国憲法に則り天皇に任用された内閣＝政府が、国政の主導権を掌握し続けた。このように、国家権力の機構的編制に関しては、内閣＝政府の議会に対する優越が貫かれた。政府が推進主体である「上からのブルジョア革命」によって生成する（初期）ブルジョア国家の権力機構編制では、必然的に政府が最優越する。明治維新と明治国家もそのことを実地に証明していた。それでも、成立したばかりの日本型（初期）ブルジョア国家において、帝国憲法の条文を念頭におけば特に、反対派としての民党とそれが拠って立った議会の力は、思いのほか大きいものであった。

続いて、憲法の運用による実際政治の運営如何を見よう。

①、民党の最大の武器となったのは、憲法第六四条の予算議定権であった。新規・増加の歳出案には両院の同意が必要であった。衆議院において与党は少数だったから、内閣は劣勢に立たされ、予算案修正や前年度予算執行の事態が相次いで苦境に追い込まれた。ただ、第六七条によって、天皇大権に基づく既定の歳出については、議会は政府の同意なしにこれを改廃できなかったから、民党の政策を通すこともできなかった。

②、民党が多数を占める衆議院の内閣への有効な対抗手段の一つが、憲法第四九条の天皇への上奏権であった。日清戦争前に衆議院に提出された上奏案は三〇件に達し、そのうち可決されたものは八件であった。なかで最も著名なのは、先述の「和衷協同の詔」の渙発におよんだ伊藤内閣不信任の上奏であった。

③、天皇の緊急勅令の大権について、一八九一（明治24）五月、来日中のロシア皇太子が大津市において襲撃され負傷した事件が勃発し、事の重大性に鑑み、内閣は新聞・雑誌類を事前検閲し違反者に刑罰を課す、憲政史上初の緊急勅令を発した。憲法第八条第二項で緊急勅令はその直後の議会による承認が必要とされている。そこで、承諾案が第三議会に提出されたが、衆議院はこれを否決した。当緊急勅令は廃止された。

④、司法権力の独立について、右の大津事件に際し、ロシアの怒りを和らげようと政府は司法当局に犯人を死刑に処すことを命じて圧力を加えたが、大審院長児島惟謙は判事らを説得して刑法の規定に従い無期徒刑の判決を下させ、司法権の独立を貫いた。

一八九二年二月の第二回総選挙で高知二区からともに立候補し落選した片岡健吉と林有造は、開票不正ありと吏党候補の当選無効を告訴した。大審院で片岡らの主張が通り、吏党候補の当選無効、片岡ら二人の当選が決定した。

⑤、第一議会以来の毎議会、新聞紙条例、出版条例、集会及政社法のそれぞれの改正案、保安条例廃止案が民党から提出された。そのうち集会及政社法改正案は、第四議会で修正可決されやや緩和された。それ以外は、未決となったり、衆議院で可決されて貴族院で否決されたりで、実現しなかった。

⑥、地租について税率を軽減する地租条例改正法案も、ほぼ毎議会提出された。第一、第三、第四議会では、衆議院を通過したが、貴族院で握りつぶされるか否決されるかであった。それ以後の議会では、衆議院を通過することができなかった。

⑦、天皇の法律裁可の大権について、議会を通過した法律案を不裁可とした例はなかった。

⑧、官吏任免の大権のうち内閣首班の任命については、第二次伊藤内閣発足の際に、元老たちが天皇の下問を受け協議して後任総理大臣候補者を選定、推薦し、天皇が当該候補者に組閣の大命を下す形が生まれ、以降、これが慣行となっていった。

⑨、天皇の権力行使に関して、第四議会における「和協の詔勅」は、その最大のものであった。天皇の勅諭を発することで、明治一四年の政変と同じように、政治的危局が切り抜けられた。詔勅は、至尊の「聖断」なるがゆえに、天皇の公正性、無謬性をいささかも傷つけてはならないし、広く人心を収める体

のものでなければならず、内閣と議会の対立を調停し両者が痛みを分かつような裁定を下した。天皇は、重大な難局にあたって、内閣と連係しつつ、対立の調整にあたる役割を果たしたのだった。

⑩、最後に付加すると、一八九〇年一〇月の枢密院官制で、内閣からの諮詢がなければ枢密院は会議を開くことができなくなった。これにより、内閣への制度的求心化が進行して、統治機構の中枢としての内閣の位置は益々確定した。

以上の諸点を総括的に、君権主義的憲法の自由主義的解釈・運用と規定することができよう。憲法規範は君権主義的だったが、その解釈・運用は自由主義的傾向が優勢だったのである。

顧みると、帝国憲法の欽定は、高揚する自由民権運動に対する藩閥政府の巻き返しであり、欽定された憲法の条文は、政府と自由民権派の間で対立し競合していた諸々の憲法構想・草案のなかでも右端に位置した岩倉憲法意見書にそっており、君権主義的性格が濃密であった。

しかしながら、地域にしっかりと根を張って多彩な活動を繰り広げた自由民権運動、多くの私擬憲法を生んで高揚した自由民権派の思想、運動は、消滅してしまったのでは決してなかった。改変をともないながら、民党や大同団結派、三大事件建白派に引き継がれていた。イギリス流の政党政治、議院内閣制の主張も、藩閥政府内からは一掃されたものの、民間では健在であった。新聞・雑誌でも、帝国憲法規範についての自由主義的な解釈が有力な傾向であった。(注26)

議会開設準備期における政治体制の内情、政治的勢力関係の実態からすると、帝国憲法は自由民権派、民党に掣肘されずに右翼的に偏局して制定された。憲法体制は君主主義的に造出されたが、しかし、帝国議会開設とともに顕出した政治的な諸勢力の対抗関係を特徴づけたのは、藩閥政府に反対する自由主義的勢力の進出であった。国家では政府権力の座にある藩閥が圧倒的だが、政治社会では、衆議院における民党と吏党の議席数が示すように、反藩閥勢力が優勢でさえあった。

ゆり戻しがあって当然だった。帝国議会開設後の藩閥内閣への民党の攻勢と合わせて、君権主義的帝国憲法の自由主義的な解釈・運用は、そのゆり戻しであり、君権主義的憲法の欽定とともに生じた憲法体制と政治体制との乖離を埋める均衡点への帰着を意味していた。国政は、諸々の政治勢力の対立・競合と提携・妥協の合成の所産として営まれるのである。

そして、民党の進出に特徴的に集約される政治社会の動向は、憲法と議会がそれなりに定着する可能性を示していた。

日本に先駆けて一八七六年に、アジアでは最初に、トルコが立憲政治を採用し議会を開いた。しかし、僅か一年弱で憲法停止、議会解散となり、失敗に終わった。それだけに、アジア全域で唯一つの立憲政、国会開設の国日本での成り行き如何は、欧米諸国からの注目も集めていた。藩閥内閣＝政府は、立憲国家の建設の成功を欧米諸国に証明する必要があった。憲法の定着、立憲政治の存続は、欧米諸国中軸の国際文明社会への加入の許認可証としての意味を有していた。

藩閥内閣は、初期議会期の五年間に三回も衆議院を解散させて議会の機能を遮り、第三議会と第四議会では議会を一時停会にした。明治国家は、憲法停止の危機にさらされ、ぎくしゃくしながら、憲法と議会の新時代へと進み、立憲国家に転じたのであった。

西欧諸国ではその発展に数世紀を要した絶対君主政からブルジョア革命を介しての（初期）ブルジョア国家への歴史を、明治維新は半世紀程に圧縮して一気に駆け上った。日本で最初の立憲政治論の登場を加藤弘之『鄰艸』（一八六二［文久元］年）に求めるとすれば、僅か三〇年しか経っていないなかでの立憲政体の実現であった。

そしてまた、イギリス、フランスのブルジョア革命では、議会の召集が革命の出発点であり、革命の組織的推進機関となった議会の形成に政治的諸党派の誕生が続いた。明治維新では、それとは大いに異なっていた。「上から」のブルジョア革命である維新革命の組織的推進機関となったのは政府であり、「有司専制」の維新政府から分裂・下野した急進的人士が党首となって政党が生まれ、国会は政党結成に遅れて革命過程の終点で漸く開設された。イギリス、フランス、プロイセン＝ドイツのブルジョア革命では、その革命の進展過程で憲法が制定され、立憲政治が始まった。ところが明治維新では、一八六八～八九・九〇年の革命期をとおして専制であり、立憲政治を経験することがまったくなかった。一八九〇年からの立憲政治の実現は、歴史的に持続してきた専制的統治からの一挙的飛躍であった。

これらの事情から、立憲政治はぎこちなく滑り出したのだった。

注

（1）『伊藤博文伝　中巻』、二四九頁。「政府主義」の語を用いていることに注意。
（2）瀧井一博『文明史のなかの憲法』講談社、二〇〇三年。
（3）宮沢俊義『日本憲政史の研究』岩波書店、一九六八年、八一頁。
（4）『伊藤博文伝　中巻』、二九六頁。
（5）同、九九一頁。
（6）『自由新聞』明治一五年九月二六日「慨世余言」。
（7）江村栄一『自由民権革命の研究』、二四三～二四五頁。
（8）後藤靖「明治初期主要政社、政党一覧」、『日本近現代史辞典』東洋経済新報社、一九七八年、九三五～九三六頁。

（9）色川大吉『自由民権』岩波新書、一九八一年、「第一章　文化革命としての民権運動」。
（10）渡辺隆喜『日本政党成立史序説』日本経済評論社、二〇〇七年、一四六～一四七頁。
（11）伊藤隆「明治十年代に於ける府県会と立憲改進党」、坂根義久編『自由民権』有精堂、一九七七年、所収。
（12）升味準之輔『日本政治史　1』東京大学出版会、一九八八年、一八二頁。
（13）升味準之輔『日本政党史論　第二巻』東京大学出版会、一九八三年、三六～三七頁。
（14）「きわめて大まかな推計だが、維新当時日本の全男子の四〇ないし五〇％とおそらく女子の五％程度が、自分の家の外で何らかの形で正規の教育を受けていたものと思われる」「当時の日本では現在のほとんどの低開発国よりも読み書きが普及していて……、当時の日本の状態は、実に一九世紀中頃のヨーロッパの一部の国とくらべてもひけをとらない」（R・P・ドーア「徳川期教育の遺産」、M・B・ジャンセン編、細谷千博編訳『日本における近代化の問題』岩波書店、一九六八年、一〇六～一〇七頁）。
（15）『枢密院会議議事録　第一巻』東京大学出版会、一九八四年、一七三頁。原文には句読点はない。（19）も同様。
（16）『三酔人経綸問答』岩波文庫、一九六五年、一九五頁。
（17）伊藤博文『憲法義解』岩波文庫、一九四〇年、七二頁。
（18）同、八七頁。
（19）『枢密院会議議事録　第一巻』、一七六頁。
（20）金子堅太郎『憲法制定と欧米人の評論』金子伯爵功績顕彰会、一九三八年、三二六～三二七頁。
（21）植木枝盛「欽定憲法の発布」、『植木枝盛集　第五巻』岩波書店、一九九〇年、二八六頁。
（22）稲田正次『明治憲法成立史　下巻』有斐閣、一九六二年、九二五～九二六頁。
（23）宮内庁編『明治天皇紀　第七巻』吉川弘文館、一九七二年、二二〇頁。

(24) J・ロム（木崎喜代治訳）『権力の座についた大ブルジョアジー』岩波書店、一九七一年、一〇〇頁。
(25) 室山義正『近代日本の軍事と財政』東京大学出版会、一九八四年、三六三頁他。
(26) 家永三郎『日本近代憲法思想史』「第二篇第一章　明治憲法制定当初の憲法思想」。

主要参考文献

伊藤之雄『立憲国家の確立と伊藤博文』吉川弘文館、一九九九年。
稲田正次『明治憲法成立史　上巻・下巻』有斐閣、一九六〇・六二年。
大久保利謙他編『日本歴史大系４　近代１』山川出版社、一九八七年。
大日方純夫『自由民権運動と立憲改進党』早稲田大学出版部、一九九一年。
鳥海靖『日本近代史講義』東京大学出版会、一九七一年。
佐々木隆『明治人の力量』講談社、二〇〇二年。
永井秀夫「明治憲法の制定」、『岩波講座日本歴史　16』岩波書店、一九六二年。
坂野潤治『明治憲法体制の確立』東京大学出版会、一九七一年。
升味準之輔『日本政党史　第二巻』。
山本武利『新聞と民衆』紀伊国屋書店、一九七三年。

第3章　国民国家の造型

(1) 日清戦争

日本がアジアの大国清国と朝鮮に対する支配を賭けて争った一八九四〜九五（明治27〜28）年の日清戦争を境に、明治国家は大きく変容する。その構造的変動の諸様相を、およそ一九〇〇（明治33）年までの時期を対象にして把握するのが、本章の課題である。

まず本節で、日清戦争の経過を追って、戦勝により日本は東アジアの地図を全面的に塗り替えて、自らの国際的地位を一挙に高めたことを明らかにする。

朝鮮問題は、明治六年の政変が示したように、「万国対峙」「国威宣揚」を国是とする日本にとって、東アジアへ進出するうえでの焦点的課題をなしていた。

日本政府は、一八七五（明治8）年九月の江華島事件で開国を強要して以来、朝鮮の独立に対する援助を名分として、清国の朝鮮に対する宗主権を打破し、勢力を扶植することに努めた。だが、その朝鮮政策は、一枚岩ではなく、大きく分けて、清国との戦争は避けようとするいわば消極的干渉の路線――長州派と、清国との戦争も辞さない積極的干渉の路線――薩派、軍とがあった。そして、一八八四（明治17）年一二月、親日派・急進開化派のクーデタが失敗した甲申事変、翌年四月、イギリスとロシアの対立の東アジアへの波及を示すイギリス艦隊の巨文島占領、という朝鮮内外での重大事件が起きた後には、日本政府は、清国に対抗する軍備拡張を進めながら、より大きな脅威であるロシアの南下を阻止すべく、上記前者の路線に立ち清国と協調する方針をとった。(注1)

一八九〇年三月、第一議会において山県有朋首相が、「主権線」である日本の領土を確保するのみならず、「主権線」に密接に連結する「利益線」――その焦点が朝鮮――も防護すべきだと施政方針演説したのは、有名である。その朝鮮政策も、シベリア鉄道建設によるロシアの南下の動きに対峙して、「朝鮮国ノ中立」で「清国ノ交際ヲ厚クスルコトヲ務ムヘシ(注2)」、つまり日清共同して朝鮮の保護にあたるとするものであった。

朝鮮政策での二つの路線が併存するなかでも、しかし、その後九三年一〇月には山県が、「東洋の禍機は今後十年を出てすして破裂するものと仮定し豫め之れに應するの準備を為すこと」「乗ずべきの機あらは進んで利益を収る準備を為すへし(注3)」と表明したように、一朝事あるに備えて兵備の強化は着実に進められていた。

転機は、甲午農民戦争の勃発とともに訪れた。腐敗を極める李王朝、日清両国による収奪と支配に対する朝鮮民衆の反乱は、一八九四（明治27）年になると、民衆宗教東学の信徒を指導部に全羅道地方を中心にした全国的な農民戦争に発展し、五月には政府軍を撃破して全州を占領するにいたった。朝鮮政府は農民軍鎮圧のために清軍の出兵を求め、それに対抗して、伊藤博文内閣は六月初めに朝鮮へ軍を送った。

出兵以後もなお対清避戦と開戦の両論があった。だが、国内の世論は開戦で沸きたち、撤兵は清国に屈服した形になるのでできなかったし、陸奥宗光外相が開戦外交を強引に推進し、軍も大本営を開設するなどして戦備を整えていた。

甲午農民戦争はすでにおさまっていた。しかし、日本軍は、七月末、朝鮮政府の日清両軍撤兵要求を無視して、朝鮮王宮を占領し親清国政府を転覆、親日・開化派政権を樹立した。この政変に続いて、豊島沖海戦と成歓の陸戦で清軍との戦闘状態に入り、両戦闘で大勝した。八月一日、日清両国は宣戦布告した。

こうして伊藤内閣は政策を転換して清国との戦端を開くことになった。それには国内政治の事情によるところも大きかった。

前章（4）節で見たように、当時の伊藤内閣は、条約改正をめぐって国会で多数を占める対外硬諸派によって劣勢に立たされて内閣弾劾の上奏案を可決されるなど、窮地に追い込まれていた。プロイセンにおいてビスマルク政権が憲法紛争の泥沼化を対オーストリア戦争の勝利によって一挙に解決したように、対外戦争による局面打開は有力な選択肢であった。しかも、自由党も立憲改進党も、対アジア膨張の積極的な指向では藩閥政府と基本的な対立はなかったし、『時事新報』、『国民新聞』などの新聞の論調も、好戦論を煽り開戦で一致していた。戦争に反対する勢力は無く、戦争に批判的な声さえまったく少なかった。かかる状況にあって、伊藤内閣は、内政で直面している窮境を打開せんとして、また国民的な開戦熱に乗じて、朝鮮政策を転換し、近代日本史上初めての本格的対外戦争に踏み切ったのだった。

開戦とともに対外硬六派は内閣攻撃を中止し、伊藤内閣と立憲改進党などの政党との対立抗争は一挙に収拾された。

開戦にあたって、政党、ジャーナリズムが重要な役割を果たした。例えば、甲申事変に際し朝鮮へ即時出兵し武力で清国を屈服させるべきと唱えた自由党は、このたびは朝鮮の独立を扶植し東洋に平和を樹立する義戦として戦争熱を鼓吹した。やはり甲申事変の際に対清開戦を煽り、すでに「脱亜」論（『時事新報』一八八五［明治18］年三月一六日）を唱えていた福沢諭吉は、「日清の戦争は文野の戦争なり」（注4）と、この戦争は野蛮に対する文明戦争なのだと喧伝した。こうした正義の戦争というイデオロギーが、広く浸透し国民を駆り立て、ジンゴイズム（好戦的愛国主義）が高まった。

加えて、日本にとっては有利な国際的条件も生まれた。日本の対朝鮮・対清政策は、イギリスやロシアなどの列強の東アジアでの角逐によって規定され、諸列強の干渉をたえず懸念しなければならなかった。そうしたなかで、日清開戦目前の七月一六日、ロシアの南下に対する防壁を日本に期待するイギリスとの間に、新通商航海条約の調印をおこなって、治外法権撤廃を実現し、宿願である条約改正問題の解決に大きく前進した。この条約改正は、日本は朝鮮進出についてのイギリスの支持を取り付け、イギリスは朝鮮での日清の勢力均衡範囲内では日本の行動を黙認する意味あいをもった。

日本の劣勢の予想が多かった戦争に踏み切るにあたっては、一八八三〜八五年のベトナムをめぐる清仏戦争の頃から、日本と近代化を競い合っている清国の内情を探る密偵活動などをつうじて、綱紀の緩みや軍の戦闘能力の低さなどの情報が収集され伝えられていたこともあった。

大本営は広島に移されていたが、異例にもその広島で一〇月に召集・開会された第七臨時議会では、日清戦争完遂のために、巨額の軍事予算案が無修正で満場一致可決され、すでに発布されていた軍事支出に関する緊急勅令も事後承認された。更に、征清のために「上下一致、和協以テ」事に従うことが宣明された。(注5)

戦争の狂騒とともに、挙国一致の戦争遂行体制が築きあげられていった。膨大な戦費をまかなうべく、献金運動が富裕層から始まり、それに中間層や下層民衆も参加して、国民的な戦争支持運動として全国に広がった。軍事公債の募集もおこなわれ、全国各地、各階層から応募が寄せられた。朝鮮への出兵発表と同時に全国で広範に起きた義勇兵運動は政府の決定により姿を消したが、代わって軍夫として志願し従軍した者も数多であった(注6)。

日本軍は、九月一六日平壌陸戦、一七日黄海海戦で連続して圧勝し、朝鮮全土を支配下に置くとともに制海権を獲得し、早々と戦争の大勢を決した。

イギリスが調停に乗り出し講和を働きかけた。だが、伊藤首相、陸奥外相は、戦争目的を旅順、大連の獲得にまで拡大して、この調停を拒絶した。

一〇月になると、日本軍は清国領土に侵入し、一一月二六日旅順を占領、一二月から威海衛攻撃に移り、海城での激しい攻防の繰り返しを経て、九五年二月二日に威海衛を攻略した。

かかる対清戦争の間、日本政府の内政干渉に対し、九四年一〇月、甲午農民軍が再決起して反日・反侵略闘争を展開した。この第二次甲午農民戦争を、日本軍は、翌年にかけ、激しい攻防戦の末に壊滅させた。七月末の朝鮮王宮占領から甲午農民軍の第二次蜂起鎮圧まではいわば対朝鮮戦争であり、その勝利によって、日本は対清戦争の遂行と並行して、朝鮮国を勢力圏に収めたのであった。

当初の想定をこえて戦線は拡大し、日本軍は連戦連勝を続けた。予想をこえる圧勝であった。それは、清国の洋務派官僚で外交、軍事の実権を掌握する李鴻章の戦争を回避し現状維持を図る消極的避戦主義の姿勢、軍最高指揮官の敗北主義、伝統的な腐敗慣習、軍規の乱れ、旧式の銃など、清国軍の弱体性によるところが大きかった。老大国は封建的官僚主義に蝕まれ、その権力の腐敗は外から見る以上に進行していたのだった。

日清戦争遂行上の最高国策は御前会議で、軍事作戦は大本営御前会議でそれぞれに決定され、戦争の最高指導部のなかでも伊藤首相が全般的な指導権を掌握した。これに関しては、第四章（3）節において記述する。また、連戦連勝の陸海軍を率いる大元帥という天皇像が造り出されて、天皇と国民はかつてなく強く結びつき、天皇は新興日本の国民的統合のシンボルとなっていったことについては、第四章（4）節において取り上げる。

さて、日本の戦勝が確定し、九五年二月ともなると、列強は日本の講和条件に強い関心を寄せて過大な要求は容認しない姿勢を示した。

こうした列強の動向に留意しながら、日本側は講和前により有利な条件を獲得しておこうと、二月末から三月にかけて、清国軍最後の拠点田庄台をも攻略し、更に澎湖島を攻撃した。

三月に下関で日清講和会議が始まった。まず、清国の休戦請求を日本が受け入れて休戦が決定した。次いで、日清双方が講和条件を明らかにすると、ロシアを筆頭に、列強はそれぞれの思惑で講和条件をめぐって要求を表明し画策した。

四月に講和条約調印となったが、講和条約の主な内容は次のようであった。①朝鮮国の完全な独立自主の承認、②遼東半島、台湾、澎湖列島の割譲、③賠償金邦貨にして約三億円の支払い、④欧州各国と同一の特権を与える日清通商航海条約の締結、⑤重慶、蘇州などの新たな開市開港。

これに対して、ロシアが列強に共同干渉を提案した。イギリスは干渉に加わらない態度をとり、アメリカ、イタリアも同調しなかったが、フランス、ドイツが応じた。講和条約調印六日後にロシア、フランス、ドイツが遼東半島放棄を勧告し、いわゆる三国干渉をおこなった。

伊藤内閣は、四月末の閣議で三国干渉を部分的に受け入れて、遼東半島の放棄を決定した。それでも、戦果は莫大なものであった。

戦勝が確定するや国民は酔いしれ、「国民到る處喊聲凱歌の場裡に亂酔したる如く将来の欲望日々に増長」(注7)という有様であったから、それだけに、三国干渉に歯軋りし、遼東半島還付を屈辱として噛みしめ、特にロシアへの怨みを募らせることとなった。

朝鮮では、九五年一〇月の閔妃殺人事件を転機に日本の朝鮮支配は後退し、開化派政権も翌年二月に崩壊した。日本は、戦争の当初の目標であった朝鮮の支配についても、これを手中に収めることはできず、清国よりも一層強大なロシアと争わなければならなくなった。そして、朝鮮については、積極的干渉政策はとらず、新たな国際的条件のもとでの情勢の変化を見守りつつ対策を講じることにし、ロシアと対決しうる軍備増強に邁進してゆくこととなった。

清国からの台湾の割譲については、台湾で反対運動が起こって台湾独立運動へと発展した。一八九五年五月末に、日本軍が台湾に上陸、侵攻して、台北を陥落させた。その後も、ゲリラ戦術での抗戦は続き、大掛かりの兵力増派が必要であった。一一月になって、日本軍は抗日武力闘争を平定し台湾の占領を終えた。日清戦争は日本の台湾植民地化戦争をともなったのだった。

日清戦争に勝利して日本は台湾、澎湖列島を奪ったが、これは列強による中国中心部の分割競争の引き金となった。それまでは列強による中国への侵略はその周辺地域の蚕食にとどまっていた。日清戦争を契機に、列強はこぞって中国本土の分割に殺到した。それはまた、欧米列強の帝国主義的な世界領土分割の完成への道を開くことにもなった。

巨視的に捉えかえすと、一九世紀に欧米を中枢とする資本主義世界システムが確立し、その発展過程で外辺に存立して固有の地域世界をかたちづくっていたオスマン・トルコ帝国、ムガール帝国、中華帝国など、旧来の帝国は次々に解体され、資本主義世界システムの周辺部として編入された。東アジアでは、欧米列強の侵攻により伝統的な華夷秩序に基づいて君臨してきた中華帝国清朝が瓦解の道を辿り始めたなかで、列強の襲来は極東の僻地にある日本に達し、更に清帝国の属国の一つ朝鮮にも及んでいった。清も日本も朝鮮も、経緯や条件に違いはあるが、独立の国家として生き残るか、（半）植民地に転落するかの険しい岐路に立たされ、国運をかけて死に物狂いで近代化を進めなければならなかった。

そのなかで、日本だけが明治維新＝上からのブルジョア革命によって国家的独立と立憲政体の樹立を曲りなりにも達成して欧米文明諸国の仲間入りを果たし、更に帝国主義的強国への道を進んでいった。清国と朝鮮は近代化のための変革が失敗しあるいは圧殺されて、清国は列強による領土争奪の好餌となり、かつてのアジアの盟主から列強の半植民地へと凋落してゆき、朝鮮国は日清間の勢力争いの対象として戦争に巻き込まれ、結局は日本の植民地になっていった。日清戦争は、日本のみならず中国、朝鮮の近代史のそれぞれの方向を決めた分岐点であった。

こうした資本主義世界システムの確立にともなう東アジア世界の構造変動には、他の地域世界のそれには見られない特徴があった。その構造変動が、世界システムの中心部の欧米列強の外側からの強圧的侵入によっただけでなく、世界システムの周辺部では例外的に近代的変革を成就した日本が内側から再編を推し進めたことにもよったことである。

当時の国際関係のなかで、日清戦争は防衛と侵略の二面性をもっていた。日清戦争の勝利によって、日本は国民的な宿願であった列強への従属を象徴する不平等条約の改正に一段階を画し、東アジアでは唯一の独立国家としての地位を確かなものとした。だが、その独立は、隣邦を戦争によって従属させることによって獲得された。欧米列強に対する独立の確保は、朝鮮、中国に対する侵略と一体不二であった。

自らの独立を近隣諸国への侵略によって確保したのは、帝国主義の時代を迎えるなかで成立し確立せざるをえなかった近代日本国家が背負った原罪(注8)であった。

第I篇の各章において見たように、イギリスでのアイルランド征服、フランスでのナポレオンのヨーロッパ諸国征服、ドイツでの対オーストリ戦争及び対フランス戦争の勝利が典例だが、いずれの国にあっても、ブルジョア革命の達成、初期ブルジョア国家の建設は、対外戦争、近隣諸国への侵攻の勝利的遂行を重要不可欠な一環としていた。一七～一九世紀の世界のブルジョア革命、ブルジョア国家の創建は、対外的な好戦的活力の発動による他国の征圧をともなっていた。この史実についても、一考を要する。資本主義世界システムの成立・確立過程にあっては、近代国家そのものが対外的には他国征服という「原罪」をもって生れ出たのであった。明治国家が背負った「原罪」は、そうした近代国家の初発的な存在性格と、資本主義世界システムの周辺部に帝国主義列強の（半）植民地として編入されてゆく東アジアにあって自国の独立、発展の活路を拓く早熟な帝国主義化とが折り重なった、特有のものであった。

日清戦争による朝鮮や中国への侵攻なしに、国家的独立を実現することはできなかったのだろうか。別の道の可能性についての考察が必要であるが、理想論に流れるのでも現実追認論に陥るのでもなく代案を見出すのは、不可能なほどに困難であり、選択の幅は狭かった。

第一に、世界史的条件として、東アジアでも欧米列強が熾烈に覇を争う帝国主義的な国際関係が支配していた。峻厳な国際的環境にあって、以前自由民権派の一部で主張されたような、列強の侵攻に抗して独立の小国として生き残る、そのために場合によっては同じような境遇にある清国、朝鮮と連衡するという道は、現実には不可能であった。国政を担当する藩閥政府は、内部での政策・方針の相違を調整しながら、列強間の対立を利用し、イギリスと協調しパクス・ブリタニカの傘下に入る方向をとり、国家的独立の命運を賭けて清国と戦い、朝鮮・清国に侵攻する道を進んだ。

第二に、国内では、いま一つの道を可能にする思想・組織・運動に関して、主体的な営みが不在であった。反対思想の存在はいま一つの道を可能にするための最小要件であるが、日露戦争に際しては非戦論を打ち出す内村鑑三でさえ、日清戦争の正当性を訴えたのであった。

第三に、幕末の尊王攘夷以来のナショナリズムの奔流が所在していた。第一次伊藤内閣や黒田内閣の条約改正交渉に際して対外硬のナショナリズムが民間から湧きあがり、改正交渉を失敗に帰せしめた。それに続いて、日清戦争時には、下層の民衆をも巻き込み、国を挙げての愛国ナショナリズムが噴出し高揚した。そうしたナショナリズムには、対外進攻の要素が含まれていて、開戦、朝鮮・中国侵略への強力な流れをつくった。

こうした歴史的な諸条件を踏まえるならば、いま一つの道の追求よりも、日清戦争について批判的見地を堅持しつつ、政府が進める政策・方針を修正し変更を迫る、その具体策を追求するという問題の立て方が必要だと思われる。そしてまた、日本が進んだ道とは別の現実的な歴史的選択肢は、もっと後の時期に探られるべきであろう。(注9)

(2) 藩閥と政党の協調へ

日清戦勝利後、「臥薪嘗胆」「富国強兵」を合言葉に、伊藤内閣は、ロシアを仮想敵国とする軍備拡張を基軸としつつ殖産興業と台湾植民地経営を環節とする「戦後経営」計画を策定し遂行した。

戦中に挙国一致的に政府を支持してきた政党のうち、自由党は、軍備拡張・産業育成の「積極政策」を支持し、「民力休養」を放棄して、九五年一一月には伊藤内閣との提携を宣言した。他方、立憲改進党は、遼東半島返還の責任を追及して対外硬派を再結成した。

日清戦後最初の議会、第九議会では、九六年度の予算案として、前年度の二〇〇〇万円台から一躍七〇〇〇万円台に急増した軍事費をはじめとして、産業育成費などで大幅増の積極予算案が、諸政党にほぼ全面的に支持され、僅かな減額で可決された。

一八九六（明治29）年三月、対外硬派連合を継いで立憲改進党を中心に五会派が進歩党を結成し、自由党と並び衆議院の主要政党となった。進歩党は、立憲改進党の進歩主義と対外硬派の国権主義を併せもつとともに、内閣の在り方については、超然主義を否定し、議会に対して責任を負う責任内閣論を掲げた。

同年四月に、自由党総裁の板垣が伊藤内閣の内相に就任した。自由党の伊藤内閣との提携の見返りであった。

「挙国一致」内閣を志向する伊藤は、薩派と進歩党の支持をも調達しようと、松方と大隈の大臣起用を図った。しかし、実現できず、首相を辞任した。

九六年九月、第二次松方内閣が、大隈を外相として発足した。超然主義者、山県系官僚も閣僚として加わっていたが、この内閣は、松隈内閣とも称せられたように、組閣にあたって進歩党党首大隈を重要閣僚に据えて進歩党を与党とし、従前の藩閥内閣の超然主義に加えて、政党内閣的な性格を帯びていた。

伊藤内閣と自由党に続く松方内閣と進歩党の協力関係の形成は、いかなる内閣も衆議院における有力政党と手を結ぶことなしには存立しえなくなっていることを示していた。「戦後経営」の急激に膨張する予算を確保するという点からしても、日清戦前に民党の反対で余儀なくされたごとき前年度予算執行は許されなかったし、増税・新税には衆議院の同意が不可欠であった。そのため、藩閥内閣は二つの大政党の一方を与党として施政にあたらなければならなかった。他方、政党の側は、対外関係が緊迫化して「富国強兵」が現に直面する主題となり政策の選択の幅が狭まった戦後の情勢にあって、党指導者の入閣や党の政綱の採用を条件として藩閥政権に参入し、それをつうじて政権獲得へいたる方途を模索した。このようにして、藩閥と政党の相互依存度が増大していった。

一八九七（明治30）年一二月開会の第一一議会で、松方内閣は、軍拡計画の実施を予算のうえで担保するべく、地租増徴に踏み出そうとした。だが、進歩党は、地租増徴に反対し内閣への協力を打ち切った。これを機に、衆議院は解散となり松方内閣は総辞職した。

翌年一月に第三次伊藤内閣が発足し、三月、第五回臨時総選挙がおこなわれた。獲得議席数は、自由党が現状維持であったのに対して、進歩党は激増（四五から一〇三へ）し、両党は勢力伯仲となった。

五月からの第一二特別議会に伊藤内閣は、地租増徴を含む増税案を提出した。先の第二次伊藤内閣と自由党、第二次松方内閣と進歩党の提携は、地租増徴には手をつけないという前提のうえに成り立っていた。しかし、地租は富国強兵政策の最大の財源であり続けていて、「戦後経営」計画は地租増徴を含むことなしには遂行できなかった。

ところが、自由党、進歩党は、初期議会期における地租軽減の要求はすでに放棄していたものの、地租増徴にはそろって反対であり、地租増徴案を圧倒的大差で否決した。地租増徴が最大の争点として浮上し、この問題の衝突で、藩閥内閣と政党の提携は暗礁に乗り上げた。

六月、伊藤内閣は解散を断行し、これに対抗して、自由党と進歩党は合同して憲政党を結成した。強大な野党の出現は、各方面に衝撃を与えた。

この事態に対処すべく、伊藤は、九二年初めに発起して元老たちや天皇の反対にあって断念した新党の組織化を再度追求した。しかし、やはり他の元老たちや実業界首脳陣の同意を得ることはできなかった。御前会議で憲政党への対応をめぐり激論が交わされ、超然主義、政党内閣排撃の山県系と政党容認、政党内閣もやむをえないとする伊藤系とに、藩閥勢力は分裂し、双方の対立は決定的になった。

伊藤は、首相を辞して、憲政党の大隈・板垣を後継首班に推した。紛糾の末、大隈内閣、別名隈板内閣が、日本最初の政党内閣として誕生した。軍部両大臣を除く八大臣すべてを憲政党員が占めていた。ここに、政党は、藩閥政権への部分的参入から自前の政権樹立に達し、結党以来の念願をついに実現した。

同年八月の第六回総選挙では、憲政党は議員定数三〇〇名中二四四名（そのうち旧進歩党系は一一〇名、旧自由党系は九五名）を獲得して、衆議院に絶対多数を占めた。

しかしながら、大隈内閣は、大きな弱点を有していた。大同団結して成った憲政党に旧自由党と旧進歩党との対立抗争が持ち越され、内訌が繰り返された。①、自由党の積極財政・軍備拡張、進歩党の財政整理・軍備縮小といったそれまでの政策上の争点は、一時棚上げされたにすぎなかった。地租増徴反対での連携を機に憲政党は生まれたのだが、地租増徴に与する有力な意見さえ、星亨など旧自由党指導者にはあった。②、大隈が首相にして外相を兼任し内閣の指導権を握ることになったが、大臣ポストの配分でも旧自由党系との確執があった。③、内閣任命の高等官をめぐっても、猟官運動が熾烈を極め、官職配分に与らなかった党員たちは不満、批判を抱いた。

かてて加えて、軍部大臣の選考に打つ手がなく、陸海軍大臣には、山県の上奏により勅命で桂太郎、西郷従道が留任した。強固な反政党の立場をとる陸海両軍部大臣は、外部での倒閣運動に呼応する内部からの策動を辞さなかった。

大隈内閣は、産業育成をより重視して軍拡とのバランスを計り、地租以外の増税によって「富国強兵」政策の継続を図る一方、藩閥官僚の権力基盤に切り込む行政改革に取り組んだ。また、議員提出法案をうけて、かつて三大事件建白運動鎮圧に発動された保安条例を廃止した。

藩閥勢力は、反撃の機会を狙っていたが、積極的に教育の自由化を進めていた文相尾崎行雄が演説のなかで仮定の話として日本での共和政治に言及したことを問題にして、「国体」に合わないものとして政党内閣を攻撃した。閣内でも板垣内相が尾崎を排斥し、更に尾崎の後任人事をめぐっても紛糾した。政権の運営をめぐって旧自由党系と旧進歩党系の対立は深刻となり、憲政党は真っ二つに分裂した。大隈は首相を辞し、旧自由党派は新たに憲政党を組織しなおし、旧進歩党派は憲政本党を名乗った。

大隈内閣は、一度も議会を迎えることなく僅か四ヶ月にして自壊したが、藩閥による政権の継続的独占に風穴を開けた。また、直ちに政党内閣の時代を開くことはできなかったが、議会に多数を占める政党によって内閣が組織される議院内閣制への第一歩を印した。

同年一一月に第二次山県内閣が成立し、憲政党と提携した。懸案の地租増徴案の通過は衆議院の多数派の協力なしには不可能であり、そのことが超然主義の修正を不可避とした。それでも、憲政党員の入閣は拒否し、閣僚は山県系と薩派代表者によって固められていた。

一一月に開会した第一三議会に、山県内閣は、地租増徴案を提出した。これに先立ち、次節で述べるように、全国各地の商工業者が結集して地租増徴を求める運動を展開していた。地租増徴は、米価上昇による地租負担の相対的な軽減という状況を背景に、引き上げ率を軽微にして五年間に限定するなどの条件付きで、衆議院、貴族院を通過した。憲政党は、賛否両論で紛糾したが、地方地主層を中心にしてきた党の支持基盤を都市商工業者層に拡げていこうと図る星亨が党議を賛成に導き、反対議員は切り崩された。こうして、第二次松方内閣、第三次伊藤内閣のいずれもが失敗した地租増徴が実現された。

次に、山県内閣は、政党内閣を防遏し文武の官僚主導を強化確立する二つの重大な改定を断行した。その一つは、九九年三月、政党勢力の官僚機構内部への進出に対抗する措置として、議会の立法手続きを経ずに勅令で、文官任用令改正をおこなった。勅任官について、高等文官試験合格者からの任用に限定し政党員の就官を阻むものであった。あわせて文官分限令および文官懲戒令を制定し、官吏の身分保障を強化した。大隈内閣のもとで激しかった政党員の猟官を封じる形をとって、官僚制の独立を強化し、政党内閣の官僚機構への介入に対する防壁を築いたのである。

また一つは、一九〇〇（明治33）年五月、陸軍省・海軍省官制の改正により、陸海軍両大臣および両次官の現役将官専任制を設けた。軍部大臣現役大中将制の慣行を法制化したものであったが、これにより、陸海軍は内閣に独自の拠点を確保し、軍部大臣の地位は独立性を強め、内閣は陸海軍と対立するとその存立を脅かされかねないこととなった。

以上の他に、同年三月、第一四議会で、山県内閣は、衆議院議員選挙法を改正した。原案の修正を経て決定した内容は、選挙資格としての納税額の引き下げ、被選挙資格として納税条件の撤廃、人口三万人以上の市に独立選挙区設置、記名投票に代えて無記名投票、などであった。このうち、選挙権の拡張は、憲政党との政策協定に基づくもので、有権者数は二倍弱増加し国民の二・二％になった。市部独立選挙区化については、地租増徴の場合と同じく、都市の商工業者が運動を展開し、政府や関係方面に強く働きかけていた。改正は、商工立国が標榜されるなか、地主議会的な衆議院への商工業者の進出の道を開く意味をもっていた。

この期間、民党と長年対決してきた官僚は、大隈内閣時に、自由任用であった各省の次官、局長のほとんどを憲政党員が占め、道府県知事にも党員が進出する事態に、激しい敵意を燃やした。そして、伊藤が強引に政党内閣に道を開いたことから、官僚の多くが反政党内閣の立場を護る山県の周辺に結集していった。山県系は、陸軍軍人、内務省・宮内省をはじめとした官僚、貴族院議員などを中心として勢力を拡大し、藩閥から官僚閥へと性格を変えつつ、一大派閥として確立することになった。

官僚集団では、その最頂点部では依然藩閥的色彩が強いが、年月が経つにつれて、新しい専門官僚たちが要職を占めるようになってきていた。行政機構では、帝国大学および専門官僚制によって養成され高い専門知識を備えた官僚が増えて、出身府県も平均化していく傾向にあったし、軍部でも、専門軍人を養成する陸軍士官学校、陸軍大学校と海軍兵学校の出身者が中堅幹部に登ってきていた。

ところで、文官任用令改正とともに、山県内閣と憲政党の間に亀裂が生じ、双方は提携を打ち切った。憲政党は、伊藤との提携に転じ、伊藤に党首就任を要請した。挙国一致体制の創出を志向してきた伊藤は、折しも、これまでの藩閥と政党の両者を包摂し改良した政治的統合主体の創出を訴えて、三度目の新党結成に乗り出していた。彼は、「今日は英国の善い所を採て致す様にするのが然るべきこと」であって「今後は内閣と議会とが成るべく調和の途を取〔る〕」[注10]と、イギリスでのごとき議会に多数を占める政党の首領が内閣を組織する政治を学ぶことさえ表明していた。憲政党は、解党して、党をあげて伊藤の新党への合流を決定した。

一九〇〇年九月に、伊藤周辺の官僚、実業家、それに憲政党一一三名、無所属一九名、憲政本党九名、帝国党四名など総勢一五五名の議員を傘下に糾合して、衆議院の単独過半数を握る大政党として、立憲政友会が結成された。立憲政友会は、伊藤総裁専制を謳い、伊藤系が首脳部を占めたが、事実上の中心になったのは旧憲政党であり、なかでも星亨が党運営の実権を握った。

大隈内閣の成立という史上初の政党内閣の登場に直面して、藩閥首脳の対応は二手に分かれたのだった。一方で山県は、藩閥と文武官僚の主導を確保する制度的保塁を構築し、他方で伊藤は、藩閥と政党との合同による新手の政治的統合主体として政友会を結成した。藩閥は、政党の勢力伸長という時代の趨勢に対応しながら、一方の山県系＝藩閥保守派で、高級軍人養成機関、帝国大学・専門官僚制を通って昇進してきた文武官僚によって後継されて、軍閥・官僚閥へ転化してゆき、他方の伊藤系＝藩閥改革派では、憲政党と一体化して政党化してゆくことになった。

同年一〇月、立憲政友会を基礎にして、伊藤は第四次内閣を組織した。しかし、増税案をめぐって山県系官僚出身議員を中心とする貴族院と衝突し、また立憲政友会内部の対立を招いて、六ケ月で内閣は退陣した。

この後、一九〇一年六月の少壮の軍人政治家桂太郎を首相とする超然内閣の登場を機に、明治国家は、藩閥元老支配を頭部にとどめつつも、文武官僚閥の桂内閣と立憲政友会の西園寺公望内閣が、貴族院と衆議院の勢力均衡に基づいて協調し交互に政権を担当する「桂園時代」の新段階へと推転する。元勲・元老政治から文武官僚政治への重心の移動が徐々に進行していった。

概観してきたように、日清戦争勝利後、初期議会期の藩閥と民党の横断的対決は、藩閥と政党がそれぞれに分裂・競合し旧来の枠組みを越えて連携・妥協する縦断的対立へ展開し、政界の構図は一変した。

国家的独立と立憲政体樹立という維新革命の目標は、帝国憲法制定・帝国議会開設とイギリスなどとの条約改正実現より達成された。これにより、日清戦後は、新たに規模拡大した富国強兵が最大の国家目標となった。「戦後経営」計画のもとでの軍備拡張、殖産興業の遂行が、その具体的な基本政策であった。富国強兵の国家目標を藩閥も政党も共有していて、政策的選択の幅は狭まっていたが、それゆえにかえって、政治的諸勢力・諸党派間の対峙と妥協は錯雑化して、政界は流動した。

自由民権運動以来の藩閥専制打破を継いで誕生した民党は、初期議会期における藩閥支配への対抗を経て、立場と政策を次第に転換し、藩閥内閣との提携をも介して政権の座に登る体制内政党としての性格を明確にした。それにつれて、民党、吏党という言葉も死語となった。一方、民党を弾圧し、政党排撃の超然主義に立っていた藩閥政権は、衆議院で多数を占める政党の協力なしには軍拡や増税をおこなえなかったから、人事や政策の面での要求を取り入れて政党と提携せざるをえなかった。藩閥と民党の相互接近、双方の政治姿勢の転換は、不可避的であった。

藩閥と政党の提携から始まった流動は、一方での自由党と立憲改進党＝進歩党の対抗から両党の合同による憲政党へ、更に憲政党（旧自由党）と憲政本党（旧進歩党）への分裂へという政党のめまぐるしい離合集散と、他方での伊藤系の文治派・藩閥改革派と山県系の武断派・藩閥保守派への分化と対抗へと、双方が交錯しながら展開した。そして、伊藤を総裁に戴く立憲政友会と山県系の軍閥・官僚閥の二大勢力への再編成に収斂した。

それとともに、帝国憲法制定・帝国議会開設の前後には、藩閥、反対派の民党、文武高級官僚養成システムの陣形として編成されていた統治階級は、藩閥（政治家）と政党（政治家）の近接、協調によって、内閣＝政府権力担当者も多様な構成が可能となり、強固になった文武の官僚集団にも支えられ、諸々の内部対立を引き摺りながらも、総体として安定度を数段増すにいたった。ますます影響力を拡大して社会的に定着した新聞・雑誌などのイデオロギー的装置をも合わせて、体制統合の主体はより一層豊富化し柔軟で堅固なものとなっていた。

藩閥支配が行き詰まった折に、憲法停止論が藩閥保守派の超然主義者によって主張されたことがあったが、優勢を占めるにいたることはなく立ち消えになった。

国家体制については、内閣制創設以来の内閣＝政府の優越は、初期議会期と比べて、一面で議会の比重の増大、他面で官僚閥と軍閥の独立性強化をともなう形に内部変化をとげた。明治国家は、内閣＝政府中心主義を基軸にしながら、議会主義の伸張、元老支配の存続、文武官僚主導主義の定着、天皇のナショナル・シンボル化といった相反的な発展傾向を包括的に複合して、興隆していた。

(3) 産業資本主義の形成

幕末以来、開国にともなう商工業の急変動や維新政府の殖産興業施策などをつうじて成長を遂げてきた資本主義経済は、一八八七（明治20）年前後に鉄道・紡績・鉱山業を中心とする企業勃興期を迎えた。一八九〇（明治23）年の日本最初の恐慌で一旦は中断されたが、日清戦争後に再び企業勃興期が生じ、資本主義経済は本格的な発達の軌道にのった。国民経済の急激な資本主義的改造による資本主義経済確立の歴史的画期をもって産業革命とするならば、日本の産業革命が始まり進展していった。

産業革命を主導したのは、紡績業であった。紡績業では、一八八三年に操業開始し高収益を上げて経営的成功をおさめた大阪紡績会社が先導し、それを追って紡績会社の設立が相次いだ。その際、大規模経営を一挙に実現すべく株式会社形態をとって資本を調達し、イギリス製紡機を輸入して機械制大工業化を僅かの間に達成した。綿糸生産高は一八九〇年代の一〇年間に八倍近く急増し、インド・イギリスからの輸入品との競争に打ち勝って、一八九〇年に生産高が輸入高を超え、国内市場を制圧してゆき、九七年には輸出高が輸入高を凌駕し、輸出産業として確立することとなった。国内需要の激増、および日清戦勝にともなう朝鮮・中国市場への輸出など海外市場への目覚しい進出が、そうした急成長を可能にした。紡績業は、日本の資本主義の中軸となりその発展を推進した。

かかる紡績業の躍進は、出稼ぎの若年女工が労働力構成の中心を占めていて、驚くべき低賃金、通例一二時間の長時間労働や昼夜二交代制の徹夜業、更には人身拘束、労働強制、不衛生な労働環境といった、劣悪で過酷な労働諸条件によって基礎的に支えられていた。

企業熱が最初に起こったのは、鉄道業であった。八一（明治14）年発足のわが国最初の私鉄である日本鉄道会社が成功して、鉄道への投資がブームとなった。各地方で私営の鉄道会社が続々と設立され、日本鉄道が九一年に上野─青森間で全通したのをはじめとして、山陽鉄道・関西鉄道・九州鉄道・北海道炭鉱鉄道などの地方幹線が建設された。官設鉄道では東海道線が八九年に新橋─神戸の全線で開通した。

日清戦後に再び鉄道ブームが訪れて、全国に鉄道網がはりめぐらされた。九二年から〇二年までをとると、線路総延長は約二・二倍、乗客数は約三・九倍、貨物量は約六・二倍と、いずれもが激増した。官設鉄道以上に私設鉄道の発展が目立った。鉄道輸送の一元化を目指して鉄道国有化がたびたび唱えられたが、実現したのは日露戦争後の一九〇六年であった。鉄道網の充実には、経済的観点に加えて、プロイセンが一八七〇年からのフランスとの戦争において鉄道を軍事輸送に活用して大きな成果を収めたことが知られており、軍事的観点も強くはたらいていた。

重工業については、先進資本主義の国際的水準に即応するのは技術的にも経営的にも困難が大きくて、国家の直接的事業として着手せざるをえなかった。機械工業は陸海軍工廠を、鉄鋼業は官営製鉄所を中心に発達した。海運業、造船業や鉱山業で民間企業の勃興を促すには、補助金の支出や官業払下げが欠かせなかった。そのうち民間企業に対する財政的補助は、交通関係部門、なかんずく海運に集中された。払下げの代表例としては、一八八七年長崎造船所が郵便汽船三菱会社に、八八年三池炭鉱が三井鉱山株式会社に払い下げられた。指名された多くは政商であり、払い下げは極度に有利な条件でおこなわれた。

政商について言えば、政府との特権的結びつきに依拠し原始的蓄積政策の一翼を担うことを通じて資本を蓄積してきていたが、払い下げを受けて鉱工業に進出し、企業が勃興し産業革命が進行していく過程で、特権への直接的依存から脱皮を図っていった。とりわけ特権政商の典型である三井と三菱は、この時期に事業部門多角化と会社化とを進めて、財閥に発展する基盤を獲得していった。

日清戦争を契機として、重工業は造船・兵器生産などを中心に伸張したが、依然として低位性が続き、官営軍工廠の軍事機械工業が大きな比重を占めた。重工業が本格的な発展をみせるのは、一九〇一（明治34）年官営八幡製鉄所の開業以降であり、九〇年代は、以後の発展の基盤形成の時期であった。

金融の部門では、銀行業が著しい発展をとげ、一八九三〜一九〇〇年のあいだに行数は約三倍、資本金は一〇倍近くに激増した。日清戦後、普通銀行とならんで、日本勧業銀行など、政府監督下で長期低利資金を供給する貸付にあたる特殊銀行が設立され、銀行制度の整備がなしとげられた。それとともに、日本銀行—都市銀行—地方銀行の重層的な分化が進展した。九七年一〇月には、日清戦勝の結果獲得した償金を基礎にして金本位制が施行され、信用体系が確立された。これにより、国際金本位制に参入して先進資本主義諸国と世界市場において競い合う一方、国内では産業に対する金融上の梃子入れをなしうる態勢が整った。

農業は、全産業構成中において占める比重が高かったが、工業のような発達を見なかった。地租改正や松方デフレの影響を受けて、農民層の分解が加速し、一方の極には大小の地主層が形成され、他方の極には土地を失った農民が堆積されてきていた。しかし、資本家的農業経営は発展せず、地主・小作関係が拡大して、農業の発達の中核を担って手作経営もしていた豪農層は徐々に寄生地主化してゆく方向を辿り、自小作農や小作農の小農経営を中核とする構造が形成され存続した。

幕末の開港以降世界資本主義に組み込まれ、著しく立ち遅れて資本主義化を進める日本では、先進資本主義国との競争によって制約されるために、資本主義の展開自体が全体として狭小な規模にとどまらざるをえなかった。そのうえ、すでに産業革命を達成している先進国の機械制生産を移入する形で工業化をおこなうので、農民層の分解は不徹底でおし歪められたものにならざるをえなかった。他方、大地主層は、企業勃興期に鉄道や紡績等への投資ブームの一翼を担い、株主や公債所有者としての性格を兼ね備えて商工業資本家層と利害の共通性を有するようになり、この面からも寄生地主化していった。

こうして、農業においては、技術の発展はあったものの、経営規模は零細なままにとどまって機械化を達成できず、生産の上昇は工業よりずっと劣った。また、零細経営の競争によって、農産物価格は押し下げられる一方、小作料は高率に維持されることになり、農村には貧農層が広範に滞留することになった。

産業革命のこうした推移のなかで、日清戦争の勝利は、ロシアを敵国と仮想しつつ策定された「戦後経営」計画の実施をつうじ、資本主義経済の目覚しい発展を加速する跳躍台となった。

「戦後経営」は、軍備拡張を基軸に、重工業の建設を重点施策として推進された。清国賠償金約三億六五〇〇万円の大部分が陸海軍拡張費・臨時軍事費等に回され、陸海軍工廠の軍事工業が飛躍的に発展した。また、官営製鉄所の創設が実現の緒についた。それに、運輸・交通・通信網の拡充が進められた。

合わせて、国家財政が大動員された。日清戦時・戦後の軍備拡張は、財政規模を一挙に拡大させた。臨時軍事費特別会計を通じて支出された戦費は、戦前の国家財政規模の二年分を上回る二億円に達したが、外債や増税によることなく、主として内国公債と清国賠償金によって賄われた。明治二九年度からの「戦後経営」財政では、政府支出は戦時中の水準をも超え、戦前の三倍前後の規模に達した。その結果、全政府支出は国民総生産の二〇％近い比重を占めるにいたった。財政膨張の主役は軍事費であり、中央政府支出の概ね三五％以上を占め続けた。その財源は、なによりも戦前の国家財政の四年分を超える巨額の償金であった。それでも、支出が予想以上に膨張するなかで、財源調達のために、当初は忌避されていた外債募集や地租増徴がおこなわれるにいたった。

日本の産業革命について概観したが、その第一の特徴として、国内で自生的に資本主義が展開する条件を整えつつあったもののその生育が不十分ななかで、世界資本主義の一環に強制的に編入されておこなわれたことから、先進資本主義国の到達水準に応対して、その高度に発展した技術や生産方法を移植し接木して推進された。

第二に、自生的な基盤の不十分さ、先進国との大きな発展格差を補うために、政府ないし国家権力が果たした役割が特殊に大きかった。多くの産業部門が、官営事業として、あるいは政府の手厚い保護・育成のもとで建設された。換言すると「上から」の産業革命という性格をもたざるをえなかった。

第三の特徴として、産業の発達は、工業と農業の間でも、工業諸部門の間でも、極めて不均衡であり跛行的であった。機械の採用による生産技術の変革や大工場制度の確立は、紡績業、鉄道業、軍事工業などにおいて顕著であったが、全部門に波及的に展開することはなかった。農業において小農経営が支配的に存続したのは勿論、工業においても、紡績業と同じ繊維産業の製糸業や織物業がそうであったように、多くの部門で機械制工場の形成は微弱であり、マニュファクチュアや問屋制家内工業が広範に存在した。かような頂点での機械制大工業や大規模工場による生産と底辺での前資本主義的な小生産とが絡み合い、異なる生産形態が重層的に併存する跛行的な構造は、一国資本主義としての封建制の強固な存続によるものではなく、日本の資本主義が世界市場に包摂されて国際的な分業の一環を担っていることからくるものであった。

このようにみると、日本のブルジョア革命＝明治維新と産業革命の相似性が明らかである。すなわち、外圧への対応・対抗が主要な動因、先進資本主義国の達成成果の移入、「上から」の変革、前近代的・前資本主義的な諸関係との絡み合い、等々、日本のブルジョア革命と産業革命は、歴史的発展の複合性を示す基本的な特徴的性格を共有していた。
次に、前節の末部で政治的支配階級の再編・強化に触れたのに対応して、経済的支配階級の形成状況に、そして経済的支配階級と政治的支配階級の相互関係に止目しよう。

産業革命によって、勃興した各企業の出資者・経営者は産業資本家として経済的覇権を打ち立てたが、資本家総体の階級としての結集はその途上にあった。産業構造の跛行性・不均衡性に対応して、資本家の全国的な横断的組織が成立しているのは、八二年に紡績連合会を結成して、以降連合会として労働者対策や政府への請願を展開した紡績業ぐらいであった。製糸業では特定地方での横の結合にとどまっていたし、織物業ではそれ以上に組織的結合は弱かった。他方、一八九〇年の商業会議所条例を機に、商工業者の結集機関として商業会議所が全国各地で次々に設立され、九二年にはその全国組織として商業会議所連合会が誕生した。だが、上層資本家が集中している東京・大阪など大都市の商業会議所と商人・地主、織物業者などの雑多な商工業者が集まっている地方の商業会議所とは利害が異なり、全国的結集度は低かった。

それでも日清戦後になると、商工業者層は結集を強めて、独自の利益を主張しその実現を図る政治的な運動を展開しはじめた。国家への依存性が強かった政商＝財閥資本家も、自立性を強めて財閥的利害を実現する動きをみせるようになった。

九六年三月に東京会議所は「戦後経済に関する建議」を伊藤首相に提出し、同年末にかけて商業会議所連合会は営業税に反対する運動を推進した。九八年になると、東京・大阪・京都の商業会議所は地租増徴を請願し、東京商業会議所会頭渋沢栄一を会長とし実業界首脳陣を幹事に揃えた地租増徴期成同盟会の結成にいたった。全国各地でも、商工業者による営業税・所得税等の廃止と地租の増徴を求める運動が興っていた。そうして、前述したように、第二次山県内閣のもとで地租増徴がついに達成されたのであった。

地租増徴期成同盟会に結集した実業関係者は、九八年に、商工業者の権利の拡張を掲げて選挙法改正期成同盟会（会長はやはり渋沢栄一）を結成し、商業会議所連合会とともに、衆議院議員選挙法改正の組織的運動を展開した。(注11) 地租増徴と表裏して、一九〇〇（明治33）年二月に選挙法改正は実現され、議会に商工業者層の利益を反映させる道が広がった。

このように、一九世紀の終り頃から商工業者の独自の運動はとみに顕著になり、資本家階級の比重が上昇しつつあったが、階級としての結集はなお未成熟であった。

支配階級の編成としては、藩閥（政治家）、政党（政治家）、文武官僚の政治的支配階級としての多元的、多層的な自己形成が先行し、それに遅れて資本家の経済的支配階級としての形成がやはり多元的、多層的に進んでいったのだった。

その過程で、統治階級は、殖産興業の経済建設を含めた国づくりを統導し、総資本家的・国家的見地から政策を立案し遂行し、財政・金融・貿易等の政策をつうじて、世界資本主義の動向と関連づけて世界市場での国際的な競争を保護したり各産業間の利害を調整したりしながら、資本家階級の形成の誘導、補助にあたった。支配階級の編成に関して、政治的支配階級の経済的支配階級に対する先行的形成と統導は、明治維新以来の特質であった。

いま一つ、地租増徴法案、選挙法改正法案は、第三次伊藤内閣が提案して不成立に終わったが、第二次山県内閣によりほぼそのまま踏襲して上程され、続けざまに成立するにいたった。他方、全国地主会である全国農事会は、地租増徴期成同盟会、選挙法改正期成同盟会に対抗して、地主の利益の保証を図り、九九年に農会法を議員提出法案として提出したが、政府はこれに応じなかった。

伊藤が新党結成に際して渋沢の賛同を得ていたように、実業界と親密な関係を有していた伊藤系＝藩閥改革派は無論のこと、山県系＝藩閥保守派も、実業界・商工業界の利益の国家的保護を図ることでは、積極的と消極的の姿勢の違いはありながら、同じであった。

藩閥は、経済的に支配するブルジョア階級との関係では地主よりも商工業資本家を代表する、政党との関係では超然主義を標榜する、朋党的な政治的党派であった。

（４）日本型国民国家の造出

産業革命の進展と日清戦争の勝利にともない、経済的、政治的、イデオロギー的な一体性が飛躍的に強まって、国民の形成が進展するとともに、国民国家も充全の姿を整えるにいたった。

国民の形成とは、政治、法、経済などの一体性や道徳、伝統、文化、言語などの共通性を地盤として、住民が国家の構成員として権利・義務を担うこと、そして国家の一員としての自己意識をもつことであると、さしあたって定義しておこう。国民の形成は、日本では維新革命以来国家主導主義的な特質をもって進行してきたのであったが、それが仕上がったのは日清戦勝後であった。

国民の造出を加速させた構造的な変動の諸相を、（２）節において焦点をあてた藩閥政府と政党の協調という政治面、（３）節において概観した産業資本主義建設という経済面から、イデオロギー的な面に重点を移しながら点描する。

産業革命により、経済の中心は農業から工業へ移動し、日本は封建的な農業国から資本主義的な工業国へと転じていった。そのなかで、産業と人口が特定地域へ集中して、都市化が生じ、八幡・神戸などの工業都市が出現し、また後来の南関東・近畿・東海・北九州という四大工業地帯の原型がかたちづくられ、軍工廠の存在により呉・横須賀のような軍事都市も現われた。その反面、都市と農村、中央と地方、「表日本」と「裏日本」（一八九五年に造語された）の地域格差構造が生まれた。交通・通信・流通手段などの発展によりこれらの地域・地方は産業資本主義の網の目のなかに結合しあい、全国を一体の圏とする国民経済が高度化された。

また、定置された資本主義の再生産構造を国家法として促進し保障するものとして、民法典・商法典が施行され、近代法体系が成立した。民法・商法・訴訟法の編纂事業は、憲法制定事業とほぼ並行して進行し、八二年一月に刑法・治罪法、九一年一月に民事訴訟法が逸早く施行されていた。だが、民法と商法の施行は、「民法出でて忠孝亡ぶ」（穂積八束の言）との批判に代表される根強い反対にあい、施行は延期された。先進国に倣った近代法典を成立させるだけの社会的地盤は未成熟であり、欧米の近代法理の移入と日本の伝統的な親族関係などの社会的慣習との断裂、衝突が生じて、対立の調整がなされねばならなかった。そうした曲折を経て、戸主権、家督相続、男女不平等の家制度を軸にした民法が九八年七月から施行された。商法は、実業界の強い要求を受けて九三年七月に重要部分が施行されたのに続いて、九九年六月に全面施行された。これにより、日本は近代法典をすべて備えることになった。

資本主義的構成へと基本的に編成替えされた経済社会では、階級分化が拡大してきて新たな問題が発生した。国民所得が上昇し、平均賃金も物価上昇を上回って上昇したが、工場制度と工場労働者は劣悪な状態におかれ、都市の貧困層も増大した。労働者大衆の統合を図り、階級的な分裂と対立に対処しなければならなかった。労働問題、社会問題が関心を集め重視されるようになり、社会政策が課題として浮上し、工場法の制定が懸案となった。

一八九七年には折からの米価高騰と不況で、労働争議が急増した。同年七月に労働組合期成会が設立され、労働組合運動が黎明を告げた。同じく四月に社会問題研究会が発足して、翌年社会主義研究会へ、一九〇〇年には社会主義協会へと発展し、社会主義運動が生まれた。他方では、九七年信州松本で、翌年東京で、普通選挙期成同盟会が結成され、普通選挙運動が産声をあげた。〇〇年三月、第二次山県内閣は、前述したように選挙・被選挙資格の拡大を柱とする衆議院議員選挙法の改正を実現する一方、同盟罷工の多発や労働組合の結成といった新たな社会動向への治安立法的対応として治安警察法を制定した。

同じ時期、足尾鉱毒事件で、甚大な被害を蒙り鉱毒反対で立ち上がった住民たちが、九七年三月に最初の「押し出し」で大挙上京請願運動を展開した。〇〇年二月の四回目の「押し出し」で、警官隊による大弾圧を受けて指導者層は一網打尽にされた。早くから国会で鉱毒問題を取りあげ政府の責任を追及してきた田中正造は、議員を辞職し、翌年一二月天皇への直訴を敢行した。明治中・後期を代表する民衆運動であった。

イデオロギー面に転じると、国民の精神的な拠り所となるものをどう設定するかについて、藩閥政府は、精神的機軸を天皇・皇室に求め、帝国憲法において天皇至高主義を定めるとともに、教育勅語において国民道徳の指導原理を打ちだしていた。

教育勅語について数百に及ぶ衍義書が刊行された。なかでも井上哲次郎『勅語衍義』（一八九一年）は、「天覧ヲ仰イダモノ」で公定注釈書であった。そこでは、「勅語ノ主意ハ、孝悌忠信ノ徳行ヲ修メテ、国家ノ基礎ヲ固クシ、共同愛国ノ義心ヲ培養シテ、不慮ノ変ニ備フルニアリ」[注12]と、「孝悌忠信」と「共同愛国」の徳義が主旨とされていたが、教示された諸徳目について、後年の国家主義的解釈とはニュアンスを異にして、個人に関するものとして解釈されていた。その増訂版（九九年）でも、家族国家観が顕著になっているものの、勅語解釈に未だ変化はなかった。[注13]

学校教育を介して、教育勅語に即した国民道徳の形成と人づくりが、推し進められた。明治二〇年代初めに、小学校の就学率は五〇%を切り通学率（常時出席数の比率）は三〇%に満たなかったが、明治三二年には就学率は七二%、通学率四八%に達して、年を追うごとに目立って上昇していた。（注14）

すでに一八八八年前後から広まった御真影の下付は小学校にも及んできて、御真影拝戴の儀式が、生徒、父兄、地域住民が参加して最大級の学校行事として挙行されていた。教育勅語が渙発されると、勅語奉読式も、祝祭日儀式のなかに加えられた。そうして、九一年六月に「小学校に於ける祝日大祭日儀式に関する規程」が制定された。九三年八月には「君が代」他八篇が文部省選定唱歌として告示された。このように、御真影・教育勅語・君が代を象徴として忠君愛国の士気を興す儀式が、学校行事として盛んになった。日清戦争を通して、小学校における祝祭日儀式は、国民的な行事として浸透していった。三大節八祭日で挙行される儀式においては、御真影の礼拝、教育勅語の奉読、「君が代」の斉唱がワン・セットとして挙行され、忠誠心と愛国心の高揚が図られた。戦局を反映して、兵士歓送迎や戦勝祝賀など軍事的な色彩の儀式も、学校行事に織り込まれた。江戸時代に日本の船旗として広がっていた日の丸は、明治初年に太政官布告で「御国旗」として採用され、天皇巡幸の際に掲げるなどして次第に普及し、祝祭日に掲揚するのが習慣化した。

それとともに、教科書の国定化により教育内容へ国家基準が盛り込まれた。教科書の検定は八六年に始まっていたが、〇三年に小学校教科書の国定化が決定され、翌年から国定教科書が登場した。修身の教科書では、天皇との関係では臣民でありつつ、国家共同の目的を達成するために進取に富み、日清戦勝を自負し列強に伍して帝国膨張への気宇をもつ国民が求められ、「忠君」と「愛国」では比重を後者において期待される人間像が示されていた。

また、日清戦争以来、中学校教科科目の「国語及漢文」で、「漢文」から「国語」へと中心が移され、一九〇〇年に小学校では、読書・作文・習字が統一されて「国語」という教科が設定された。それと歩みをともにして、全国的に統一された書き言葉・話し言葉としての国語の形成を求める声が強まり、東京語が標準語として選定されて単一で均質的な国語の制定が進められた。

国家が管理統制する学校行事や教科書をつうじての上からの国民教化と連繋して、下からは新聞・雑誌などのジャーナリズムが、世論を動かして大衆を国民として統合する役割を果たした。

日清戦争では、報道合戦も激烈化した。都市の増大や交通の発達につれて購読者層が拡大していたうえに、国運を賭した戦争の速報への強い要望に応えて、全国では一〇〇名をゆうに超す従軍記者が戦地に送られ、各新聞は戦況報道を競い合い、号外も盛んに発行した。新聞は、報道主義化し通俗化するとともに、営利企業化して紙数の拡大を重視するようになり、以前存在した大新聞と小新聞の区別は消失していった。新しいタイプの刊行物、写真や挿絵入りのビジュアル誌も登場して、『日清戦争実記』などが大変な売れ行きを示した。戦争に批判的な報道は、勿論、まったく見られなかった。

雑誌については、八七年二月の創刊以来「平民主義」「平和主義」で一世を風靡した徳富蘇峰の『国民の友』は、日清戦争を機に帝国主義的方向に転じたが、九八年に廃刊となった。それとは対照的に、九五年一月に日本初の総合雑誌として『太陽』が、『日清戦争実記』で成功を収めた博文館から創刊され、かつてない発行部数を誇る最大誌となった。

新聞・雑誌などのジャーナリズムは、イデオロギー的装置として社会的に定着し、忠君愛国思想を普及させるのに加えて、日本と日本民族の優越感と中国や朝鮮に対する蔑視を鼓吹し隣国への侵攻を正当視して、ナショナリズムを高揚させるなど、大衆をイデオロギー的に統合するうえで極めて大きな影響を与えた。先に触れた足尾鉱毒問題も、日清戦後のジャーナリズムで報道され、大きな社会問題となり世間の関心をよんだ。

ナショナリズムについて言えば、幕末以来の日本では、対外関係で緊張し危機にさらされた後進国に興起するナショナリズムが、幹線として通流していた。その史的過程を大雑把に概観するなら、日本中心主義であり親国家主義であることで一貫しつつ、欧米列強の浸潤に対応する劣勢下の弱小国としての防衛的なナショナリズムから、日清戦勝を機にした大国への仲間入りにつれて中国・朝鮮に対する攻撃的なナショナリズムへと大きく転じていった。

とりわけ高揚したのは、幕末維新の支配層＝上流層を主力とした尊王ナショナリズム、八七年の井上馨外相、八九年の大隈重信外相の条約改正交渉に際し、日本の国家主権にかかわる譲歩をおこなっていると して、これに反対して激化した中流層主体の対外硬・愛国ナショナリズム、そして、日清戦争において燃え上がり日露戦争にかけて燃え盛っていった、下流層をも包含した天皇崇敬・好戦的愛国のナショナリズムであった。日清戦後に「万世一系」の天皇が統治する日本民族の優越性を説き、「万邦無比」の国体を誇る国体論が急速に広まっていったが、それはナショナリズムの新展開でもあった。

いまや、道徳としては教育勅語の浸透、政治としてはナショナリズムの高潮、加えて宗教のうえでは神社神道の国家祭祀としての定着、更には次章で明らかにするナショナル・シンボルとしての天皇（制）の確立によって、ナショナル・アイデンティティが形成され、はしばしの民衆まで国民たらんとする意識をもつようになっていた。

「国民とはイメージとして心に描かれた想像の政治的共同体である」(注15)と言われるように、国民的自己同一性の意識は、国民たることに欠かせない一つの要件である。

明治初年において、職業選択の自由や土地の私的所有権の法認、国民皆学や国民軍隊を目指す学制や徴兵令の制定などの一連の政策により、国民の創出過程は始まっていた。だが、当時の民衆は、維新政府が強行する徴兵制、学校制、地租改正などの新政策によって強いられる新たな義務や負担に反対して決起し、国民化に拒否反応を示した。民衆が自ら国民として意識することはなかった。

ところが、帝国憲法制定・帝国議会開設、産業革命、そして日清戦勝などの躍進とともに、政治的、法的、経済的、イデオロギー的に、日本は飛躍的に一体的なものとなり、そのなかにあって民衆も変容した。興隆する国家のもとに次第に広く深く包摂されてきた民衆は、日清戦争前後の国粋意識の高揚のなかで自ら国家を支えるという気性をも備えるようになり、決定的に国民として統合された。

かかる国民の形成は、その特徴として、第一に、国家主導で、国家のもとへの大衆の形式的な包摂から実質的な包摂へとして進行した。第二に、「国民」の語を最初に用いたのが明治四年四月の戸籍法であったことが示すように、国家の構成単位を戸＝家に設定し家を媒介項として国民の形成が図られた。そして、家を拡充せるものとして国家を位置づける「家族国家」説が、日清戦争後には影響を拡大しつつあった。つくりだされたナショナル・アイデンティティをかたちづくる核が家＝国家であること、国民的一体感の核心が家＝国家への帰属心であることが、日本的な特質であった。

日清戦争のインパクトは、国民の形成を決定的に加速させるとともに、明治国家を国民国家として築きあげた。国民国家の確立の指標として、内においての国民的統一と外に対しての国家的独立（国家主権の確保）が挙げられる。

国民的統一に関しては、本節で国民の形成について点描したところと重なり合うが、日清戦争はその決定的な環節であった。（1）節で見たように、日清戦争は、まさしく挙国一致の戦いであり、国内の政治的統一をかつてなく強めた。大本営とともに広島に移って師団司令部に起居し戦争を統率する天皇のもとに国民はうって一丸となったし、戦後の三国干渉は国民の結束をなお一層強固なものにした。日清戦争は「国民的統一戦争（注16）」という性格を一面で備えていた。

対外的な国家的独立は、国民的統一にもまして困難な課題であったが、日清戦勝により、長年の宿願であった条約改正を達成し、列強と対等の独立国としての地位が得られた。日清戦争の前夜にイギリスとの間に条約改正交渉が成立し、治外法権の撤廃、それに一部ではあるが関税自主権の回復が実現を見たことについては、先述した。その後、同年一一月アメリカ、一二月イタリア、翌九五年六月ロシア、九六年四月ドイツ、八月フランス、九月オランダとも同様の条約を次々に結んだ。これらの条約は九九年七月から一斉に施行された。残った関税自主権の獲得は、一九一一年に実現した。

不平等条約の対等条約への改正と時を同じくした、一八九七年の金本位制の採用、九六～九九年における近代法体系の完備は、いずれも世界的な資本主義体制への平準化であり、日本が列強と比肩できるような国際的水準へ達したことの指標であった。

そして、対清勝利で日本の支配下においた台湾について、台湾人の根強い武装抗日運動を軍事的・政治的に制圧するとともに日本の経済圏に編入する政策を展開して、植民地として完全掌握を図る一方、対朝鮮・清国関係では、朝鮮の完全支配と清国の分割への参加を指向して、帝国日本として帝国主義化の道を走りだしていた。一九〇〇年、清国で「保清滅洋」のスローガンを掲げた義和団運動が発生すると、日本は初めて列強側の一員として登場し、八カ国の連合軍の主力を担って出兵して、これを鎮圧した。列強対峙の国際場裡に伍して国家としての独立を実現するや、〝極東の憲兵〟として国際政治の舞台にデビューしたのだった。

『太陽』の主筆として絶大な人気を誇り、「日本主義」を標榜して思想界を牽引した高山樗牛は、日清戦争による時代的潮流の一大変化、その画期的な意味に関して論じた。「日清戦争は我邦が東洋平和の維持の為に国命を賭して闘ひたる国家生存上の一大危機にして、随って本邦政治史上の最大事実たると共に、又明治思想史の局面を一変したる契点なり」「是の戦争は社会の上層下層に論なく、孰れの方面に向ひても最も活溌なる国民的運動を催起し、多年、理論、否寧ろ空論によりて教育せられたる国民に向ひ、死活、興亡の厳粛なる事実によりて、国民国家の真意義を教へたり[注17]」、と。

明治維新の始期にあって福沢諭吉は、「日本には唯政府ありて未だ国民あらず[注18]」と看破し、国民国家としてのあるべき姿を「政府は国民の名代にて、国民の思ふところに従ひ事を為すものなり[注19]」と描いていた。イギリス、フランスの「下から」のブルジョア革命では、興起するブルジョア勢力が民衆と手を結び、主体としての国民を形成することを基盤として、革命議会、革命政府を創設し新国家を打ち立てた。それは、言うなれば国民的な革命であった。

ところが、明治維新は、「政府が国家権力を手段として推進する保守的革命」たる「上から」のブルジョア革命の一つであり、いわば国民抜きの革命であった。そして、国家形成が国民形成に先行し、国家の側から国民の統合的創出が行われるという、後進国における「上から」のブルジョア革命に通有の過程を辿ったが、日清戦争を機に、上からの国民化に下からの国民化が呼応して、〝政府とともに国民あり〟とも言える状態が創り出された。官民各界が一体化して、国民国家が築き上げられたのであった。

しかし、外に対しての特立と内に向かっての統一を意味する「国民的政治」を唱導してきた陸羯南が、「他邦より見れば唯だ主権者あるを見るのみ、政府あるを見るのみ。而して社会民人の心魂あることは則ち見え難し。是れエターたるを得べきもナシイヨンたるを得ず[注20]」と、現況を観察して嘆じたように、それは、ネイションとしての自律的精神を欠き、ただ政府を具えたエタの域にとどまっていた。現出したのは、先述の福沢の想定とは反対に、政府主導を貫き国民の国家への従属を全構造的に布置した国家にほかならなかった。

造出された日本の国民国家は、国名「大日本帝国」にふさわしい、日本中心主義のナショナリズムを土台とし、天皇をシンボルとして、国民と臣民の二重構造を内包する、政府主導主義の国民国家であった。

注

（1）高橋秀直『日清戦争への道』東京創元社、一九九五年。
（2）山県有朋「外交政略論」、大山梓編『山県有朋意見書』原書房、一九六六年、一九八～一九九頁。
（3）山県有朋「軍備意見書」、『山県有朋意見書』、二一九頁。
（4）『福沢諭吉全集　第十四巻』、四九一頁。
（5）『伊藤博文伝　下巻』、一二七頁。
（6）国民の参戦運動について、原田敬一「日本国民の参戦熱」、大谷正・原田敬一編『日清戦争の社会史』フォーラムA、一九九四年。
（7）陸奥宗光『蹇蹇録』岩波文庫、一九三三年、一四五頁。
（8）副田義也『教育勅語の社会史』有信堂高文社、一九九七年、は、対外侵略によって独立国家を形成したことを日本ナショナリズムの「原罪」と表現している。二九八頁。
（9）従来多くの論者が、日清戦争の侵略性を徹底的に強調するとともに、未発に終わったものの別の道が存在したように説いてきた。その場合の難点として、①、一九三〇年代の大侵略戦争への道をどう説明するのかという課題意識があって、対外侵略路線は明治政府以来一貫していたとして、その発端を日清戦争に見出そうとする観点が強い。しかし、天皇制絶対主義論においてそうであったように、半世紀近い歴史的変動、その間に介在した多大の中間項を飛ばして直結しており、短絡的である。三〇年代の対外侵略戦争の原因について言えば、それを阻止する有効な運動を展開できなかった要因の一つとして、社会民主主義者を敵視しこれに主要な打撃を与えるとしたコミンテルンの「社会ファシズム」論に盲従して国民的統一勢力の形成の分断に手を貸した日本共産党の誤りが所在していたのであって、「三二年テーゼ」を絶対化しておいて、日清戦争に遡るのは、問題のすりかえでもあろう。②、絶対主義対ブルジョア民主主義革命の構図での二者択一が影を落としているし、一九一七年のロシア革命型の歴史的変革を暗黙裡に前提として発想している。

他方で左翼的歴史学者のなかでの少数異見として、たとえば、司馬遼太郎との対談での江口朴郎の、当時の世界史的条件下でのやむをえざる選択であったとする捉え方がある。「日清・日露戦争はあのばあいの世界史的条件のもとでの、一定の問題の解決であったろう」「世界の権力政治的な、あるいは帝国主義的な状況を利用して、とにかくいちおうの独立を達成した」(『日本の歴史　32』小学館、一九七八年、「月報」)。

この双方への批判を内意して、高橋秀直『日清戦争への道』は、日本の政府が、対朝鮮・対清政策、財政政策で内部対立を含みながら、内外の情勢の推移・状況の変化のなかで、政策・方針を決定し遂行していった過程を克明に描き出している。しかし、国際関係では朝鮮と清国での近代化の進行具合や対日政策、国内では対外強硬のナショナリズムの検討が残されており、日清戦争以外の道が可能であったとする主張にはなお説得性が欠けている。

(10) 小松緑編輯『伊藤公全集　第2巻』伊藤公全集刊行会、一九二七年、一一七頁、一一二頁。
(11) 升味準之輔『日本政党史論　第二巻』、三二六〜三三一頁。
(12)『増訂勅語衍義』成美堂、一八九九年、四頁。
(13) 籠谷次郎『近代日本における教育と国家の思想』阿吽社、一九九四年、「第四章　井上哲次郎の教育勅語解釈の変遷」。
(14) 有泉貞夫「明治国家と民衆統合」、『岩波講座日本歴史　17』岩波書店、一九七六年、二二七頁。
(15) B・アンダーソン（白石さや他訳）『想像の共同体』NTT出版、一九九七年、二四頁。
(16) 野呂栄太郎「「プチ・帝國主義」論批判」（一九二七年）、『野呂栄太郎全集　上』新日本出版社、一九六五年、一四二頁。
(17) 「明治思想の変遷」、『改訂注釈樗牛全集　第四巻』日本図書センター、一九八〇年、二九八～九頁。
(18) 『学問のすすめ』、『福沢諭吉全集　第三巻』、五二頁。
(19) 同、六三頁。
(20) 「原政及国際論」、『陸羯南全集　第一巻』みすず書房、一九七八年、一七七頁。

主要参考文献

大石嘉一郎編『日本産業革命の研究』東京大学出版会、一九八三年。

楫西光速・加藤俊彦・大島清・大内力『日本資本主義の発展　1』東京大学出版会、一九五七年。

ジョージ・アキタ（荒井孝太郎他訳）『明治立憲政と伊藤博文』東京大学出版会、一九七一年。

高橋秀直『日清戦争への道』。

坂野潤治「日清戦後の政治過程」、歴史学研究会・日本史研究会編『講座日本史　6』東京大学出版会、一九七〇年。

藤村道生『日清戦争』岩波新書、一九七三年。

宮地正人「日本的国民国家の確立と日清戦争」、比較史・比較歴史教育研究会編『黒船と日清戦争』未來社、一九九六年。

第4章　天皇制国家の相貌

明治天皇制について、いわゆる「三二年テーゼ」や『日本資本主義発達史講座』に代表される絶対主義論が、戦後歴史学を席巻し通説として圧倒的な地位を占めた。その論は、一九三〇年代初めの天皇制を誤って絶対主義として規定し、それを明治時代にも遡及させた非歴史的なものであり、所詮、コミンテルン・テーゼを尺度にして近代日本の歴史的現実を切り盛りする政治主義的な説論であった。近年になって絶対主義天皇制論の再生産は途絶えているものの、その影響は未だ随所に根強く所在している。他方では、旧套の通説を破る、優れた実証的な研究諸成果が提示されてきている。ほぼ一九三〇〜一九七〇年代の久しい年月の間支配的であった絶対主義論をのりこえた明治天皇制論の新展開の時機を迎えているようである。

(1) 新国家的統合のシンボル

明治維新は王政復古として幕を開けた。なぜ「王政復古」か。

薩長土肥の下級武士、それに下級公家を主力とした倒幕派が、徳川幕府、および有力諸侯の公議政体派との権力闘争に打ち勝つためには、天皇を超越的権威たらしめ新国家への結集の旗印とするほかなかった。

討幕派自らは権威も明確な支持基盤もこと欠いていた。黒船来航を機にした内外の危局に直面して天皇・朝廷が俄かに政治化してきており、徳川将軍（家）に代わる政治上の権威、政治的求心力をもちうる存在は天皇（家）以外になかったのだった。江戸時代末期以来の尊王論の高まりもあった。

討幕派が幕府、公議政体派に対抗しつつ、欧米列強来襲の激震に見舞われて断裂した日本の国家・社会を統合するには、天皇の権威を前面に押し立てずには不可能であった。戊申戦争に勝利した倒幕派が維新政府の主導権を掌握するとともに、天皇の超絶性、「天皇親政」がことさらに強調されていった。

併せて外政面では、半植民地化されかねない日本の置かれた後進国としての危機意識は全土に溢れ、西欧列強の外圧に対するナショナリズムが噴出していた。「万国対峙」「国威宣揚」の民族的、国家的な独立の確保のうえからも、ふさわしいのは「万世一系」の歴史的伝統を誇りうる天皇（家）の支配であった。

こうして、討幕派・維新政府は、幕末以来支配身分のあいだでとみに政治的権威を高めていた天皇を、内外の危機に立つ日本の新国家的統合のシンボルとして擁立したのであった。

倒幕派・維新政府と天皇との関係は、維新革命の最中心人物の一人である大久保利通の幕末から明治初年にかけての天皇の活用に関する所見を跡付けると、明瞭である。

幕府と反幕派の政争が大詰めにむかっていた頃、孝明天皇の第二回長州征討の勅許について、一八六五（慶応元）年九月、大久保は盟友西郷隆盛宛の書状で述べた。「至当之筋を得、天下万人御尤と奉存候にてこそ、勅命と可申候得は、非義勅命は勅命に有らず候故、不可奉所以に御座候」(注1)。幕府の存続を認め長州征討に正当性を与える孝明天皇の勅命を「非義」、つまり正義に反すると断じて、勅命であろうとそれが正義に適っていなければ従うべきでない、と主張したのであった。

その孝明天皇が一八六六（慶応2）年一二月に急死したため、六七（慶応3）年一月、睦仁が満一四歳で践祚した。大政が奉還された時、新天皇は一五歳、まさしく「幼沖の天子」であり、現身の天皇は、政治的な識見をもちあわせず政治的意思決定能力を欠いていた。倒幕派・維新政府は、幼い天皇の名において政権を奪取したのであり、倒幕の偽の密勅が典例だが、自派の都合に合わせて天皇の意思と称するものを勝手に作り上げて利用することができた。

一八六八（慶応４）年一月二三日、大久保は「大坂遷都の建白書」において、朝廷の積弊を一掃して新時代に対応する新しい都の必要性を訴え、天皇のありかたについても、天皇は、「数百年来一塊シタル因循ノ腐臭ヲ一新」するべく、「玉簾ノ内」から人々の目に触れる場所へ出でて、外国のように「帝王従者一二ヲ率シテ国中ヲ歩キ、万民ヲ撫育スル」、もって「国内同心合体一天ノ主」となるべし(注２)と提言した。まずは、天皇を因循姑息な公家と女官に取り巻かれた宮中から切り離す変革がなされなければならなかったが、これからの新方向として近代ヨーロッパの君主（制）のようなあり方を指向している点に特に注意したい。

一八七三（明治６）年一一月、岩倉使節団に加わっての欧米視察から帰国後間もなく、大久保は「立憲政体に関する意見書」を提出した。そのなかでは、「定律国法ハ即ハチ君民共治ノ制ニシテ上ミ君権ヲ定メ下モ民権ヲ限リ至公至正君民得テ私スヘカラス」という立憲君主制を目指しながら、当面は「立君独裁」「君民共治」「人民共治」「此三者ヲ斟酌折衷スルモノ」を日本の国風に適した政体として、天皇の広大な権限についても列示した(注３)。

明治維新の目的は国家的統一と独立の達成、そして立憲政体の樹立にあり、天皇の擁立は目的を達成するための手段にほかならなかった。別の言い方をすると、国権の確立が目的であり、君権の推奉もそのための手段であった。その覚識をもって、討幕派・維新政府は、天皇を権威の源泉として復権させ、天皇によって権威づけられたものとして自らによる国家的支配を正当化して権力を振るい、維新革命を推進した。「王政復古」後太政官制が敷かれたが、「天皇親政」を建前とし天皇が政務総覧、万機親裁する形式をとりながら、実際には維新政府が政治的決定をおこない、版籍奉還、廃藩置県、「四民平等」政策、義務教育制・徴兵制・地租改正の三大改革など、幕藩制国家の解体、新国家建設の一連の大変革を「有司専制」、つまり政府専制で矢継ぎ早に達成していった。

それでは、天皇それ自体の正統性をどのように弁証するか。天皇・朝廷は、久しく数百年にわたって統治の実績がなかったし、いま現に維新・建国の大事業の遂行のうえでの功績を誇ることもできなかった。そこで、神話的な歴史的伝統、万世一系の皇統支配に正統性の根拠を求めた。

「万世一系」の観念は、欧米列強の外圧に抗するナショナリズムの発露として、支配身分のなかで広がりをみせていた。この観念は、やがて帝国憲法第一条に定式化されるのだが、天皇はいわば「世襲カリスマ」(注4)として仮構されたのだった。そうした天皇の万世一系性の淵源とされるのは、政治的系譜としての皇位（政治的天皇制）と宗教的系譜としての霊位（宗教的天皇制）であった。

さて、「五箇条の御誓文」が宣明するような新時代を拓いていくには、被支配身分であった民衆にも、天皇の支配の正統性を受け入れさせ、服従の自発性を喚起する必要があった。近代君主制としては、国民の同調・同意が不可欠なのであった。しかしながら、民衆は天皇・朝廷とはこれまで縁がなく、そのほとんどすべては天皇の何たるかを知らなかった。「我が国の人民は、数百年の間、天子あるを知らず、唯これを口碑に伝ふるのみ。維新の一挙以て政治の体裁は数百年の古に復したりと称すと雖も、王室と人民との間に至密の交情あるに非ず(注5)」。

新国家的統合のシンボルとして担がれた天皇は、新時代の国家建設――国民国家としてあるべき――に不可欠の国民的統合のシンボルともならなければならなかった。それで、明治初年には、天皇を天照大神の子孫にして古来不変の日本の主として描いた人民告諭書や人民教諭書が出された。一例を挙げると、「天子様ハ、天照大神宮様ノ御子孫ニテ、此世ノ始メヨリ日本ノ主ニマシマシ、神様ノ御位正一位ナド国々ニアルモ、ミナ天子様ヨリ御ユルシ被遊候ワケニテ、誠ニ神サマヨリ尊ク、一尺ノ地一人ノ人民モ、ミナ天子様ノモノニテ……」(注6)。

それでも、新政策の強権的実施により従前の生活を脅かされ破壊される民衆は、新政反対一揆に示されるように、政治的支配者としての天皇の受け入れに抵抗した。そうしたこともあり、明治初期においては、天皇にまつわる伝統的宗教感を媒体としつつ天皇を民衆の内面的世界に入り込ませることがおこなわれた。その典例は、伊勢信仰の天皇崇拝への誘導であった。江戸時代後期には伊勢神宮は民衆の宗教的信仰の中心となっていて、伊勢参りは年間およそ四〇万人にのぼり、大規模参詣の「おかげまいり」の年には一〇〇万人を超えた。こうした民衆の信仰を、伊勢神宮を皇室の氏神であり天皇家の祖神を祀る神社として全国の神社の頂点とすることにより、天皇崇拝にスライドさせ吸引していった。明治天皇は、一八六九(明治2)年三月に歴代の天皇として史上初めて伊勢神宮に参拝した。

古来の神武天皇社が一八七三年に宮崎神宮と改称され、その後県社から国幣中社、官幣大社へと昇格したように、天皇・皇族を祭神とする神社の創建が始まり、全国の様々な神社が階統制化され系列化されていった。そのなかで、民衆の生活に根をおろしてきた鎮守、産土、氏神などの土着の小神社への信仰も、天皇崇敬の底辺に取り込まれていった。

他方、維新政府は、祭政一致、神道国教化政策をとり、一八六八年三月神仏分離を強行して仏教を排斥し、キリスト教を弾圧した。全国各地で廃仏棄釈が神祇官らにより展開されたが、混乱を引き起こして失敗に終った。そこで、一八七〇年一月からは、仏教排斥を止め、神祇省のもとで天皇崇拝中心の神道の布教を目指す大教宣布の国民教化運動に転換した。が、これも所期の効果を納め得なかった。一八七二年三月には神祇省を廃止して教部省を新設し、教導職による国民教化運動の浸透を進めた。

こうした試行錯誤の過程を経て、維新政府は、一八八四（明治17）年八月の神仏教導職廃止により、政教分離へ転じて、神道を非宗教的な国家祭祀として再編してゆくこととなった。

天皇に超越的な権威性を賦与するうえで、公式儀礼や国家祭祀が重要な意味をもった。五箇条の誓文の発布式、即位礼、天皇巡幸、観兵式などの荘厳な公式儀礼は、天皇・皇室が特別の存在であることを国民の印象に刻み込んだ。また、一八七三（明治6）年の太政官布告で、皇室祭祀に基づき、元始祭、新年宴会、孝明天皇祭、紀元節、神武天皇祭、神嘗祭、天長節、新嘗祭が、国民あげて参加すべき祝祭日と定められ、天皇・皇室礼拝が促された。

上記のうち天皇巡幸についていま少し詳述すると、六八（慶応4）年三月～四月の大阪行幸を皮切りに、同（明治元）年九月～一〇月の東幸、翌年三月の再東幸から、更に次の六大巡幸へと続いた。七二（明治5）年五月～七月、近畿・中国・四国・九州地方巡幸。七六（明治9）年六月～七月、東北地方巡幸。七八（明治11）年八月～一一月、北陸・東海道地方巡幸。八〇（明治13）年六月～七月、中央道巡幸。八一（明治14）年七月～一〇月、東北・北海道地方巡幸。八五（明治18）年七月～八月、山陽道巡幸。

北海道から鹿児島にいたるまでの各地を、天皇は数百人の供奉者を引き連れて巡幸し、当地の農・漁夫に親しく接したり、節婦・孝子・高齢者などを褒賞・賑恤したりして、行列を拝しようと群れをなして集まった民衆に、絶大な権威や仁恵を備えた新たな支配者としての姿を示した。こうした地方巡幸を通して、全国に新型の天皇像を浸透させていったのだった。

天皇を国民的統合のシンボルとして定着させる如上の諸施策の遂行と並行して、睦仁を天皇として鍛錬する帝王教育が重ねられた。廃藩置県が断行された一八七一（明治４）年の頃には、宮中改革により公家と女官に変えて武士出身者によって天皇の周りが固められる一方、文明開化の諸政策の展開のなかで、天皇についても服制、生活様式の洋風化がおこなわれた。また、国軍を統帥する地位を担う者として、軍隊の操練の統率、閲兵などの軍事訓練も課せられた。天皇個人についてみても、漢学・洋学を学び武術を鍛練することに励んで、文武に長じた青年君主に次第に成長していった。

このようにみてくると、「王政復古」は「王政維新」でもあったことが明らかである。近代的装飾にもかかわらず前近代的本性ではなく、古さを装った近代的本性、これが日本型の近代君主制として生まれてきた明治天皇制の歴史的性格であった。明治天皇制そのものが、「維新」における「復古」として古い歴史的素材を再編して現在的に創り出された新たな伝統であり、「伝統の創出」(注7)を体現していた。

そしてまた、ヨーロッパ諸国のブルジョア革命では、絶対君主制を立憲君主制に変革して君主の絶大な権力を大幅に縮減したのとは逆に、明治維新では、徳川幕府を倒し欧米列強に対抗するべく、逆に、それまで非政治的存在であった天皇に至高の地位と権力を賦与する形をとった。そうした歴史的特異性が、絶対主義の形成として誤解される要因にもなったと言えよう。

ところで、「王政復古」以来明治一〇年代半ばころまで、維新革命の進展中において、天皇・朝廷はどの程度の政治的な影響力を有したのであろうか。それを象徴的に示す三つの出来事について触れる。

その一つとして、いわゆる明治六年の政変に際して、朝鮮使節派遣問題で西郷隆盛、板垣退助、江藤新平などの参議たちが辞職して下野し、それに同調して辞職した官吏も多かった。なかでも西郷が都督を務めた近衛兵は動揺が激しく、幹部将校のほとんどが鹿児島に帰郷した。西郷とは特に人間関係の深かった天皇は、二度にわたって彼らを諭し引きとめた。だが、無視され効果はなかった。

また一つとして、一八七七（明治10）年八月に政府が宮中に移り天皇の侍補職がおかれたのをきっかけとして、保守主義的な元田永孚など侍補グループが「天皇親政」を実質化しようとする運動を起こして、親政の実現を政府に迫った。時に天皇は二〇歳代後半に達し、自らの政治的意思を持ち、政治に意欲を示し、政務に本格的に取り組むようになっていた。宮中（天皇・朝廷）が府中（政府）とは相対的に独立した政治的主体となる動きであった。それに対し、政府、とりわけ伊藤博文は、宮中・府中分離の立場から、断固として反対しこれを封殺した。天皇親政運動への呼応は、大臣・参議のなかにも陸海軍のなかにもなかった。宮中改革によって翌々年一〇月に侍補廃止となった。侍補は天皇側近として天皇の個人的意思の形成に後々まで影響を与え続けるが、天皇親政運動は蹉跌した。

その後、明治一四年の政変の過程で侍補・宮中グループは「中正党」を結成して独自の政治行動を示したが、天皇親政運動を復活させる力はなかった。

最後に、国民の天皇との関係について、しばしば引き合いに出される『ベルツの日記』の一節によると、「〔明治13年〕一一月三日（東京）天皇誕生日。この国の人民がその君主に寄せる関心の程度が低い有様をみることは情けない。警察の力で、家々に国旗を立てさせねばならないのだ。自発的にやるものは、ごく少数だろう(注8)」。

派閥的な抗争も交えて実権を揮う政治的支配層のあいだでは、天皇の政治的な権威は限られたものであったし、他面、大衆のなかでも、天皇は国民的統合のシンボルとして根付くに未だいたっていなかったと言ってよいだろう。

(2) 天皇制の定立

明治一四年の政変を機に、一九九〇〈明治12〉年に国会を開く旨の詔勅が発せられ、維新革命はいよいよ立憲政体樹立の一大目標を達成する時期を迎えた。憲法制定・国会開設にいたれば、維新革命始まって以来一貫してきた「有司専制」が多かれ少なかれ変容変形せざるをえないのは明らかであった。薩長藩閥的性格を強めた政府は、自由民権運動の流れを継いで結成された自由党、それに政変で追われた大隈重信等の立憲改進党の対抗を排しつつ、憲法制定と国会開設の主導権を掌握してプロイセン＝ドイツに範を求めた立憲政体への移行を目指し、天皇制を含めて、国家権力機構の改編・拡充に取り組むとともに、憲法制定の事業を推し進めた。

国会開設の勅諭以来、政治社会は活性化して、ジャーナリズムでは英国モデルの立憲政体構想が広く主張された。その代表作、福沢諭吉「帝室論」〈一八八二〈明治15〉年〉は、天皇・皇室について、現実政治の局外において「民心収攬の中心(注9)」に据えることを説き、政治闘争の仲裁・調停の重要な役割を担うことを期待した。W・バジョット『英国の国家構造』〈一八六七年〉が典拠にされていたように、そこでは、一国の近代国家としての発展段階はまったく異なるが世界史的に同時代のイギリス・ヴィクトリア朝の「君臨すれども統治せず」の君主制をも参考にして、天皇制の立憲君主制としての在り方をめぐる論議が交わされていた。

そうした在野の動向から離れて、藩閥政府による天皇制の機構としての定立は進められた。一八八四〈明治17〉年に、新華族制が皇室の藩屏として設けられ、従前からの公卿諸侯に維新以来の功臣を加えて、五〇〇人余りが華族に列した。貴族制の拡大強化によって君主制の存続基盤を強固にしたのであった。また、一八八六（明治19）年からは、皇位の継承、後続の範囲などの皇室の制度を定める皇室典範を、憲法とは別個に家法として制定することが進められた。将来を含めて皇室制度に対する議会など外部からの容喙を許さず、天皇・皇室の社会からの独立を保全するものであった。更に一八九〇（明治23）年にかけて、皇室財産の自立化を図って莫大な皇室財産が設定され、皇室の威厳を支える財源が確保された。一八八八（明治21）年四月に新設された枢密院は、憲法や皇室典範など国家の基本法案の審議にあたった後、天皇の国務行為に関する諮問機関として常置されることになった。

これらの天皇・皇室の地位を盤石なものとして高め強める制度が設置される一方、天皇・皇室と政府との関係についての再確定が進められた。

一八八五（明治18）年一二月の官制大改革により太政官制が廃止され内閣制が創設された。政府組織は一段と集権化され合理化され、内閣総理大臣と各省大臣が内閣を構成して政府の中核を占めるようになった。それとともに、宮中と府中の分離が制度的に確立され、内閣＝政府が執行権力を掌握し統率する一方、宮内大臣は内閣の構成員から除外され、天皇は統治の現場から離れることになった。別言すると、国家元首と政府首長との分離が確定した。

更に、翌年二月布告の公文式の第二条「法律勅令ハ内閣ニ於テ起草シ又ハ各省大臣案ヲ具ヘテ内閣ニ提出シ総テ内閣総理大臣ニヨリ上奏裁可ヲ請フ」により、法令立案の権限は実態に即して内閣に限定され、天皇は内閣の輔弼なしには政策決定に参与できなくなった。すなわち、内閣輔弼の原則が定まった。同年九月の「機務六条」では、それまで随意であった天皇の内閣への臨御を、総理大臣が奏請した時以外臨御しないように変更するとともに、政務に関する天皇の顧問を関係大臣と次官に限定した。（注10）

これらにより、内閣＝政府権力は従前にも増して更に強化され、法令を策定し統治責任をも担う国家権力機構の中枢機関としての内閣＝政府の地位が再確定された。それとともに、天皇は強力な内廷をもちえず、責任大臣の輔弼なしには国務に携われなかったから、内閣＝政府の政策決定に反した権力行使はできなくなった。

憲法制定・国会開設に先んじて実施された叙上のような国家権力機構の改編強化によって、統治における内閣＝政府の主導性が確保される一方、天皇・皇室の政治活動は厳重に掣肘され気まぐれ的、恣意的な振舞いの余地はなくなった。

これを既成事実としつつ、伊藤を筆頭にした藩閥政治家・官僚は憲法の制定事業を遂行し天皇が欽定憲法として発布した。

それでは、制定された憲法における天皇の地位はどのようなものであったか。

枢密院での憲法草案審議において、政府を率いる第一人者にして憲法制定にもリーダーシップを揮った伊藤博文は、「我国の機軸は何なりや」と設問して言う。「我国に在ては、宗教なる者其力微弱にして一も国家の機軸たるべきものなし。仏教は一たび隆盛の勢を張り、上下の人心を繋ぎたるも、今日に至ては已に衰替に傾きたり。神道は祖宗の遺訓に基き之を祖述すと雖も、宗教として人心を帰向せしむるの力に乏し。我国に在て機軸とすべきは独り皇室あるのみ」(注11)、と。日本の国家と国民を統合する精神的機軸をどこに求めるか。欧米でキリスト教が果たしているような、人心を帰一せしめる役割を天皇・皇室に求めたのだった。

同じ頃、国民道徳の軸に何を据えるかという徳育論争が交わされていた。そこでの主潮となったのは、欧米のキリスト教にあたるような道徳の根幹になるものは、日本では天皇を中心にした国体であり万世一系の天皇制ではないかという論であった。維新革命の当初以来、新国家建設を担うリーダーたちは一様に、奔流のごとき欧米の近代的制度・文物の移入を自国の伝統・国情に適合するようにどう推し進めるか、資本主義世界システムに否応なく編入されゆくなかで後進的な日本の現実にふさわしい近代化の具体的な解決形態を見出し実現することに苦心惨憺してきた。そうした日本に固有の近代的国づくりの不可欠の一環として国民の内面的求心力をどこに求めるかの模索が、天皇・皇室を機軸とするところに行きつくというのは、多少の差があっても共通する傾向であった。

伊藤が右に続けて「此憲法草案に於ては専ら意を此点に用ひ、君権を尊重して成るべく之を束縛せざらんことを勉めたり」(注12)と明かしたように、帝国憲法の作定にあたっては、天皇の超越的な権力と地位を謳い、もって国民統合の機軸たらしめんとする企図が作用していた。それはまた、維新革命の過程で形成され定着してきた統治の基本様式の集大成でもあった。

こうした憲法制定権力者たちの狙いをも踏まえて、帝国憲法のなかの天皇についての最重要な条項について、少しく掘り下げて考察しよう。しばしば主張されているように、帝国憲法第一条～第四条の規定は、天皇が絶対君主であることを示すのであろうか?(注13)。

まず、天皇主権について、帝国憲法における主権の所在は必ずしも明確ではないが、伊藤の天皇主権説(注14)に従うとしよう。

歴史的由来として、君主主権は絶対君主制国家の属性を表わすものであった。だが、近代に入ってからは、国民主権や人民主権への対抗概念として、フランス復古王政の憲章において唱えられ、ドイツ帝国の創設を思想面で主導したF・J・シュタールの保守主義理論でも用いられた。その場合、絶対君主制を時代背景にして、J・ボダンやT・ホッブズが絶対性や不分割性を属性として提唱した主権概念は、一七世紀のイギリス革命を境に、国家権力の分立を本質的属性とした近代国家（名誉革命体制）、ならびに権力ていた。分立を論立した近代政治理論（ロック『統治二論』）の成立と発展的展開につれて、近代的な転回をとげていた。

近代国家における主権の概念は、国民主権、議会主権や君主主権といった多元的用法が示すように、分立する諸権力（機関）の上下関係にあって、そのうちの最高権力（機関）を意味するようになった。(注15)君主主権も、近代国家権力の機構的編制原理の一つとして、絶対主義ではなく、君主（至上）主義として、とりわけ議会主義に対抗するものに変容したのである。

絶対主義では、君主権力は全権的で無制限であった。対するに、君主主義では、国家権力の分立のなかで、議会権力が最優位する議会主義とは対極的に君主権力が最優位するのであるが、その君主権力も他の権力によっていささかなりと抑制されるとともに憲法によって制約される。それは、国家主義に偏した後進的な国に特徴的な、近代国家の権力機構的編制の一つの在り方であった。

『憲法義解』では、「統治権を総覧するは主権の体なり。憲法の条規により之を行ふは主権の用なり」(注16)と解説されている。主権の帰属とその行使、主権の憲法的表現とその現実政治的機能との区別は、フランス復古王政においておこなわれており、立憲君主制の一つの新しい型を創るものであった。(注17)『憲法義解』では更に重ねて、「憲法は即国家の各部機関に向て適当なる定分を与え」「君主は憲法の条規に依りて其の天職を行ふ者」と附記されている。(注18)このように、天皇主権は立憲主義および国家権力の分立と統一されており、帝国憲法の主権概念は近代的に変容したそれにほかならなかった。伊藤・井上毅ら憲法制定権力者は、主権概念について、穂積の天皇主権説におけるような、天皇の主権は無限であり憲法によっても制限されえないとする絶対主義的解釈を斥けて、国権主義的とはいえ自由主義的な解釈をとっていたのである。(注19)

帝国憲法では、「政府」について第三八条その他で明記され、「国ノ元首」とは別に「内閣総理大臣」の存在も「上諭」で明示されていて、国家元首と政府首長との分離という近代国家の通常的なあり方も独特の形で内示されている。このことも、如上の解釈を補強するだろう。

次に、第三条「天皇ハ神聖ニシテ侵スベカラズ」に移る。近代ヨーロッパの憲法における君主の神聖不可侵性は、国家元首としての君主をば現実政治を超越したところに位置づけて政治的責任から解放する、君主無答責の原則を意味していた。政治的格言では「君主は過ちをなしえず」であった。

帝国憲法でも、大臣の輔弼を規定する第五五条との関係で大臣が責任を負うことになっていて、同じ原則を示した。『憲法義解』によれば、「法律は君主を責問するの力を有せず」して、君主は「指斥言議の外に在る者」であった[注20]。すべての国事行為は統治権の総覧者天皇の名においておこなわれるが、その責任は輔弼者、協賛者に帰せられ、天皇は責任を問われないということであった。

しかしながら、それだけではなかった。帝国憲法の本文に先立つ「告文」で「皇祖皇宗ノ神霊」を奉り、本文の首条で「万世一系の天皇」を謳っていることとの関係からすると、古来の伝統を継いで宗教的な天皇制を深層に組み込んでいて、神権的天皇制のプットインという日本的な独自性の表明も兼ねていた、と解すべきだろう。宗教的な信仰と重ねて天皇崇拝を促す意味合いをも備えていたのであった。

そうであれば、第三条の天皇の神聖不可侵性の規定は、立憲君主制としての世界的な一般性と日本の特殊性との両面性をもっていた。

見てきたように、内閣＝政府の主導性を確保し貫徹し、天皇の専制は幾重にも防止する制度的仕組みが講じられ、そのうえで、制定された帝国憲法においては、天皇主権、天皇の神聖不可侵性をはじめとして天皇至高主義が厳かに宣明されたのであった。憲法上天皇に圧倒的に強大な権力を集中しておいて、その憲法を運用しておこなう実際政治では内閣＝政府を掌握する藩閥政治家・官僚が、天皇大権に服位する議会から独立して権力を行使するというシステムであった。「君主主義」の憲法を定めて、「議会主義」を排し、「政府主義」をつらぬいたのである。

言い換えると、一方の天皇・皇室、他方の藩閥政治家・官僚から成る最高支配層のあいだで、国家権力諸機関を役割分担して担い、国会において政党が勢力を伸張してもそれによって左右されることのない、超越的な天皇の名において内閣＝政府が主導する日本的な立憲君主制国家を構築せんとしたのであった。

ドイツ帝国において、憲法上の皇帝の地位と権限が強大であるものの、実権を握って統治にあたっているのはビスマルク宰相であり宰相率いる政府であることは、隠れのない事実であり、伊藤など藩閥政治家・官僚も熟知していた。そのドイツ帝国をモデルにして、彼らは帝国憲法を定め、天皇、内閣＝政府、帝国議会の相互関係を制度化したのであった。

（3）天皇の実際政治への関与

帝国憲法制定・帝国議会開設による維新革命達成以後、近代ブルジョア国家として出立した明治国家において、天皇の実際政治への関与はどのようであったろうか。

まず、帝国憲法で謳われた天皇大権のなかで、（a）官吏任免、（b）軍の統帥ならびに軍事編制、（c）法律裁可のそれぞれの大権の行使について、その跡を辿る。

（a）官吏任免の大権に関して、そのなかでも最も枢要な首相の任免をまず取り上げる。

初代の首相には、伊藤博文が最適任者として諸参議に一致して推薦され、二代目首相には黒田清隆が伊藤首相に後継者として推薦されて、それを受けた天皇に任命され就任していた。一八八九年一月、黒田清隆首相辞職の際、黒田および前任首相伊藤博文を元勲として優遇する勅諭が出され、これを契機に、第一次松方正義内閣以来、山県有朋、松方、井上馨、西郷従道、大山巌ら、明治維新において大きな功業を果たし、内閣制発足以後も政府の要職を占めてきた元勲が、元老として特別処遇される政治的慣行がかたちづくられた。第二次伊藤内閣発足にあたっては、元勲・元老たちが天皇の下問を受け協議して伊藤を後任首相候補者として選定、推薦し、天皇が伊藤を首相に任命、組閣の大命を下した。以降、この元老の推薦方式が政治的慣習として定着していった。つまり、元老たちの談合＝元老会議によって、首相の選任が実質的に決定された。

一八九八（明治31）年六月、自由党と進歩党の合同により巨大な憲政党が誕生して藩閥政権が危機に陥った時には、天皇は大隈重信・板垣退助を閣僚に入れた伊藤内閣組織の意向を示した。だが、伊藤は固辞して大隈・板垣を推挙し、紛糾の末、初の政党内閣である第一次大隈内閣（隈板内閣）の発足にいたった。天皇は急進的な立憲政体樹立の意見書を提出し明治一四年の政変を誘発した大隈に不信感を抱いていたし、政党内閣を好まなかった。しかし、伊藤の進言にしたがって、不本意ながら大隈と板垣による組閣を受け入れた。

一九〇一（明治34）年五月、第四次伊藤内閣辞職の際には、天皇は伊藤による再組閣を求めて再三働きかけたが、伊藤は応じず、結局元老会議の推薦で桂太郎が後継首相となった。

首相の辞職については、初期議会では、民党との抗争激化により政策を進められなくなったり、政治的混乱を収拾できなくなったりして、職を辞したケースが目立った。日清戦後の議会では、政党の勢力伸長にともない、政党との政策協定が崩れ議会での多数派の与党の形成ができなくなり政権運営が行き詰まっての辞職が多かった。いずれも、藩閥と政党の抗争、提携、また藩閥内や諸政党間の確執、協調の複雑な絡み合いの結果であって、天皇はもとより元老の意向どおりに決したのでは必ずしもなかった。

かように、天皇による首相任免は形式的なものであった。

次に、明治天皇は大臣を任免する政府人事にしばしば容喙した。内閣制創設以降では、次のような事例があった。

第一次伊藤内閣組閣に際し、森有礼の文部大臣登用について森はキリスト教に偏していると異を唱えた。伊藤は不満の天皇をなだめてそのまま森を起用した。

第一次山県内閣の改造にあたっては、陸奥宗光と芳川顕正の閣僚への起用に難色を示し再考を命じた。陸奥については西南戦争の際に土佐派の一部と一緒に政府転覆に与し刑に服しており信用できない、芳川は人気がないという理由であった。山県首相は天皇に事情説明して両名を起用した。また、山県が枢密院議長を辞した伊藤の入閣を求めたことについては、天皇は伊藤に入閣を命じたが、伊藤はこれを断った。但し、伊藤の貴族院議長就任問題では、天皇はたびたび指図して、これを実現させた。

第一次松方内閣の組閣では、外相人事で陸奥宗光の起用に反対した。松方首相は起用を見送った。

第一次大隈内閣の時、尾崎行雄文部大臣のいわゆる「共和演説」問題に対し、閣内からの板垣内相による弾劾を受け、辞表提出を促した。

憲法上大臣の任免も天皇大権に属したが、事実上組閣の権限は首相に一任されていた。時に天皇は閣僚の選任に難色を示したが、天皇の意向に沿うかどうかは首相の判断次第であった。天皇も、最終的には自己の個人的意向は抑制し首相の決定を尊重した。
（b）陸海軍の統帥大権、編制大権に移る。
軍隊の指揮・統率に関する統帥大権の運用については、国運を賭した二つの戦争、日清戦争と日露戦争における軍の統帥は、以下のごとくであった。

日清戦争において、一八九四（明治27）年八月の宣戦布告時に、天皇は日清開戦に消極的であり、戦争の先行きや列強の介入を憂慮していた。「今回の戦争は朕素より不本意なり、閣臣等戦争の已むべからざるを奏するに依り、之れを許したるのみ」(注21)。しかし、戦局の進展とともに、九月からは大本営が進出した広島に常駐して、積極的に戦争指導に携わった。

日清戦争遂行上の最高国策は、天皇出席の御前会議（通算七回）で、軍事作戦については天皇が大元帥として出席する大本営御前会議（通算約九〇回）で決定された。双方の御前会議に出席したのは、天皇、首相伊藤博文、陸相大山巌、海相西郷従道、それに参謀総長、参謀本部次長、海軍軍令部長、および山県有朋であった。この八名、あるいはこれに陸奥外相を加えた九名が、日清戦争の最高指導部であった(注22)。

これらの頻繁な御前会議、それに天皇との会談を通じて、伊藤首相が全般的な戦争指導権を握った。伊藤首相は、軍事事項にも介入して軍が独走しそうな場合はこれを阻止し、国務による統帥の制御をおこなった。一八九四年一一月、大本営の命令に反して第一軍司令官山県有朋大将が独断で中国領土内での更なる進攻を指示した時、山県を召喚した事件は、その代表例であった。天皇は、軍の指揮に口は挟まず、一度も戦争の作戦に干渉しなかった。天皇の親臨、親裁の形をとって、政略主導での政戦両略一致がつらぬかれたのであった。

日露戦争においても、天皇は、「今回の戦は朕が志にあらず。然れども事既に茲に至る、之を如何ともすべからざるなり」(注23)と、開戦に反対であったといわれている。一九〇三（明治36）年六月、伊藤、山県、松方、井上、大山の元老と桂太郎首相、小村寿太郎外相、山本権兵衛海相、寺内正毅陸相が集まった御前会議で、対露交渉の基本方針が討議、決定された。一二月に、元老・閣僚会議で戦争準備に着手され、直ぐ後の参謀本部、海軍司令部合同会議で作戦計画が決められた。その後も日露交渉が重ねられ、開戦必至となったなかで、〇四年一月の御前会議でロシアへの最終提案が、二月の閣議と御前会議で国交断絶の最後通告案が決定され、六日後に宣戦布告にいたった。

ここでも、御前会議（通算四回）で最高方針が決定され、戦争指導は開戦から講和にいたるまで、元老の承認の下で桂首相・小村外相ラインが牽引しておこなわれた。元老・閣僚が指導権を握って統帥部をも統制下におき、政略優先で政略と戦略の一致、国務と統帥の統一が保たれたのであった。

このように、明治国家においては、日清、日露の両戦争ともに、御前会議において政略主導の政略・軍略一致の最高方針が決定され、長老とそれにバックアップされた内閣＝政府が一貫して主導して政治と軍事が統一され、局部的には政府と統帥部の対立が発生したが、政府の統率下で統帥権は運用された。政軍関係において、政治家の軍人に対する優位が維持された。日露戦争後発言力を強化した陸海軍が、政党政治の進展に対抗して独自の結束をかため、内閣から独立した勢力として台頭してくるのは明治末年からであった。統帥権の独立が異常に強調され決定的に重要な現実問題として浮上するのは、更に後、一九三〇年代の一五年戦争とファシズム化の時代においてである。

編制大権の行使については、公式には「責任大臣の輔翼に依る」(注24)とされていたが、すでに内閣制の発足以来、閣議決定の軍事勅令とともに、内閣から独立して帷幄上奏に基づく軍事勅令の制定がおこなわれていた。帷幄上奏者は軍令機関の長や陸・海軍大臣などであった。(注25)責任大臣の管掌と、それとは別の参謀本部長、軍部大臣などの管掌との二つのルートで天皇への上奏がおこなわれ、双方の共同によって編制大権は運用されていたと言えよう。

（c）法律裁可の大権については、議会の可決、承認を得た法律案を、天皇が大権を行使して不裁可にしたことは一度もなかった。

続いて、他の方面での天皇の実際政治への関与に目を移す。

不平等条約の改正による国家的独立の確保は、歴代政権の最重要課題の一つであったが、一八八九年七月～一〇月にかけて黒田内閣の大隈外相の条約改正交渉では、政府首脳の間で意見が対立し混乱が続いた。天皇はのりだして対立する意見の調整に努めた。

日清戦争前の初期議会では、衆議院で反藩閥の民党が概ね多数を占め続けて、予算案を最大の争点に藩閥内閣と民党の正面衝突が繰り返され、民党は憲法第四九条の天皇への上奏権を藩閥内閣に対抗する有効な手段として多用した。一八九三年、第四議会では伊藤内閣不信任が上奏され、それに対して、天皇は「和衷協同の詔」を渙発して、民党と内閣双方が痛みを分かつような裁定を下して、対立を調停し国政の紛糾を収拾した。

天皇は、一八九二年初めに伊藤が野党勢力の民党に対抗する新政党の組織化の意向を示したのに対して、それを中止するように働きかけ、同年実施の大々的な選挙干渉で有名になった第二回総選挙にあたっては、民党議員の再選を阻むように指示し、そのために資金を下付したことが示すように、政党（政治）に反対していた。議会の上奏への対応も否定的にならざるをえなかった。しかし、個人としての政治的傾向とは別に、「和衷協同の詔」では、至尊の「聖断」は、超然性、公平中立性を備え国民全般を心服させるものでなければならなかったから、激突した民党と藩閥内閣の双方に譲歩と和協を促して、天皇として求められる役割を果たしたのであった。

日清戦争後は、藩閥と政党の協調につれて内閣と議会の妥協によって国政が運営されるようになったので、議会では内閣批判での天皇への上奏案の提出は稀になり、国政の争点をめぐって天皇が調停し裁定を下すこともなくなっていった。天皇の国政の現場への出番は減少した。他方で、天皇・皇室の神格化が進行し始め、「累を皇室に及ぼさず」の政治道徳が定着していった。

他に、植民地となった台湾の統治をめぐって、一八九七年に台湾総督府問題で、天皇は文官総督説で陸軍首脳の武官総督説と対立が生じた。だが、天皇は内閣、陸軍首脳に決定を委ね、結局総督武官制に落ち着いた。

叙上のように、天皇は内閣＝政府とは別に独力で国務に携わることはできなかったので、自らが統治の基本施策について発議、立案して指導することはなかった。対外戦争において政略・軍略を指揮することもなかった。内閣＝政府が、天皇に強大な地位と権力を与えた帝国憲法を運用し、天皇の名において権力を行使し諸政策を推進し主導的に統治した。天皇の実際政治への関与は、政府人事への干渉、藩閥内閣と民党の対立抗争の調停・裁定、元老間の確執の調整など、限定的であり、内閣＝政府の統治を補全する体のものであった。

いささか極端な例であるが、一九〇一年三月、第四次伊藤内閣の第一五議会で、貴族院が増税法案に反対して行き詰まってしまった時、伊藤は自ら勅語の草案を起草して、速やかに法案を成立させることを求める天皇下賜の勅語に仕立てて、貴族院を従わせたことがあった。(注26) 政略的に天皇の詔勅、裁定に頼る伊藤の詔勅政策には非難も強かったが、伊藤は政治的苦境を突破するために天皇の権威を頻繁に利用したのであった。そして、天皇はそれにお墨付きを与えたのであった。

維新革命開始以来能動的な天皇像が宣揚されてきた。だが、天皇は、国務や統帥に関して元老会議、内閣＝政府、参謀本部とは別の、独自の政治的意思決定をせず、輔弼と協賛、上奏などにしたがって「親裁」した。実際には、能動的君主ならぬ受動的君主が天皇の基本的存在性格であった。

別の視角からすると、フランス第一帝政の皇帝ナポレオンに典型的なように、君臨しかつ統治したのではなかった。しかし、イギリス・ヴィクトリア王朝の国王のように、「君臨すれども統治せず」でもなかった。双方の中間の一形態として、君臨するとともに統治に限定的に関与した。これが明治天皇の立ち位置であった。

天皇は政治上の実権を有せず、調停や調整、裁定で実際政治に関与するにとどまったが、しかし、他面において、天皇はますます、政治的のみならず宗教的、道徳的にも国民の機軸となり、超越的な権威によって君臨した。天皇は権力によって統治するよりも、権威によって君臨したのであった。これについては次節で取り上げる。

これまでの歴史的諸事実の把握に基づいて、三つの重要な特徴的事柄を指摘できる。

第一点として、藩閥政治家・官僚らの内閣＝政府主導にもかかわらず、自らの意思で決定を下す天皇の親政という名分は一貫していた。憲法（体制）と政治・国家（体制）のあいだに、建前・イデオロギーと実態・事実とのずれ・乖離が存在するのは一般的な必然的傾向である。それは、帝国憲法（体制）と明治国家（体制）のあいだでも顕著であったが、天皇に関する条項について、特に大きかった。

第二点としては、強力な指導＝統治者集団を形成した元勲・元老たちが、君主として次第に成熟した天皇と連係し、双方が相まって統治と君臨をうまく分掌しながら総合した。元老のなかでも伊藤は第一人者として重きをなし、伊藤に対しては天皇の信頼が最も厚かった。天皇と元勲・元老たちは、明治国家の多頭一身的な最高支配者集団に喩えることができる。

第三点として、日本が置かれている近代世界の歴史の大勢、国際的な環境の峻厳さについては天皇もよく認識していたであろうし、枢密院での帝国憲法草案審議に毎回出席し熱心に耳を傾けた天皇は、日本の立憲政治に関して、また立憲国家での君主の役どころに関して、それなりの理解をしっかりと身につけたと思われる。そうして、天皇は、自らが果たすべき任務を自覚して、期待される天皇像をほぼ見事に演じたのだった。

ヨーロッパの近代国家の最初の君主との比較を試みると、明治天皇は、フランス第一帝政の皇帝ナポレオンのように、名実ともに全権力を一身に集中して独裁したのではなかった。また、イギリス名誉革命体制最初の国王ウィリアム三世が、議会の統制下にあって、国家元首と内閣の長を兼ねて君臨するとともに統治を率い、立法についても稀には拒否権を行使したのとも、別種であった。この二人と比べると、明治天皇の実際政治への関与と影響は格段に小さかった。明治国家の建設を主導的に担った政治家・官僚が範を求めたドイツ帝国においては、憲法上は皇帝ヴィルヘルム一世が最高権力者であったが、実際上宰相ビスマルクが国家権力を掌握し行使して統治を牽引した。そのヴィルヘルム一世に明治天皇は似通っていた。

(4) ナショナル・シンボルへ

日清戦争後、天皇は政治上にとどまらず、宗教的、道徳的にも崇敬の対象として仰ぎみられる存在として、躍進する近代日本のナショナル・シンボルとなった。天皇制は日本固有の君主制としての性格を濃化しつつ、しっかりと根を張っていった。そこにいたる過程は、政治、宗教、社会道徳のそれぞれの方面から、それらが輻湊しつつ進展した。そのうち、政治的側面（政治的天皇制）については前節での記述と重なりあうので後に回し、本節ではその宗教的側面（宗教的天皇制）、社会道徳的側面（社会的天皇制）から先に扱う。

(1)節で触れたように、維新政府は、民衆の生活のなかに生きている伊勢信仰や祖先崇拝などの古い伝統的な民間信仰を利用して、天皇讃仰を促進した。その一方、宗教政策では、当初神道国教主義をとったがそれは失敗に帰し、やがて政教分離主義へ転換していった。

ところが、一八八九年に神武天皇を祭神とする橿原神社(翌年神宮)、後醍醐天皇を祭神とする吉野神社を創建するとともに、伊勢神宮を頂点として全国神社を階統制的に組織化したように、神社神道に国教的な地位を与えて、実質的な国教制に傾動している現状があった。

政府の宗教政策の策定をリードした井上毅は、一八八四年の「山県参議宗教処分意見」で、当時のヨーロッパ諸国の国家と教会の関係について検討し、国教制、政教分離制、公認宗教制の三種類があることを踏まえて、日本では公認宗教制の採用が望ましいと説いた。そして、政府は、神社神道は宗教ではなく国家の祭祀であるとする説を公式見解にして、非宗教的国家的祭祀としての神道たる国家神道と信教の自由とを両立させる道をとった(注27)のであった。

第Ⅰ篇の各章のなかでそれぞれに関説したように、イギリス、フランス、ドイツの初期ブルジョア国家は、いずれも政治と宗教の一体化を残存させていて、政治的支配に宗教を役立てる、あるいは政治的支配の障害となる宗教を抑圧する政策を実施した(注28)。

一九世紀の西洋について見ると、個人の信教の自由と政教分離を原則としていたが、現実には政教分離の程度は各国で異なっていた。イギリスでは国教制、フランスでは第一帝政以来のコンコルダ体制＝公認宗教制(二〇世紀初めに分離制へ)、ドイツでは公認宗教制、アメリカ合衆国では分離制というように、多様であった。そこでは、たとえ国教、公認宗教であっても、それを国民に一律に強制することはできなかった。個人の信教の自由は、国教制と併存しうるのであり、国教制、公認宗教制の下にあっても保障さ

れた。(注29)

帝国憲法は、第五五条で「信教ノ自由」を規定した。政府は、神社神道を祭祀儀礼とすることで、政教分離を図り、信教の自由を認めたのであった。それとともに、公認宗教制を採り、神社神道を国家的に保護した。こうした政教の限定的分離も、近代的政教関係の一つの在りようではあった。

初期議会において、保守主義者たちにより、国家神道の確立を図った神祇官設置の上奏案が提出されたが、議事として取り上げられなかった。日清戦争中の第八議会では、建議案が議事として扱われたが、否決された。日清戦争直後の第九議会になって、神道は国家の祭祀であって宗教ではないことを強調して提出された神祇官設置の建議案が、賛成多数で成立した。

このようにして、神社神道＝非宗教説が定着してゆき、一九〇〇年四月には内務省の社寺局が廃止されて、教派神道、仏教といった諸宗教を管掌する宗教局とは別個に神社は神社局が管掌することになった。

ところで、大衆の土俗的な宗教的信仰が国家の祭祀としての神道を回路として天皇崇拝へと収斂していくにあたっては、日本人の宗教意識の特異性によるところが大きかったであろう。

一つには、日本人の宗教感情は多神教的であり、神道、仏教、儒教のいずれも、超越的性格を有せず、多重信仰が成り立ってきた。欧米のキリスト教のように社会的に強い力をもち生活に深く入り込んで倫理的に規制するよう宗教が、日本には不在であった。そこで、宗教の一種の代用品として天皇崇拝が受け入れられた。

また一つには、民衆の生活に土着してきた、家にあっての祖先信仰、村にあっての鎮守、産土、氏神などの小神社信仰と、天皇制が古来保ってきた宗教的権威とは通底するところがあった。神社神道に誘われて、民俗的信仰は天皇制の底辺に取り込まれた。

更に一つには、天皇が地方巡幸で生き神様として礼拝されたり、天皇の肖像写真が生き神のように扱われたりしたように、昔から民衆のなかにあった生き神信仰も、天皇崇拝につながった。神道における神概念でも、人間は死ぬと神になるが、時には生きたまま神となることもあって、人間であって神でもあるという存在が認められていた(注30)。

これらを要するに、天皇制は大衆と宗教性を共有することを重要な基盤にしたのであった。

天皇制の社会的側面に移ると、ここでは、一八九〇年一〇月発布の「教育ニ関スル勅語」が大きな役割を果たした。教育勅語は、欧米思想の流入と普及に対抗し儒教思想を元にして、日本における唯一の精神的な機軸と目される天皇、皇室を中心にし、社会に根強い伝統的な家制度と結びつけて、忠孝一致（天皇に対する忠と親に対する孝）を国民道徳の基準として宣布した。国務大臣の副署のない勅語であり、法的な拘束力はなかったが、しかし、すべての学校に上から一斉に下付され、実際には法律よりも強い拘束力をもつ結果となった。

早くも一八九一年一月に、第一高等中学校嘱託であったキリスト教思想家の内村鑑三が、始業式に教育勅語の礼拝を拒否したとして、不敬の故をもって職を追われた。翌年には、帝国大学日本史教授久米邦武が、「神道は祭天の古俗である」と論じて、神道家から非難攻撃されて免職となった。

内村鑑三の事件も久米邦武の事件も、法的に処理された不敬罪ではなく、社会的制裁としての不敬事件であった。帝国大学進学の予備教育機関である一高の生徒たちが、内村糾弾の同盟を組織し、辞職勧告をし、校長には解職を要求したことに示されるように。内村は退職後も、「国賊」、「不敬漢」との汚名を浴びせられた。

実は、すでに一八八九年に、文部大臣森有礼が「伊勢の大神宮に参拝した時、クツのまま最も神聖な場所にはいろうとし、しかもそこにかかっていたみすを……ステッキ（！）で持ち上げたという理由で」、森の欧化主義を嫌う国粋主義者が憲法発布の日に森を刺殺する事件が生じていた。不敬に名をかりたテロであったが、「五種を下らぬ帝都の新聞紙が」「暗殺者そのものを賛美し」「上野にある〔犯人の〕墓では、霊場参りさながらの光景が現出している(注31)」。

このように、天皇の権威が社会内部に浸透するにつれて、不敬事件も増え、そのなかで、裁判などの司法処置もなく、不敬を糾弾して社会的制裁を加えることが少なくなかった。しかも、そうした社会的制裁が国民に抵抗なく受容されていった。こうした動向が、天皇制を下支えする社会的な力となった。政治社会では、初期議会期には民党が躍進し、藩閥批判の風潮も強かったが、天皇の神格化も広がりをみせ始めていた。

「御真影」もその下付に関して法的拘束力はなかった。しかし、多くの学校が下付を請願し、その保管は教育勅語と同様に厳重におこなわれた。教育勅語と「御真影」、およびそれらを保管する奉安殿・奉安庫は天皇の「分身」扱いされ、その処理に事故などがあれば社会的制裁を免れなかった。命をかけてでも教育勅語謄本や「御真影」を守らなければならないということが社会的な暗黙の了解となり、実際そのように行動して殉職した人も少なくなかった。

一例として、一八九六年六月一五日、三陸地震津波において岩手県箱崎尋常小学校の教員は、「御真影」を体に縛り流失を防ごうとして死亡した。新聞、そして国民の多くは、これを壮挙として賞賛した。

一九〇〇年の文部省令小学校令施行規則で、四方拝、紀元節、天長節の三大節における教育勅語奉読と「御真影」への最敬礼も義務づけられた。違反すれば法的処罰や社会的制裁が加えられるのは、ますます当たり前の風潮となり、しきたりとなっていった。

教育勅語や「御真影」の神聖化にともなう社会的な強制と並んで、「家族国家」論とそれに基づく国体論の普及が、天皇と天皇制の崇敬を促した。

文部省公認の教育勅語解説、井上哲次郎『勅語衍義』は、「一国ハ一家ヲ拡充スルモノニテ、一国ノ君主ノ臣民ヲ指揮命令スルハ、一家ノ父母ノ慈心ヲ以テ子孫ニ吩咐スルト、以テ相異ナルコトナシ(注32)」と、家を拡充せるものとして国家を捉え、天皇と臣民の関係を父子関係に擬していた。そうすることで、先祖、家父長への敬愛の情を天皇崇拝と接合させようとした。

当時の日本社会は、戸籍法が示したように、家を単位とし家を介して政治に加わり経済を営む家社会であった。農業において小農経営が中核を形成していて、そうした農業が産業構成において高い比重を占めているという、後進国に特有の経済構造が、その強固な基盤であった。ちなみに、人口のほぼ八割が農民であり、農業のほとんどすべては家長の指揮のもと家族で従事する農民的経営であった。

家社会は、産業革命による資本主義化、都市化によっても、消滅の一途を辿ることはなかった。農村から出てきた労働者や都市下層民のなかでも再生産された。

一八九八年に公布・施行された明治民法（その家族法部分）が家制度を前面にかかげたのは、かかる家社会、家秩序の広範な厳存という歴史的、社会的な現実に基づいていた。

日清戦争後になると、「君臣一家」の家族国家論が台頭し、皇室は日本の総本家であって分家末家である国民は総本家の家長である天皇に率いられるのは当然であるとする国体論が、穂積八束、高山樗牛、加藤弘之などをイデオローグとしてそれぞれに唱えられ広まっていった。

明治末期には家族国家的国体論の盛況とともに、天皇と皇室は、家社会の現実に根ざしながら、家秩序を理想的な姿で実現するものとして称えられ、国民、社会のうえに君臨することとなった。

如上の天皇制の宗教的側面、社会的側面の分析からすると、天皇信仰や天皇制の浸透、定着は、ただ単に国家がイデオロギーや制度として上から強制的に押し付け、教育やジャーナリズムなどをも動員して実現させただけではなかった。日本の特異な歴史的伝統や社会的構造のうちに受け入れ呼応する素地が存在しており、国家はそれに依拠して、民間社会の内発的な諸力を繰り込みながら、大衆の同調や支持を調達していったのだった。

政治的天皇制としても、日清戦争をつうじて、天皇の権威は飛躍的に高まった。

先述したように、天皇は戦局の進展とともに大本営のある広島に移ってそこで起居し、御前会議、大本営御前会議に常時出席して積極的に戦争指導に加わった。新聞・雑誌などのマス・メディアは、天皇が戦地の兵士と同じような質素で不便な生活を送りながら軍務に精励していること、戦争が天皇の指導によって戦われていることを、こぞって褒め称え喧伝した。軍人の天皇との一体感や皇軍意識が強められただけではない。福沢諭吉は、戦争の最中の一八九四年一〇月、『時事新報』に「天皇陛下の御聖徳」と題して、次のように記した。「開戦以来、天皇陛下には大本営を広島に進められて親しく軍旅の事を視させ給ひ昼夜御寝食をも安んぜられざるは国民一般の聞知して感激に堪えざる処なり」「吾輩は竊に伝承して只感涙に咽ぶのみ（注33）」。

全軍を統帥して戦争を勝利に導いた大元帥としての天皇という新たなイメージが生まれ、戦勝の熱狂とともに国民のなかに定着した。また、天皇は新興日本の国際的な躍進と地位の向上の象徴と目された。戦勝によって、天皇の個人的権威は絶大なものとなった。

天皇はこれまでもすでに、政治的に強大な権威を備えるだけでなく、政治外的な諸関係に立地して宗教的、道徳的な権威をも一身に集中していた。そうした天皇の地位と権威は、日清戦争の勝利以後、明治末年にかけて、決定的に高まっていった。日清戦争以後の天皇・皇室は、まさしく国民統合の凝集核として不動の地位を確立した。

天皇・皇室の権威の絶大さは、特殊日本的であった。天皇崇敬は、伝統的な祖先崇拝の宗教や家父長制家族と融合し大衆の生活思想となった。明治天皇は、ヨーロッパ諸国の君主とは異なって、政治上だけでなく宗教上、道徳上も、国民の心の拠り所となった。そして、国民すべての日常生活のなかに入り込んで身近にあって仰ぎ見られ、万邦無比の「国体」の證として列国に対しても誇示される存在となった。天皇は、最も広い、そして充全な意味で、ナショナル・シンボルとなったのであった。明治天皇は「明治大帝」と尊称され明治の栄光を一身に担った。

国民の精神的な機軸として確立した明治天皇制は、一九世紀のヨーロッパの君主制以上の存在であった。明治天皇制は近代化した日本を表象する最大のメルクマールであったとさえ言える。

最後に、明治天皇制は、古代以来の天皇制の伝統の継承と近代ヨーロッパ的な君主制の導入とを複合して、歴史的な多層性を包含していた。それとともに、政府主導の近代化革命と前近代的な諸関係の広範多岐な残存との矛盾的統一に規定されて、政治的な側面と宗教的な側面と社会的な側面との構造的な多面性をなしていた。明治天皇制は、外圧により資本主義世界システムに編入されて駆り立てられつつ、上からのブルジョア革命を機軸として全体制の変革を追求した近代日本(注34)に固有の、政治、宗教、社会などの歴史的、構造的な特殊性を凝縮して混成した君主制であった。

いま一つ特記すべきことに、明治天皇制は、近代ヨーロッパ諸国の君主制よりもはるかに奥深く、歴史的な伝統を生かしつつ、大衆の心のよりどころを求める底流を天皇信仰へ吸収し、強大なる権威あるものにすがろうとする心情を包み込んでいた。そうした実相を踏まえると、『ジャパン・ウイークリー・メイル』紙に一八八〇年六月一九日に掲載された評論は、正鵠を射ていた。「日本の過去の歴史と、現代の民衆からうける印象として、天皇制は、一番最後に倒れる王制のうちの一つになるであろうと考えられる」。(注35)

天皇の王権は一〇〇〇年以上にわたって持続してきて、多くの国で起きたような度々の王朝の交替がなかった。その理由をなにに求めるかはここではさておいて、世界の歴史のなかで極めて稀で特異な事例であるのは確かである。これを事実として認めることは、天皇制の歴史的な伝統を肯定的に評価することを意味するのではない。歴史的な伝統を背負い、国民大衆を統合し、多層的、多面的に編成されて、強靭でしぶとい生命力をもつ明治天皇制以来の近代天皇制、これを変革することの至難性を自覚すべきこと、近代天皇制についての実証的、理論的解明を進展させ、天皇制打倒の空叫びを斥け「陣地戦」を長期に持続して天皇制を消滅させる方途を探るべきことを言わんとするのである。

注

（1）日本史籍協会編『大久保利通文書　一』東京大学出版会、一九六七年、三一一頁。原文に句読点はない。
（2）『大久保利通文書　二』、一九二～一九三頁。
（3）『大久保利通文書　五』、一八六頁、一八九～一九〇頁。
（4）M・ウエーバー（世良晃四郎訳）『支配の社会学　二』創文社、一九七〇年、五三三頁。
（5）慶応義塾編纂『福沢諭吉全集　第四巻』岩波書店、一九五九年、一八七頁。
（6）「奥羽人民告諭」、加藤周一他編『日本近代思想体系２　天皇と華族』岩波書店、一九八八年、二八頁。
（7）E・ホブズボウム、T・レンジャー編（前川啓治他訳）『創られた伝統』紀伊国屋書店、一九九二年、一八頁。
（8）トク・ベルツ編（菅沼竜太郎訳）『ベルツの日記』上、岩波文庫、一九七九年、一一四頁。

（9）『福沢諭吉全集　第五巻』、二六七頁。

（10）坂本一登『伊藤博文と明治国家形成』吉川弘文館、一九九一年。

（11）『伊藤博文伝　中巻』、六一五～六頁。『枢密院会議議事録　第一巻』、一五七頁。

（12）同、六一六頁。

（13）講座派の天皇制絶対主義論は、かつての論拠はほぼ崩れ去ったが、帝国憲法論を軸にして生き残っている。中村政則「戦前天皇制と戦後天皇制」（歴史学研究会編『天皇と天皇制を考える』青木書店、一九八六年）は、第一条と第三条の「世襲制・神格性・無答責の規定こそは、天皇が憲法上絶対君主存在であることを明らかにしたもの」（一一三頁）とする。

（14）伊藤博文『憲法義解』では「君主は国の主権を有す［る］」岩波文庫、八七頁、と解説され、『伊藤博文伝中巻』には「第一章に君主の大権、即ち主権を明記」（六五二頁）とある。

（15）美濃部達吉『憲法講話』有斐閣、一九一八年、では、「主権という語は……国家内に於いて最高の地位にある機関の事を云ひ現はすために用いらるゝ場合」が挙げられ、「君主が主権者であるといふのは、唯君主が国家の最高機関であって、国家内に於いて最高の地位を有するものであることを意味する」（二五～二六頁）、同『逐条憲法精義』有斐閣、一九二七年、では、「君主主権といひ、国民主権といふは、言い換ふれば、君主又は国民の何れが国家の最高機関であるかを言ひ表わすのにほかならぬ」「『主権』とは、正確に言えば最高機関といふと同義である」（一七頁）と説かれている。

（16）『憲法義解』、二七頁。

（17）佐藤功『君主制の研究』、一八一頁。

（18）『憲法義解』、二七頁。

（19）家永三郎『日本近代憲法思想史研究』は、帝国憲法制定当局者である伊藤博文らの真意は天皇機関説であったふしが多いと捉えている。九一頁。卓見である。
(20)『憲法義解』、二五頁。
(21) 宮内庁編『明治天皇記　第八巻』吉川弘文館、一九七三年、四八一頁。
(22) 藤村道生「日清戦争」、『岩波講座　日本歴史　16』岩波書店、一九七六年。
(23)『明治天皇記　第十巻』、五九八頁。
(24) 同、三九頁。
(25) 永井和『近代日本の軍部と政治』思文閣出版、一九九三年、「第二部　内閣官制と帷幄上奏」。
(26) 内藤一成『貴族院』同成社、二〇〇八年、九四〜九五頁。
(27) 斎藤智朗『井上毅と宗教』弘文堂、二〇〇六年。
(28) J・J・ルソー『社会契約論』には、国家創建にあたっての宗教活用について述べた件がある。「立法者はその理性の決定を不死のもの〔神々〕の口から出たもののようにし、そうして人間の思慮によっては動かしえない人々を、神の権威によってひっぱって行った」(桑原武夫他訳、岩波文庫、一九五四年、六六頁)。「諸国民の起源においては、宗教が政治の道具として役立つ」(六七頁)。
(29) 大石真『憲法と宗教制度』有斐閣、一九九六年。
(30) 天皇現人神説は、後に一九三〇年代に支配的になるのだが、天皇がヨーロッパ史上の絶対君主と同じような性格であるのを示すのではない。君権神授説をとった絶対君主制時代のヨーロッパの君主は神の代理人であって神になることはできなかったが、天皇は皇統を継ぐ「現人神」であった。その場合、人間であって同時に神でもあるという神道における神概念に依りながら、天皇を絶対化するものであったし、人々はそれに抗する精神的拠点を欠いていた。加えていま一つ、宗教的な崇拝は超越的な絶対者への帰依を心意とする。その点で、近・現代のある種のタイプの政治、カリスマ的な最高指導者の独裁、自由・民主主義の圧殺、国民大衆の熱狂的支持を特質とするファシズムと重なり合うことにも注意するべきである。

(31)『ベルツの日記』上、一三六～一三七頁、一四一頁。
(32) 井上哲次郎『増訂　勅語衍義』、一七～一八頁。
(33)『続福沢全集　第四巻』岩波書店、一九三三年、二三三頁。
(34) 拙著『明治維新の新考察』社会評論社、二〇〇六年。
(35)『日本近代思想体系2　天皇と華族』、一〇〇頁。

主要参考文献

伊藤之雄『明治天皇』ミネルヴァ書房、二〇〇六年。

坂本一登『伊藤博文と明治国家形成』。

鈴木正幸『皇室制度』岩波新書、一九九三年。

鈴木正幸『国民国家と天皇制』校倉書房、二〇〇〇年。

副田義也『教育勅語の社会史』有信堂高文社、一九九七年。

多木浩二『天皇の肖像』岩波新書、一九八八年。

安田浩『天皇の政治史』青木書店、一九九八年。

安丸良夫『近代天皇像の形成』岩波書店、一九九二年。

安丸良夫「近代転換期における宗教と国家」、加藤周一他編『日本近代思想体系5　宗教と国家』岩波書店、一九八八年。

山本信良・今野敏彦『近代教育の天皇制イデオロギー』新泉社、一九七三年。

吉本隆明・赤坂憲雄『天皇制の基層』作品社、一九九〇年。

終りに　明治国家は君主主義的立憲政か立憲政府政か

日本の初期ブルジョア国家である明治国家を、天皇制絶対主義論およびボナパルティズム説の批判を踏まえ、立憲国家、国民国家、天皇制国家としての分析的考察に基づいて、総括的にどう規定するか。

前著『明治維新の新考察』においては、ドイツ・ビスマルク帝国について「ボナパルティズム国家か君主主義的立憲政国家」のいずれとして把握すべきかを今後の課題に残しており、それと連関して、明治国家についてはこれを「最も近似しているのは、フランスの復古王政」と見做し、「絶対主義では勿論なく、ボナパルティズムでもなく、君主主義的立憲政と規定するのが適切だと考えられる」と推量した。

しかしながら、その後におけるフランス復古王政やビスマルク帝国の研究への取り組みをつうじて、前著での主張を再考せざるをえなくなった。

フランス復古王政とビスマルク帝国それぞれの国家をどのように規定するにせよ、双方を同じ形体として一括りにできないことは、ほぼ異論のないところであろう。本書では、前者を君主主的立憲政、後者を立憲政府政と規定した。この規定の当否についてはなお検討の余地があるだろうが、これまでの所論を踏まえて議論を進めると、明治国家は、君主主義的立憲政か、それとも立憲政府政か。

日本近代政治史研究ではこれまで黙殺されてきているが、望田幸男『比較近代史の論理』（一九七〇年）では、明治国家――正確には直ぐ後でみるように明治憲法だが――に関して、「君主主義的立憲体制」論が述べられている。(注1)同書では、講座派と労農派、更に新京都学派を含めて、従来の代表的な明治維新論、日本近代史論を批判しつつ、それらの乗り越えを指向して展開されており、「君主主義的立憲体制」論は、天皇制絶対主義論はもとよりボナパルティズム説と比較しても、より的確に歴史の現実を捉えている。

望田の「君主主義的立憲体制」論の検討を手掛かりにして、問題にアプローチしよう。

望田は、プロイセンの一八五〇年の憲法、ドイツ帝国の一八七一年の憲法と日本の帝国憲法を、①、憲法典における原理的な「君主主義と議会主義」の二元的構造、②、それに基づいた憲法解釈(学)の対立、③、そして憲法現実での「君主大権と議会権限」のそれぞれの極大化を志向する政治勢力の抗争、抗争の力関係の変動による権力重心の移動、といった点から分析して、その「憲法体制の論理」を明らかにしている。(注2)その分析的考察は、卓越しているし、正当と言える。

しかしながら、理論的限界が所在する。対象的現実をなす歴史は、政治・国家・憲法が密接に相互連関する多層構造を織り成しているのであり、そうした歴史の現実の立体的な総体構造を対象とすると、望田の論は憲法偏位の一面的な把握を免れない。端的な事例として、内閣＝政府の存在位置と役割は、憲法典のうえでは大変に小さいが、実際の国家・政治においては極めて大きい。「憲法体制の論理」にとどまっている限り、憲法体制と国家体制・政治体制のずれを内包して成り立っている歴史の実相を見抜けないことになる。

望田の「君主主義的立憲体制」論は、憲法偏重であり、政治体制、国家体制の分析的考察としては当然に限界がある。のみならず、欠陥を有する。

第一点として、ドイツ帝国の国家体制、明治国家体制の核心的な問題を掴まえることができない。先の事例を引き継ぐと、ビスマルク帝国においては宰相とその政府が、明治国家においては内閣＝政府が、国家体制の中枢に位置し国政を主導したが、この重大な特質が不明である。

第二点として、憲法に関しても、憲法典を制定した権力主体、そして憲法典のイデオロギー性を不問に付している。一八七一年のドイツ帝国憲法は、一八五〇年のプロイセン憲法を継承しながら、ビスマルクの草案を基に制定されたし、日本の帝国憲法は、伊藤博文を筆頭にして藩閥内閣によって制定された。そして、それらの憲法規範の最大の特質をなす君主主義には、君主の強大な大権を大義名分にして、イギリス的な議会主義や政党＝議院内閣制を排除する一方、君主との一体性を確保して宰相＝政府あるいは内閣＝政府が国政を主導するという意向が込められていたのだった。

第三点として、「憲法体制の論理」としては、ドイツ帝国と大日本帝国とが同型であるだけではない。フランス復古王政もまた同型なのである。フランスの一八一四年の憲章は、プロイセン憲法、帝国憲法などの祖型にあたり、これら三つの憲法は、（i）欽定憲法、（ii）君主の神権的権威、（iii）君主は宣戦・講和・条約締結、軍隊統帥、官吏任免、議会の召集・解散、等々の広大な権限を掌握、（iv）立法権力は君主と議会が共同で行使する、（v）執行権力は君主に属する、（vi）司法権力は君主の名において行使される、等の大綱において共通性をもち、君主が絶大な権力を掌握するものの、その権力は憲法・法律に従って行使するという、君主主義的立憲主義を基本性格としている。「憲法体制の論理」では、フランス復古王政とビスマルク帝国、大日本帝国の国家体制の相違を捉えることはできない。

ついでに触れると、議会主義の本国近代イギリスにおいてすら、憲法のうえでは強大な国王大権が連綿として存続していること、従って憲法体制と国家体制・政治体制の乖離がかえって如実に存在することにも留意すべきである。

第四点を加えるなら、望田によると、第二次大戦での敗北で「君主主義的立憲体制」は崩壊した。（注3）つまり明治から敗戦まで「君主主義立憲体制」である。だが、同じ帝国憲法を掲げていても、明治国家と大正国家、一五年戦争期の昭和国家は政治体制・国家体制として著しい相違がある。「憲法体制の論理」では、その相違を限られた範囲でしか明らかにすることができない。

こうしたことから、「君主主義的立憲体制」はビスマルク帝国や明治国家の総括的規定としては適格性に欠ける。既述したように、「君主主義立憲体制」は、これを再定義して、憲法上のみならず実際政治の上でも国王が随一の権力者であったフランス復古王政の国家体制を規定する語に転用して生かす道を選ぶべきだろう。

あらためて、フランス復古王政とビスマルク帝国と明治国家の国家体制を対比する。すでに明らかなように、いずれも君主主義憲法を掲げており、憲法に関しては基本的に同型である。そこで、前述の①、公定のイデオロギーである主権、②、国家元首と政府首長の関係、③、国家権力機構の中心機関、④、統治の主力的担い手、の諸点について再度対質して、相互間の異同を確認する。

①について、フランス復古王政では君主主権説が甦った。君主主権説は、一八四八年三月革命挫折後のドイツ・ブルジョア革命の過程でも保守派により唱えられて有力であったが、ビスマルク帝国において支配的になったのは国家主権説であった。明治国家では君主主権説が支配的であった。

②について、フランス復古王政のルイ一八世やシャルル一〇世は、前体制のナポレオンのような独裁的権力者ではなかったが、国家第一の権力者であり、国家元首として国家権力機構の頂点に座して君臨するだけでなく、国家権力機構の中心を担って首相とともに統治にもあたった。復古王政では、国家元首と政府首長の分離は不徹底で限定的であり、名実ともに国王が首相に対して優位したと言える。ビスマルク帝国と明治国家では、国家元首と政府首長は分離していた。ビスマルク帝国では、宰相ビスマルクが皇帝ヴ

ィルヘルム一世さえ凌ぐ随一の政治的巨人であり、両者は後者が君臨し前者が統治するコンビを組んでいた。明治国家では、天皇と元勲・元老たちが一体的な最高支配者集団として、いわば連繫し、天皇は絶大な権威を一身に体現してナショナル・シンボルとなり、元勲・元老たちが首相の座を独占して内閣＝政府を率い権力を行使した。天皇が統治に関与することがあっても、それは部分的で極めて限定的であった。

③について、フランス復古王政では、国王は首相率いる内閣とともに統治にあたり、国王と内閣が国家権力機構の中心に位置した。ビスマルク帝国では、国家権力機構の中枢は宰相でありその政府であった。明治国家では内閣＝政府が国家権力機構の中枢にあって国政を主導した。

④について、フランス復古王政では、国王とともに極端王党派や立憲王党派が統治を担った。ビスマルク帝国では、ビスマルク宰相＝政府とそれが統率する軍事官僚、行政官僚が統治を担った。ビスマルク与党を形成していた保守主義政党あるいは自由主義政党の指導者さえ政府の要職に起用されなかった。明治国家では、その前半期、元老を指導者とする藩閥政治家・文武官僚が、政党を排しつつ、統治した。国政を円滑に遂行するために衆議院で多数を占める政党との提携を避けられなかったので、藩閥と政党の対立のなかで政党内閣が出現し、政党が統治勢力として進出し官僚集団と角逐する一時期があった。その後半期からは、藩閥と政党は協調に転じるとともに、藩閥は元老の伊藤博文と山県有朋にそれぞれ率いられた改革派と保守派に分化し、前者は政党化し後者は文武官僚閥化してゆき、二大勢力として政権を担当した。政党は徐々に勢力を増強したが、他方ではそれに対抗する文武官僚集団も強力になった。全時期をとおしては、元老をはじめとする政治家と文武官僚が統治の主力であった。

明治国家は、①について復古王政と、②、③、④についてビスマルク帝国と共通していた。総体としては、復古王政よりもビスマルク帝国と同型性が強かったと言える。

かくして、明治国家の体制について、これを立憲政府政と結論づけよう。明治国家を立憲政府政と総括的に規定して、明治維新を捉えかえすとき、前著での「明治維新＝上からのブルジョア革命」論をあらためて確認できるし、明治維新から明治国家への発展的推移を一貫した流れとして掌握することができる。

近代の最先進国イギリスでは、一六四〇〜六〇年・一六八八年のブルジョア革命は、自由と平等を目標とし、議会を推進的な組織的機関としつつ、自由主義的な中道的党派である独立派が主導して、民衆を動員し内戦を決定的な手段的方法として達成された。それに連動して、議会権力が最優位する国家体制が創建され、「議会主義的君主政」が形成された。「下からの革命」──→議会優越国家であった。

後進的なプロイセン＝ドイツでは、ブルジョア革命は一八四八年三月革命に始まり一八六六〜七一年の「上からの革命」により終結した。その「上からの革命」は、自由と統一という革命の目標を、絶対主義勢力から転身したビスマルクなどの保守派が主導し、内閣＝政府を中枢機関として、オーストリア、フランスとの対外戦争を手段的方法として成就したのであった。その特質の分析に基づいて、前著で「上からのブルジョア革命」を、「政府が国家権力を手段として推進する保守的革命」と定義した。連動して、宰相＝政府権力が最優位する国家体制として「立憲政府政」が築かれた。「上からの革命」──→政府優越国家であった。

これを、世界史の一七〜一九世紀の段階におけるブルジョア国家建設の代表的な二つの道と位置づけることができる。(注4)

一八六八〜八九・九〇年の日本の明治維新は、欧米列強に開国を強制され半植民地化の危険にさらされて国家的独立を至上課題としたが、国家的に独立して万国と並び立つには立憲政体を樹立しなければならなかったから、独立と併せて立憲政体樹立を目標とした。そして、旧討幕派下級武士・公卿を中核にした維新政治家・官僚層が終始主導権を掌握し、全行程にわたり政府を推進機関として、クーデタと内戦、一揆や反乱の鎮圧などの手段を介しつつ、憲法制定・国会開設を達成して、目標を一とおり実現するにいたった。藩閥政府が支配する「立憲政府政」が構築された。「上からの革命」→政府優越国家の道の一つであった。

　数多くの巨大な困難を解決して日本固有の立憲政体を創建するには、政府主導、政府優越を基本とするほかないということは、次の二つの事例に示されるように、維新政治家の多くが達した思考であったように思われる。

　明治六年の政変の混乱を収束して維新政府が立憲制の採用に向かってまとまりだす頃、井上馨は、一八七四（明治7）年末の木戸孝允宛書簡で「我国性質に相応する議院之方法を以、充分政府え権を取開院せば……」（注5）と、「充分政府え権を取」って「議院」を「開院」すべきことを表明していた。

　また、すでに本篇第二章の冒頭部で触れたように、明治一四年の政変を機に憲法制定・国会開設の機運が高まっていったとき、プロイセンをモデルにした岩倉綱領を草した井上毅は、伊藤博文宛の書状では、プロイセン風の「政府主義の憲法」を設けるべきことを伝えた。その「政府主義」の国家構想の眼目は、政党が志向するイギリス型立憲政体の議院内閣制＝政党内閣制の阻止であり、天皇と内閣の一体的な連携による内閣＝政府主導制の確立にあった。

　こうした「政府主義」が「上からのブルジョア革命」と「立憲政府政」を架橋する。政府主導主義の構想と実践をつうじて、ブルジョア革命が「上から」推進され、政府が最優位する立憲制・権力分立制の国家が建設された。

維新革命期の「有司専制」は、歴史上のブルジョア革命の途次に出現した革命政府の独裁にあたるものであった。日本は内発的条件が未成熟な状態で欧米列強の外圧に対抗し促迫されて近代化革命に突入したために、維新革命は、イギリス、フランス、プロイセン＝ドイツではそれぞれにブルジョア革命の開始とともに達成された国会開設、憲法制定を、革命の終結時に漸く実現した。「有司専制」が革命過程の全時期にわたったことは、ブルジョア革命の進展過程で立憲政治、議会政治を重ねて近代国家を創建したヨーロッパ諸国とは異なる日本のブルジョア革命の特質であった。

しかし、ともあれ帝国憲法制定・帝国議会開設によって、「有司専制」は「立憲政府政」へ転換をとげた。この面では、「有司専制」⟶「立憲政府政」であった。

「立憲政府政」の明治国家は、「君主主義」を掲げて「議会主義」を封殺し「政府主義」をつらぬいたのであったが、本書で論じてきたように、初期ブルジョア国家には、議会（中心）主義の国家もあれば君主（中心）主義の国家、政府（中心）主義の国家もあった。しかるに、「議会主義」「君主主義」の語が定着し汎用されているのに反して、「政府主義」の用語が存在しないのは何故なのか。この問題に言及しておきたい。

一九世紀後中葉を境にして、近代世界政治史も初期段階から盛期段階へ移行し、自由主義の民主主義化の進展により自由（主義的）民主主義の時代へと転じた。それと同時に、民主主義化の陰に隠れて目立たなかったが、国家の権力機構的編制において内閣＝政府の抬頭が進行した。

資本主義世界システムにあって最先進的であり最中枢を占める国イギリスでは、一八六七年の第二次選挙法改正、一八七二年の秘密投票法、一八八四年第三次の選挙法改正によって、成年男子普通選挙制が近似的に実現し、自由党と保守党の二大政党が交互に政権を担当する議会制民主政治が造出された。選挙制・議会制の民主化過程は、だが、政党の組織的確立過程と相伴っていた。一八三二年の第一次選挙法改正を転機にして、有権者の飛躍的増大に対処して、ホイッグ、トーリの両党は、有権者登録制の導入やコーカス制の採用により、院内議員グループから党組織を全国に張り巡らせ党指導部によって中央集権的に統制される機構政党へ発達した。そして、政党の組織的確立を媒介にして、政党と議会と内閣とが密接な結びついた議院内閣制＝政党内閣制が確立し定着したのであったが、それはまた、国家権力機構の内部編成を変化させ、議会に対する内閣の地位の強化・上昇をもたらした。象徴な例として、一八世紀には議員立法が普通であったのに、いまや内閣が立法を主導するようになっていた。議会制民主主義化を迎えているイギリス国家の実相の観察として名高いバジョット『英国の国家構造』は、議院内閣制の仕組みを分析して、内閣を「立法権を行政権に結びつける委員会――その結合の故にこそ、それが失脚し分散しない限りは、国家の最強力団体[注6]」と規定している。

イギリスを先駆として、一九世紀後半の世界政治史は、従前の朋党と議会の時代から政党と内閣＝政府の時代へ推転していったのだった。

フランスに関しては注記にとどめる。第二帝政・ボナパルティズムは、権威と権力を集中した皇帝のもとで政府が議会に対して絶対的に優越したが、第Ⅰ篇第三章（3）節のなかでその民主主義的側面について関説したように、民主主義も制度的に合成していた。近代盛期における政治史的発展動向である民主化と政府権力の強化の両面性を備えたなかで、後者の面が支配的であった国家体制として、これを捉えることができる。

ところが、政治学・国家論においては、一九世紀後半からの政治史・国家史の趨勢である内閣＝政府の擡頭と強化、議会と内閣＝政府の均衡、内閣＝政府の優越といった特徴的発展動向が取り入れられなかった。

G・イェリネク『一般国家学』（一九〇〇年）を取ろう。イェリネクは、一九世紀のヨーロッパの立憲君主制の諸国について、君主と議会との二つの機関を軸として両者の対抗関係によってその国家形体が決定されると論じている。「すべてのこれらの国々においては、その固有の意思領域に関しては相互に完全に独立していて、互いに相手の命令権力もしくは強制権力に服することのない、二つの直接的機関（君主と議会）が存在している」「二つの直接的国家機関の相互関係に関しては、ア・プリオリに、三つの政治的可能性が成立しうる。君主の優位、議会の優位、両者の均衡の三つが、すなわちそれである」(注7)。そうして、君主主義と議会主義について説いている。とどのつまり、君主と議会の対抗を主軸にして国家を理論化しているにすぎず、内閣＝政府の優位の可能性は考察外においているのである。

このように、一九世紀後半からの世界政治史の現段階的動向について、民主主義化に留目することがあっても、政府の抬頭は閑却して、旧態依然の君主（主義）と議会（主義）の二元的対抗で国家について論じることが、通例であった。そして、立法における議会の役割の低下など、議会の衰退は二〇世紀現代の特徴的事相であり、それまでは議会優越体制が続いたとされてきた。

他方では、憲法においても政治的支配のイデオロギーにおいても、旧来どおりの君主主義もしくは議会主義が、まさしく建前化して実態と乖離しながら、謳われ唱え続けられていた。それと歩調を合わせ、政治学・国家論は、政治・国家の存在・事実を直視して分析するよりも、当為・理念を掲げて現実を隠蔽し虚飾するイデオロギー的性格――代表的に近代国家は議会主義こそ本来であり、政府主義はあってはならないものだというような――をとみに強めたのであった。

さて、プロイセン＝ドイツおよび日本は、一九世紀中葉から後葉にかけて「上からのブルジョア革命」

を達成し「立憲政府政」のブルジョア国家を創建した。その革命と国家建設は、近代的発展の後進国としての特質に、上述の世界政治史の現段階的発展動向の特徴を加重して、内閣＝政府主導の必然的傾向性に促迫されたのであり、そこには二重に内閣＝政府主導主義の必然性が作動していたのであった。

そのなかで明治維新・明治国家は、同じように「上からの革命」→「立憲政府政」の道を辿ったとはいえ、プロイセン＝ドイツの革命と国家建設とは相違する独自な特徴を有した。

プロイセン＝ドイツのブルジョア革命は、主要に内発的で、国内の経済的、社会的諸条件からすると晩熟であり、「下からの革命」を圧伏して「上から」成し遂げられた。対するに、日本の維新革命は、主要には外発的で、国内の経済的、社会的発達状態からすると早産であって、「外から」に対抗する「上から」の性格が全行程に一貫していた。したがって、より一層国家（中心）主義的であり政府主導が徹底的であった。

そして、ビスマルク帝国が、産業革命・産業資本主義建設の達成や労働者階級の形成、社会主義政党の発展に対応して、民主主義に対抗する国権的自由主義を主軸としたのに対し、明治国家は、その中・後期に産業革命・産業資本主義建設の遂行と並立したとはいえ、主軸としたのは国権的自由主義の内部的な分化と対抗であった。

明治国家のビスマルク帝国との相違点を、更に列示しよう。

君主に関して、ドイツ帝国では、君主制を敷く二二の邦国が存在し、それらの君主のいわば同輩中の首席としてプロイン国王が帝国皇帝を兼任したことからしても、皇帝の地位は相対化されえた。対するに、万世一系で千古の歴史的伝統を継ぐとされる天皇の地位は、絶対化され、政治的のみならず宗教的、道徳的権威も加わって無比であった。それに、個人として控え目な態度をとった老皇帝と比べて、青・壮年期にあった天皇はずっと政治的意向を表明し実際政治に関与した。

事実上の最強権力者について、ドイツ帝国では長らく宰相の座を占め続けたビスマルク個人であり、明治国家では筆頭格の伊藤、それに次ぐ山県をはじめとした元勲・元老の集団であった。いずれも、建国の歴史的大事業に多大なる功績を果したことに基づいていた。ビスマルク個人が長期にわたって宰相の座にあって政権を担掌したのとは異なって、伊藤博文を筆頭格とする元勲・元老の集団は頻繁に交替しながら首相を務めて内閣＝政府を率いた。

国家権力の最中枢機関について、ドイツ帝国での宰相に対し、明治国家では首相というよりは内閣であるという相違があった。

政権と政党との関係について、ともに議院内閣制・政党内閣制の排除を基本線としていた国家であった。そのなかで、同じように政権への反対政党が議会で多数を占め野党として抵抗し攻勢をかけたが、ビスマルク帝国では政党の政権への参入はなかった。議院内閣・政党内閣の出現はありえなかった。それに対し、明治国家では、政党は衆議院で多数派を占め、政権へ参加したのみならず、一時は内閣を担当、政権を掌握しさえした。

これらの諸点を総合すると、ビスマルク帝国はボナパルティズムに傾斜した立憲政府政、明治国家は君主主義的立憲政に傾斜した立憲政府政だと言えよう。

注

（1）大石真『日本憲法史』有斐閣、一九九五年、も、明治憲法体制について「『君主主義』的な立憲制度」（二九二頁）と表現している。

（2）『比較近代史の論理』（ミネルヴァ書房）一〇四頁、一六九頁。
（3）同、二一三頁。
（4）通説で典型的なブルジョア革命とされてきた一七八九～一八九九年のフランスのブルジョア革命は、「下からの革命」として火蓋を切って進展したが、「上からの革命」へと転じ、ナポレオンに全権力を集中した国家体制、「ボナパルティズム」の形成にいたった。このブルジョア国家建設は、政治的な振幅の大きさ、転変の劇的な鮮烈さというフランスな個性に彩られているが、イギリスとドイツの中間形態として位置づけられよう。ただ、考えようによっては、イギリスとフランスの例をブルジョア革命、ブルジョア国家形成の代表的な二つの道として、プロイセン＝ドイツをフランスの道の変形とみなすこともできるだろう。
（5）木戸孝允関係文書研究会編『木戸孝允関係文書　一』東京大学出版会、二〇〇五年、三七五頁。
（6）（深瀬基寛訳）『英国の国家構造』清水弘文堂書房、一九六七年、四〇頁。
（7）『一般国家学』、五六二～五六三頁。

あとがき

マルクス、エンゲルス、レーニンそれぞれの国家論の決定的な限界を覚識し、マルクス主義国家論の創造的建設を志向して研究の道に進むことを定めたのは、三〇歳代だった。爾来、すでに四〇年の歳月が過ぎてしまった。この間、マルクス主義の衰退、そして劇的な凋落のただなかにあって、永年のマルクス主義の定説を批判し、マルクス主義理論のパラダイム転換を模索して、自らの非力を痛感しつつ、懸命に研究を続けてきたことになる。それはまた、二〇歳代をつうじて青春の情熱を燃やし全力を注いだニュー・レフト党派の革命運動が、進路を誤って頽落し、旧来の左翼の歴史にいま一つの破綻を積み重ねることに帰結していくことに対して、それとは異なる変革の道標となる理論を探し求める過程でもあった。

「初心忘るべからず」。そして、「学を志す者は才の乏しきを嘆くなかれ、努る事の足らざるを懼れよ」「たゆまざる歩みおそろしかたつむり」。これらが、研究に励むうえでの心の支えであった。大学講座制からはみ出して、学問上の師ももたなかったから、いろんなことで苦労が多く、研究条件には決して恵まれなかったけれども、ほとんどの大学研究者が陥っている通俗的な悪弊に染まることが少なかったのは救いだったと思う。

日暮れて道遠しの俚諺がまさにぴったりの現状である。だが、なお少しでも前進できればと願っている。

二〇一〇年八月二八日

大藪龍介

初出一覧

第Ⅰ篇第1章、第2章、第4章――『季報唯物論研究』第九七号、二〇〇六年八月～第一〇二号、二〇〇七年一一月。

第3章――未発表（執筆二〇〇七年五月）。

第Ⅱ篇第Ⅰ章、第2章――『季報唯物論研究』第九五号、二〇〇六年二月～第九六号、二〇〇六年五月。

補論1――『季報唯物論研究』第九九号、二〇〇七年二月。

補論2――「大藪龍介ホームページ　マルクス主義理論のパラダイム転換を目指して」――二〇〇七年二月。

第Ⅲ篇第1章、第2章、第3章――『季報唯物論研究』第一〇三号、二〇〇八年二月～第一一二号、二〇一〇年五月。

第4章――『松山大学論集』第二一巻四号、二〇一〇年三月。

終りに――未発表（執筆二〇一〇年一月）。

既発表分については、かなりの加筆、修正をおこなった。

研究文献については、前著の場合と同じく、そのほとんどを福岡県立図書館から、一部は九州大学図書館から借用した。

『明治維新の新考察』の訂正

①八五ページ一二行、国会意思――▶国家意思。

②二二六頁一〜二行、反動時代の首相にして憲法紛争期の軍事内局長マントイフェル──→反同時代の首相マントイフェル。
反動時代の首相O・v・マントイフェルと彼の従弟で憲法紛争期の軍事内局長E・v・マントイフェルを同一人物として扱った誤り。
③二三六頁四行、遠山茂樹『唯物史観と現代』──→遠山茂樹『明治維新と現代』。

マ行

ヤ行

ラ行

ワ行

ナ行

ハ行

人名索引

ア行

大藪龍介（おおやぶ・りゅうすけ）
政治学研究者。富山大学教授、福岡教育大学教授を歴任。
1938年福岡県三潴郡生まれ。1961年九州大学法学部卒業。
単著
『マルクス、エンゲルスの国家論』現代思潮社、1978年。
『近代国家の起源と構造』論創社、1983年。
『現代の国家論』世界書院、1989年。
『国家と民主主義』社会評論社、1992年。
『マルクス社会主義像の転換』御茶の水書房、1996年。
『マルクス派の革命論・再読』社会評論社、2002年。
『明治維新の新考察』社会評論社、2006年。
共編著
『社会主義像の展相』世界書院、1993年。
『エンゲルスと現代』御茶の水書房、1995年。
『マルクス・カテゴリー事典』青木書店、1998年。
『新左翼運動40年の光と影』新泉社、1999年。
『アソシエーション革命へ』社会評論社、2003年。
共著
『20世紀社会主義の意味を問う』御茶の水書房、1998年。

著者ホームページ：マルクス主義理論のパラダイム転換を目指して
http://www5d.biglobe.ne.jp/~oyabu/

明治国家論——近代日本政治体制の原構造

2010年10月25日　初版第1刷発行

著　者＊大藪龍介
発行人＊松田健二
製　版＊有限会社閏月社
装　幀＊桑谷速人
発行所＊株式会社社会評論社
東京都文京区本郷2-3-10　tel.03-3814-3861/fax.03-3818-2808
http://www.shahyo.com
印刷・製本＊株式会社倉敷印刷